A guerra

Bruno Paes Manso
Camila Nunes Dias

A guerra

A ascensão do PCC e o mundo do crime no Brasil

todavia

1. O racha 7
2. As rebeliões 26
3. O Projeto Paraguai 46
4. O sistema 72
5. A consciência 113
6. A fronteira 152
7. A expansão 181
8. O novo mundo do crime 220
9. Desequilíbrios 254
Ubuntu 311

Radiografia do PCC 331
Agradecimentos 339
Bibliografia 341

1.
O racha

Na sala reservada de uma penitenciária de Mato Grosso do Sul, depois de muita insistência e tratativas com as autoridades locais, um preso aceita conceder entrevista para uma pesquisa. Ele é apresentado por um agente penitenciário, desconfortável com a quebra em sua rotina de trabalho. Todos estão de pé na sala, diante de uma mesa e duas cadeiras. "Tudo bem mesmo falar com a pesquisadora?", pergunta o carcereiro, olhando para o preso, que concorda de pronto, sem esconder a tensão refletida nos olhos espremidos de tanta raiva.

O segurança sai da sala. Antes, coloca sobre a mesa um sanduíche de pão com presunto e queijo, talvez para aliviar o ambiente e deixar o preso à vontade. Carlos* não usa algemas nem uniforme do presídio. Ele aparenta ter trinta e poucos anos, tem a pele moreno-clara, nariz e lábios finos, um físico atarracado capaz de impor respeito. Sentado na cadeira, ele se mostra disposto a romper o silêncio naquele meio onde quem fala pouco tem mais valor. Parece decidido a colocar para fora algo que o incomoda. Quando abre a boca, pode-se ver que faltam os dois dentes superiores da frente.

"Vai, abre logo o seu coração, o que você quer saber?", Carlos provoca. "Você quer saber sobre a guerra das facções, certo?", ele emenda. Sim, claro, não havia como negar. Era este o principal objetivo daquele encontro em dezembro de 2016.

* O nome de alguns presos foi alterado.

Os presídios brasileiros viviam momentos de incerteza. A mais poderosa facção brasileira, o Primeiro Comando da Capital (PCC), tinha rompido o pacto de não agressão que desde sua fundação mantinha com o Comando Vermelho (CV), grupo criminoso criado no Rio de Janeiro e com franquias espalhadas em outros estados.

Àquela altura, as informações sobre essa rixa ainda eram confusas. Ficariam evidentes semanas depois, precisamente a partir do dia 1º de janeiro de 2017, quando uma onda de rebeliões nos presídios chocou os brasileiros com a morte de mais de 160 presos. O rastilho de pólvora tinha sido aceso em junho com bilhetes copiados e compartilhados nos presídios e por mensagens de WhatsApp. O comunicado interno do PCC — chamado de "salve" — anunciava o rompimento com o CV. Conflitos isolados ocorreram ao longo do semestre. Mágoas e ressentimentos foram guardados até que irrompessem em uma explosão na virada do ano. Um dos primeiros indícios do embate que viria a ocorrer dentro do sistema penitenciário foi a agressão sofrida por Carlos, quatro meses antes.

"Está vendo os meus dentes?", ele pergunta, apontando os dedos para as janelas abertas em sua arcada superior. "Foram quebrados. Fui o primeiro a ser agredido pelo PCC aqui em Mato Grosso do Sul." Carlos era uma das lideranças do Comando Vermelho no estado vizinho de Mato Grosso, onde a facção é denominada CV-MT. Ele cumpria pena em Campo Grande porque, em abril daquele ano, fora flagrado com drogas numa cidade pequena, nas redondezas da capital sul-mato-grossense. Quando levou a surra, três meses após a prisão, no fim de julho, ainda não tinha ideia do rompimento entre as facções. Convivia com os demais presos e terminava o banho de sol quando cerca de vinte integrantes do PCC o encurralaram. Pego de surpresa, não teve tempo ou instinto para reagir. Levou socos e pauladas, mas foi salvo pelos agentes penitenciários, que conseguiram evitar seu linchamento. "Demorou para cair a ficha", diz, com os olhos ainda brilhando de ódio. "Eu sabia que não tinha dado mancada no crime. Não tinha desrespeitado nenhuma regra. Estava apanhando por causa de uma sigla." Com a deflagração do conflito entre as "siglas", ele se via ameaçado, traído, ouvindo diariamente gritos nas outras celas e pavilhões. Era um encurralado — assim passaram a ser chamados os integrantes de facções em prisões dominadas pelo grupo rival. Por exemplo, os presos do CV-MT em Mato Grosso do Sul; os presos do PCC em Mato Grosso.

No dia da conversa, Carlos dividia espaço com outros presos encurralados. Eram ao todo nove pessoas, confinadas em duas minúsculas celas individuais num pavilhão separado, conhecido como "de seguro" — isto é, isolado dos demais presos —, em uma unidade prisional também "de seguro", reservada para estupradores, pedófilos e pessoas juradas de morte pela moral do crime. Ou seja: ele estava no "seguro do seguro", condição tida como humilhante para um preso com sua trajetória e posição no crime.

Para não serem mortos, ele e os outros presos desse grupo ficavam em um espaço isolado por uma chapa de ferro, contendo apenas uma portinhola, por onde entrava o ar que os mantinha respirando. Corriam boatos de que sua cabeça estava a prêmio, pagariam até 50 mil reais por sua morte. Sem banho de sol, com restrições para tomar banho e receber visitas, sem atividade alguma dentro da prisão, Carlos estava à beira do esgotamento.

A raiva de Carlos crescia quando lembrava de sua mulher, agredida em frente à penitenciária enquanto carregava um bebê de menos de um ano. Monitorado nas semanas seguintes à agressão, Carlos não notou que as escutas da inteligência identificavam seus planos de vingança. "Os dentes que me quebraram vão custar caro", disse ele, em conversa captada pelos grampos.

Aquele conflito não era uma briga qualquer, mas um movimento importante em uma rede costurada desde o início dos anos 1980 com o objetivo de distribuir drogas no mercado brasileiro e no exterior. Ao longo de trinta anos, a configuração dessa rede se dividiu em dois grandes grupos: os atacadistas, que se articulavam nas fronteiras para trazer a droga do Paraguai, da Bolívia, do Peru e da Colômbia e distribuir no Brasil ou enviar ao exterior; e os varejistas, que vendiam a droga nas ruas de seus estados.

A tarefa dos atacadistas sempre exigiu sangue-frio e jogo de cintura para desenrolar os obstáculos que apareciam no caminho, desde quando a droga deixa os confins de uma fazenda no Paraguai, no caso da maconha, ou na cordilheira dos Andes, no caso da cocaína. É preciso dispor de capital para investir na mercadoria, articulação política para o suborno de autoridades que fiscalizam as rotas, contato com pilotos e planejamento para evitar prejuízos — um conjunto de requisitos que os tornava a classe mais preparada e endinheirada no negócio das drogas.

Já os varejistas, alvos fáceis, fixos e descartáveis, precisam lutar pela venda nas ruas, disputando espaço a bala com os rivais e a polícia. Nas primeiras décadas do tráfico, dois modelos de negócio marcaram a trajetória do comércio varejista das bocas de fumo brasileiras. Um deles foi o do Rio de Janeiro, que surgiu com o Comando Vermelho no fim dos anos 1970. Primeiro grupo criminoso organizado do Brasil urbano, o CV passou a distribuir a droga a partir de uma estrutura vertical e hierarquizada. Com isso, surgiram disputas cinematográficas por mercado, em roteiros que envolviam armamentos de guerra, invasões de morros, balas perdidas e muitas mortes.

Nas demais partes do Brasil, incluindo São Paulo, o modelo de negócio foi diferente, mas não menos violento. Pequenos e microtraficantes tiveram relativa liberdade para acionar fontes atacadistas e abrir pontos de venda em seus bairros. Criaram assim uma rede de distribuição varejista em que grupos pequenos ou mesmo indivíduos competiam numa sangrenta luta por poder e mercado, sendo mortos pelos rivais, pela polícia, por grupos de extermínio ou mesmo em desavenças banais.

As mudanças na configuração dessa rede começaram a se intensificar no fim dos anos 1990, quando os varejistas ganharam experiência para avançar na estrutura social do tráfico. O primeiro empresário do varejo da droga capaz de aproveitar o potencial dessa rede foi Fernandinho Beira-Mar, associado ao Comando Vermelho do Rio de Janeiro. Ele percebeu a relevância estratégica das fronteiras e das parcerias com grandes produtores, eliminando intermediários. No fim dos anos 1990, deixou Duque de Caxias, na Baixada Fluminense, rumo ao Paraguai e à Colômbia para se impor como atacadista. A ampla rede de contatos nas comunidades do Rio e a boa relação com os criminosos paulistas abriram as portas para Beira-Mar.

Esse processo assumiu novos contornos nos anos 2000, depois da prisão do líder do Comando Vermelho. Aproveitando a experiência e os contatos com Beira-Mar, o Primeiro Comando da Capital aproximou-se dos centros produtores em ações articuladas a partir dos presídios paulistas.

Uma nova tecnologia tornaria possível essa tarefa, inviável poucos anos antes: o telefone celular. Agora os presos podiam se comunicar com detentos de outros presídios e com aliados do lado de fora das penitenciárias. Nesse movimento, as prisões se tornaram um espaço de articulação dos profissionais do tráfico, a partir de uma rede que nunca esteve tão interconectada. O ingresso do PCC no atacado e suas novas formas de gestão criminal deram início a uma pequena revolução na forma de distribuir drogas no Brasil.

O PCC trazia um discurso inovador. Os paulistas diziam que seus crimes eram praticados em nome dos "oprimidos pelo sistema" e não em defesa dos próprios interesses, o que os diferenciava do personalismo dos traficantes cariocas. Eles assumiam a existência de um mundo do crime e da ilegalidade, tanto nas prisões como nas periferias, conhecidas como "quebradas". Com o PCC, o crime passaria a se organizar em torno de uma ideologia: os ganhos da organização beneficiariam os criminosos em geral. De acordo com essa nova filosofia, em vez de se autodestruírem, os criminosos deveriam encontrar formas de se organizar para sobreviver ao sistema e aumentar o lucro. "O crime fortalece o crime" é uma das máximas do PCC. Os inimigos eram os policiais e os "bandidos sangue ruim", aqueles que não aceitam as regras impostas pelo Partido do Crime.

O dinheiro do tráfico bancaria a estrutura burocrática em defesa do interesse de seus filiados. Pular intermediários e chegar diretamente aos fornecedores da maconha e da pasta-base de cocaína era uma tarefa estratégica para alcançar esse objetivo. É como se a mão de obra mais barata, aqueles que matam e morrem às pencas nas prisões e nas periferias brasileiras, compreendesse que, com um pouco de organização, podia assumir as rédeas. À medida que o PCC conseguia realizar seus planos, um novo modelo de negócio de drogas vai se consolidando. O mundo do crime brasileiro assumia, então, um novo formato.

Ao promoverem a conexão entre diferentes redes nos estados, os presídios também desempenham um papel estratégico. O PCC atacadista passa a distribuir para varejistas de todos os estados brasileiros, criando um mercado nacional de drogas interligado. Não demoraria para essa rede dar origem a novas rivalidades e conflitos capazes de produzir um efeito em cascata. Os integrantes desse mundo perderam o status de bichos soltos. Agora a trajetória de cada um estava ligada às facções a que pertenciam.

Carlos, por exemplo, havia ingressado no crime como ladrão em Cuiabá, Mato Grosso, ainda no início dos anos 2000, época em que a "carreira criminosa" se restringia a poucos parceiros e contatos. Foi acusado de latrocínio e ganhou moral por roubar agências bancárias, crime valorizado pelos bandidos dada a alta capacidade de planejamento e articulação envolvida. Ele sempre foi um prisioneiro destemido e violento, mas agia por conta própria e tinha poucos aliados. Participava de uma rede com conexões limitadas. Em meados dos anos 2000, liderou o sequestro de um agente penitenciário em uma prisão no interior de Mato Grosso, com outros dois presos, para forçar sua transferência para a capital e facilitar as visitas da família. Alguns anos depois, ajudou a organizar uma fuga em massa de uma penitenciária mato-grossense. Apesar da disposição para o embate, era vulnerável porque vivia isolado.

O fortalecimento de Carlos no crime começou depois de sua filiação ao Comando Vermelho em Mato Grosso, onde conquistou posição de liderança. O Comando era recente na região. Fora criado em 2013 por um antigo aliado do PCC chamado Sandro da Silva Rabelo — o Sandro Louco. Sandro se bandeou para o CV depois de cumprir pena no Presídio Federal de Mossoró ao lado de Fernandinho Beira-Mar. O CV oferecia uma vantagem em relação ao grupo paulista, garantindo aos criminosos mato-grossenses autonomia financeira e de gestão. Assim o CV foi ganhando espaço no estado: reuniu quase 3 mil integrantes e tornou-se a principal facção de Mato Grosso. A ordem para dar a lição em Carlos veio de uma unidade prisional no estado vizinho de Mato Grosso do Sul, um mês depois do salve anunciando o rompimento entre o PCC e o CV.

Atacar os rivais naquele estado era uma ação segura para o PCC, que exercia forte influência na região desde o início dos anos 2000 e dominava o sistema local.

***

Após diversas mudanças e ajustes, o PCC conseguiu enfim montar um modelo de gestão. O Partido do Crime se organiza em células — as "sintonias" — atuantes nas prisões e nos bairros pobres de centenas de cidades brasileiras. Essas células estão conectadas e formam coletivos decisórios em âmbito regional, estadual, nacional e internacional. Cada unidade prisional e cada bairro onde há o controle do PCC têm um representante da facção para conduzir os negócios e servir de referência na resolução de conflitos.

Estão em São Paulo as duas instâncias máximas do PCC: a Sintonia Geral Final (SGF) e o Resumo Disciplinar, formadas por um seleto grupo de presos da Penitenciária II de Presidente Venceslau. A relação entre as sintonias é menos de submissão que de colegialidade, reflexão conjunta e debates. Mas decisões estratégicas — a morte de um criminoso importante ou o ataque ao Estado, por exemplo — devem vir da última instância. Conforme explicou um preso que havia pertencido à cúpula do PCC e estava jurado de morte na época da entrevista: "A Sintonia Geral Final é o STF".

A Sintonia dos (Outros) Estados e Países e o Resumo Disciplinar dos Estados e Países — duas instâncias vinculadas e que aparentemente se confundem — são as mais altas instâncias do PCC para fora de São Paulo. Elas estabelecem a conexão entre o comando central, em São Paulo, e as células espalhadas dentro e fora do sistema penitenciário brasileiro e de outros países. O PCC é também composto por sintonias "temáticas": a Sintonia dos Gravatas, responsável pela contratação e pelo pagamento de advogados; a Sintonia da Ajuda, que atua na distribuição de cesta básica e demais auxílios a integrantes da facção; a Sintonia do Cadastro, responsável pelos registros de batismo — como são chamados os processos de filiação — e relatórios de punição.

A Sintonia do Progresso, das mais complexas da organização, responde pelas atividades que envolvem os lucros da facção e se desdobra em várias outras, como a Sintonia do Bob, atuante no comércio de maconha; a Sintonia da 100%, ou seja, da cocaína pura; a Sintonia das FMS, encarregada das bocas de fumo.

Há ainda a Sintonia da Cebola, responsável por arrecadar a mensalidade paga pelos membros do PCC de fora da prisão e a Sintonia da Rifa, que organiza rifas para levantar recursos.

Recentemente, verificou-se a existência da Sintonia do Cigarro, atuante no contrabando e comercialização dessa mercadoria nas prisões, e a Sintonia do Jogo do Bicho.

***

Ladrão experiente, alvo de mais de quarenta processos em cidades paulistas, Moreno tinha ficha corrida suficiente para exercer cargos de liderança no crime. Sua missão, quando foi mandado para a região da fronteira, era organizar a entrada de drogas para o PCC via Paraguai e Bolívia. Acabou preso em 2013, e de dentro de penitenciárias de Mato do Grosso do Sul tinha papel central no gerenciamento das operações do PCC. Moreno era um dos membros mais ativos da Sintonia dos Estados e Países e, portanto, peça-chave na deflagração dos conflitos que se seguiriam.

A liderança paulista sabia dos prejuízos que um conflito com o CV poderia causar. Em junho de 2016, Moreno tentava explicar que não havia uma declaração de guerra por parte do PCC. O rompimento era mais uma demonstração de força do grupo paulista, necessária para sinalizar aos rivais quem realmente ditava as regras do crime no Brasil. "O CV não é inimigo. Nós apenas não estamos mais juntos", ponderava. Ele confirmava a pretensão de nacionalização, mas negava que isso pudesse desencadear uma guerra. "Guerra não, mas pode haver um choque de ideias." Moreno e o PCC não contavam com a capacidade de articulação dos rivais, que aceitaram o desafio e se prepararam para o embate. O equilíbrio da nova rede nacionalmente interconectada seria posto à prova conforme os rivais se articulavam para se defender e evitar sucumbir ao poder do PCC.

Encurralado na mesma cela de Carlos e dos outros presos do seguro, Paulo chegou para a entrevista aparentando estar mais calmo que Carlos, com a serenidade possível de quem ainda não fora alvo de ataque, mas ciente do risco que corria. Ele também estava disposto a revelar os bastidores dos conflitos, como se buscasse explicar que não era dele, nem de seus aliados, a responsabilidade pela guerra que viria. Paulo não era um preso qualquer, mas uma das lideranças do Primeiro Grupo Catarinense (PGC), rival declarado do PCC em Santa Catarina. Como a maioria dos presos membros de facções, principalmente aqueles que detêm posição proeminente na hierarquia, ele apresentava características que o diferenciavam da massa carcerária: inteligência e capacidade de articular o raciocínio; conhecimento de seus direitos básicos; compreensão ampla da conjuntura; poder de reflexão para uma leitura da tragédia que se anunciava.

Os conflitos entre o PCC e o PGC já tinham história. Pelo menos desde 2009, o grupo paulista vinha buscando convencer os catarinenses da importância do fortalecimento mútuo entre os criminosos. Para os criminosos catarinenses, essa proposta de parceria exalava ares de arrogância e dominação, como uma imposição do mais forte ao mais fraco. Dependia da associação ao PCC, da adoção de suas regras e da incorporação dos criminosos locais à rede que controlava o crime a partir dos presídios paulistas. Aquilo que o PCC definia como uma relação de respeito e convivência foi aos poucos se deteriorando, conforme o PGC resistia em aceitar o voraz apetite expansionista dos paulistas. Não se sabe exatamente em que momento o PCC estabeleceu um plano inequívoco de tomar Santa Catarina. O escoamento da droga para o mercado externo pelo porto de Itajaí era motivo de disputa. A briga por mercado e poder, contudo, não impedia o convívio entre os integrantes dos dois grupos. A paz nos presídios vinha sendo preservada mesmo com o crescimento das rivalidades regionais.

No presídio em Mato Grosso do Sul, Paulo reclamava das retaliações que havia sofrido. Ponderava que já havia demonstrado respeito ao conviver por cinco anos com os presos do PCC em outro presídio. Acabou surpreendido pela eclosão dos conflitos violentos, mas foi retirado deles a tempo e teve a sorte de sair ileso. Sentia-se desrespeitado como criminoso que sempre acatou as regras do crime. O cumprimento de pena no seguro era, de novo, uma situação humilhante. A nova condição criava espaços perigosos, com armadilhas espalhadas por todos os lados. Em Mato Grosso do Sul, potenciais inimigos do grupo de nove presos encurralados no seguro já haviam sido expulsos do PCC. Paulo acreditava que os "ex-PCC" aceitariam a missão de matá-los em busca de perdão e readmissão às fileiras do grupo paulista. Os 50 mil reais prometidos pela morte deles eram um incentivo poderoso. "Quero ir para outro estado, como Mato Grosso ou Santa Catarina. Lá, é o PCC que está encurralado", disse.

Com pouco mais de quarenta anos, idade incomum na "profissão-perigo" (o termo vem dos próprios criminosos), Paulo acumulou vasta experiência ao longo de duas décadas, cumprindo pena em cadeias de Santa Catarina — seu estado de origem —, Rio Grande do Sul, São Paulo, Paraná e Mato Grosso do Sul. Um mês antes das rebeliões, ele listou as alianças armadas para enfrentar o PCC. Além do PGC e do CV, a amazonense Família do Norte (FDN) e a potiguar Sindicato do Crime foram citadas. "Estados do Nordeste e Centro-Oeste estão se armando para ir contra o PCC, com a ajuda de grupos de países da fronteira. O PCC estava se infiltrando em vários estados e queria dar um golpe nos outros grupos brasileiros. Daí o CV fez esse xadrez, se aliando com grupos menores", explica.

Desde 2014, as peças desse jogo começaram a se movimentar dentro dos presídios. A iniciativa foi do PCC, ao perceber que o domínio do mercado de drogas estava vinculado a seu fortalecimento no sistema penitenciário. Como as lideranças da facção estavam presas, a garantia da integridade era um objetivo urgente e estratégico. Foi assim que teve início uma espécie de guerra fria no crime, com os paulistas ampliando suas tropas em diferentes unidades prisionais do Brasil, por meio do batismo de novos filiados. O uso do termo "batismo" dá uma ideia do significado da filiação, já que os novos integrantes acabam se convertendo à cartilha pregada pela facção.

Os filiados perdem autonomia, assumem compromissos morais e financeiros, mas ganham a proteção e os privilégios de pertencer ao grupo — advogados que aceleram a progressão da pena, empréstimos de armas e capital para novos crimes, contatos com uma ampla rede de fornecedores de drogas e defesa contra concorrentes. Com o objetivo de ampliar as fileiras de associados e angariar soldados para a guerra que se anunciava, as regras para novos integrantes do PCC foram flexibilizadas. Em vez de exigir três padrinhos — espécie de fiadores que assumem a responsabilidade por eventuais deslizes do indicado, como ocorre em São Paulo —, um já seria suficiente. A "cebola", nome dado à mensalidade que o PCC exige dos integrantes de fora das prisões, também foi reduzida. O valor, que em São Paulo varia de setecentos a mil reais, caiu para quatrocentos, para ficar compatível com a realidade econômica do crime nos demais estados. No auge da guerra para controlar estados conflagrados, como o Ceará, o pagamento da "cebola" foi temporariamente suspenso. Metas foram estabelecidas para os estados, que teriam de conquistar seiscentos novos integrantes.

A empreitada foi bem-sucedida. As novas filiações foram registradas pelas inteligências estaduais dos presídios e pelos grupos de combate ao crime organizado dos ministérios públicos estaduais. De acordo com essa contabilidade, no fim de 2012 o PCC tinha cerca de 2,4 mil presos espalhados por 24 unidades da federação — as exceções eram Roraima, Rondônia e Amapá. Em São Paulo, eram cerca de 8 mil filiados — 80% dentro dos presídios. Nos dois anos seguintes, a filiação pelo Brasil se manteve lenta, e o PCC ganhou 3,2 mil membros em 2013 e 2014. Foi nesse ano que a estratégia de ocupação em massa passou a ser posta em prática.

Em quatro anos, até o começo de 2018, o PCC ganhou 18 mil membros (3 mil em São Paulo e 15 mil nos outros estados) e passou a ter mais de 29 mil filiados no Brasil, com representantes em todas as unidades da federação. O Ceará, por exemplo, pulou de 77 filiados em 2012 para 2,5 mil e se tornou o terceiro estado em número de membros do PCC no país, atrás apenas de São Paulo, com cerca de 11 mil, e pouco abaixo do Paraná. Roraima, que em 2012 não estava na lista de estados com presença do PCC, passou da casa dos mil, assim como Rondônia, que chegou a quase oitocentos filiados. Ao lado dos novos membros nos presídios, chegavam as regras que vinham sendo forjadas fazia anos na realidade criminal paulista.

Em algumas localidades os paulistas ganharam fama de arrogantes e opressores, de forasteiros que desrespeitam os costumes locais. Foi o caso do Rio Grande do Norte, em que o Sindicato do Crime adquiriu popularidade ao arregimentar principalmente os descontentes com as regras impostas pelo PCC e a postura arrogante da facção. Fazia parte da ofensiva nos presídios a proibição do uso do crack e da pasta-base dentro das cadeias, repetindo a regra bem-sucedida que contribuiu para a diminuição dos conflitos nos presídios de São Paulo. Em Roraima, o banimento do crack foi anunciado em um salve de novembro de 2013 para a Penitenciária Agrícola de Monte Cristo, quando a facção começou a se articular no sistema penitenciário local.

Salve Geral / Unidade*
P.A.
Nos a Sintônia Geral do Estado R.R.
Saldamos a todos irmão e companheiro, um forte abraço leal e cinsero e verdadeiro. Viemos através desse parabeinizar todos irmãos e companheiros na união que está sendo desenvolvida na unidade do estado, comarca e sistema hoje e, com muito orgulho. Que a unidade do P.A.
Vim banir o crak e a base toda essa que escraviza o ser humano e o crime mudando sua personalidade, até mesmo o caráter da forma negativa, sendo assim nos da sintonia do estado de R.R.
Considerando todos os irmãos e companheiros que possa fazer jus a este salve e a partir de 10-11-2013
Seja extinta a venda e uso do crak e base em todos sistema carcerário, e comarca e a unidade da P.A. Sabemos que a luta será grande, mas com a união de todos, teremos exeto.

* Decidimos manter os eventuais erros gramaticais e ortográficos nos salves pois eles evidenciam o contraste da baixa educação formal dos presos com a elevada capacidade de articulação política e gestão administrativa.

A proibição da venda de crack e da pasta-base no sistema penitenciário interrompia uma fonte de renda importante dos traficantes nos estados. Por essas e outras, a resistência começou a se multiplicar. Paulo assim descreve: "O CV se une com o pessoal nativo da cidade que não quer ditador. O PCC quer mandar sozinho. Além de mandar, impõe consórcio 'imobiliário' — setecentos por mês de caixinha [refere-se à cebola]. PGC e CV não cobram nada. Então a população nativa se fortalece [refere-se à forma como as diferentes facções lidam com os 'nativos', seja na fronteira, seja nas unidades prisionais dos outros estados]".

Paulo explicava que os rivais do PCC estariam recebendo apoio de outros grupos sul-americanos, incomodados com o progresso e a capacidade de organização dos paulistas. "O Brasil tem cartel, mas cada um com o seu em cada estado. Quando precisa de reforço, o CV manda", explica. O apoio do CV vinha sendo solicitado com frequência cada vez maior. Segundo a liderança do PGC, os paulistas já haviam bloqueado a ação de outras facções brasileiras no Paraná, um dos estados mais importantes para o ingresso da droga no Brasil e onde o PCC domina os presídios e o mercado. O próximo passo seria bloquear Mato Grosso do Sul, o principal corredor do continente.

A liderança do PGC conseguia avaliar como as diferentes políticas penais aplicadas nos estados desequilibrava as oportunidades no crime. Paulo observou que as lideranças nacionais das outras facções acabavam em desvantagem em relação aos paulistas, em decorrência dos longos períodos que passavam no Sistema Penitenciário Federal (SPF). Nessas unidades, a comunicação era difícil, sobretudo para fora das cadeias, o que comprometia a ação de facções como o CV e o PGC. "Por que só o Marcola não vai para o presídio federal?", ele repetiu várias vezes. "Me explica, por que todas as facções têm os seus líderes no federal, menos o PCC?" Nem mesmo a inclusão, em dezembro de 2016, da cúpula do PCC no Regime Disciplinar Diferenciado (RDD), aplicado no Centro de Readaptação Penitenciária de Presidente Bernardes, unidade paulista de segurança máxima, o convencia. "Só vou acreditar quando o Marcola for para o Federal. Enquanto estiver em São Paulo, não ponho fé."

Por outro lado, a ausência do PCC paulista nos presídios federais acabou favorecendo a confabulação entre as gangues regionais e o Comando Vermelho, que viravam a referência mais próxima para os pedidos de ajuda voltados a impedir a expansão do PCC. A movimentação de filiação dentro dos presídios acabou criando uma tensão insuportável no sistema entre 2014 e 2017. Governos e autoridades se mantinham inertes, já que a informação era mantida à distância dos holofotes da imprensa e ausente do debate público.

Pelas sombras, sem publicidade, conflitos isolados e mortes começaram a pipocar pelo Brasil. Na corrida armamentista, os rivais, como era de esperar, também passaram a se organizar e formar alianças. Com a ruptura declarada, os grupos formaram um cartel. "CV, FDN e PGC agora são uma mesma família", diz Paulo. Cada grupo tem autonomia, mas compartilha um traço no sistema carcerário nacional e no mercado de drogas: a oposição ao PCC. As três facções estabeleceram alianças com grupos locais menores, que também se colocavam em oposição ao projeto hegemônico do grupo paulista. Juntaram-se a elas o Sindicato do Crime, do Rio Grande do Norte, Bonde dos 40, do Maranhão, e Okaida, da Paraíba. Nesse tabuleiro, o PCC também percebeu a importância de estabelecer alianças e fechou parcerias com Guardiões do Estado, do Ceará, Bonde dos 13, do Acre, Bonde dos 30, do Pará, Estados Unidos, da Paraíba, e Amigos dos Amigos, esta última historicamente rival do Comando Vermelho no Rio de Janeiro. A guerra estava declarada e os inimigos buscavam se posicionar nos diversos fronts.

As articulações de parceria no crime começavam a estruturar a nova cena criminal brasileira, que rapidamente se dividiu em torno desses dois grandes grupos. O CV, criado no fim dos anos 1970, foi a primeira entre as facções criminosas brasileiras atuais. Trazia em seu lema palavras contra a opressão carcerária e as injustiças sociais: "Paz, Justiça e Liberdade", que anos depois serviria como referência para a fundação do grupo paulista. O PCC nasceu nas prisões de São Paulo mais de uma década depois. Assumiu o mesmo mote do Comando Vermelho e ainda registrou em seu primeiro estatuto a "coligação" com o grupo carioca. Essa aliança não chegou a se concretizar em termos programáticos, mas funcionou durante mais de duas décadas através da cooperação comercial e da proteção e convivência entre integrantes dos dois grupos.

Antes de declarar o rompimento com o Comando Vermelho, o PCC ainda tentou uma última cartada com seus aliados históricos, enviando uma correspondência ao líder do CV do Rio de Janeiro, Marcinho VP, que estava no Presídio Federal de Catanduvas, no Paraná. Manteve sua abordagem diplomática, fiel à filosofia de evitar conflitos e buscar a união do crime. A mensagem partiu de Presidente Venceslau, onde se encontrava a cúpula do PCC.

Este salve vai para o Marcinho VP do CV, que se se encontra na federal de catanduvas. Deixamos um forte abraço.

E chegamos até você, para termos um entendimento da sua parte, pois você avia nos mandado umas ideias da Hora, inclusive, nos alertando dos faussos profetas que nossos irmãos estavão mastigando na federal e vocês não estavão batizando na federal para evitarem esses tipos de problema.

Mais tivemos ciência de que vocês estão sim batizando nas federais e que essas pessoas que vocês estão batizando estão voutando para seus estados de origem e chegando lá estão

Batizando qualquer um, e até mesmo inimigo nosso, e ainda protegendo cara que está decretado por nós, esse tipo de situações, e essas pessoas que foram Batizada por vocês, querem brecar nosso Batismo pelo estado e isso jamais vamos permitir. tem algumas facções nos estados, que estão querendo Bater de frente com nós, e elas dizem que fizeram uma aliança com vocês, e que o inimigo delas, queria [seria] inimigo de vocês também nós não estamos entendendo essas ideias e queríamos um esclarecimento de sua parte, pois até então vocês são nossos amigos e temos um grande respeito por vocês, e sabem que nosso objetivo é unir o crime em todo o país, onde o crime fortalece o crime na paz, justiça liberdade e união.

Essas ideias já estão no limite, pois queremos uma posição ter um entendimento da parte de vocês, Deixando claro que respeitamos suas escolha, e não vamos admitir esses fatos que vem acontecendo, estamos fazendo a nossa parte comunicando antes e agora cabe a vocês tomarem as providências.
Um forte abraço sem mais
ASS: final dos estados

Depois do pedido de esclarecimento, os integrantes do PCC receberam como resposta a indiferença. Como o próprio Marcinho VP chegou a justificar, eles não tinham ascendência sobre as lideranças regionais, que agiam de forma autônoma, sem pedir autorização a um comando central. Foi quando o PCC decidiu iniciar a ofensiva, declarando, em junho de 2016, o rompimento com o Comando Vermelho via salve geral.

Em agosto de 2016, um mês depois do espancamento de Carlos, o PCC liderou uma rebelião na Penitenciária de Segurança Máxima de Naviraí, em Mato Grosso do Sul, a cerca de quatrocentos quilômetros de Campo Grande. Três presos supostamente ligados ao CV foram mortos, um deles decapitado. Ônibus ainda foram queimados na cidade. Com o fim do tumulto, um vídeo foi gravado por um preso alertando a todos de que "todo mundo ia morrer" e que "todas as comarcas vão quebrar". A imagem foi compartilhada para outras prisões e para fora dos presídios por WhatsApp, ferramenta que se transformaria no grande disseminador da barbárie que estava prestes a se multiplicar.

O novo quadro prisional começava a se revelar com todas as suas cores e bandeiras. Os serviços brasileiros de inteligência identificavam oitenta gangues atuando a partir das prisões, sem que o assunto fosse debatido pelas autoridades, alheias à relevância desses grupos. Quando os conflitos começaram, elas estavam completamente despreparadas para lidar com a situação. Era difícil dizer se a guerra fora planejada pelo PCC ou se tentaram evitá-la por meio da diplomacia. Mas nos meses que se seguiram, ficou claro que a situação estava fora de controle.

2.
As rebeliões

A maior e a mais mortal sequência de assassinatos em massa da história do sistema carcerário, do Brasil e do mundo, teve início no dia 16 de outubro de 2016, na Penitenciária Agrícola de Monte Cristo, em Roraima. A situação do presídio era precária, como em boa parte do país. Perto de 1,5 mil presos conviviam num espaço para 750 pessoas, o que abria brechas para a criatividade. Em Monte Cristo, os presos construíram uma pequena vila no terreno da penitenciária com lojinhas, uma igreja e até academia de ginástica, com barracas feitas de lona, placas de madeira e embalagens de marmitex.

A aparente flexibilidade das autoridades revelava, na verdade, o descaso do Estado. Direitos básicos não eram atendidos, como os relacionados à saúde e à assistência jurídica. Perto de mil pessoas estavam presas provisoriamente, à espera de julgamento. Parte do esgoto do presídio era despejada no meio do pátio, produzindo mau cheiro permanente. Além de construírem pequenas vilas, as facções foram se fortalecendo em Roraima para governar o mundo das prisões.

O Comando Vermelho começou a se articular no estado em 2014. No Natal daquele ano, integrantes do grupo conseguiram coordenar da penitenciária de Monte Cristo uma onda de ataques a ônibus em Boa Vista para protestar contra o tratamento nas prisões. No ano seguinte, para se contrapor à força do CV, o PCC pôs em prática sua estratégia de filiação em massa. O PCC de Roraima, que não tinha registro de filiados até então, chegaria a quase mil batizados às vésperas do motim de outubro de 2016.

Um ambiente explosivo foi se formando na penitenciária conforme os grupos cresciam. Armas brancas eram fabricadas pelos presos com o entulho espalhado pelo pátio. Alguns circulavam abertamente com suas facas O rompimento formal entre os grupos, em junho de 2016, criou um impasse. Como dividir o espaço com inimigos armados? Coube ao PCC tomar a iniciativa da ação, na tentativa de eliminar os rivais.

A tática foi agir de surpresa às 15 horas de um domingo, dia das visitas, ocasião sagrada para a massa carcerária. Os presos filiados ao PCC encontraram um pedaço de coluna de concreto no entulho abandonado e o usaram como aríete, abrindo buracos em quatro paredes que os separavam dos rivais. Entraram armados com facas improvisadas e chaves de fenda. Parte dos presos atacados conseguiu se proteger em uma cela de paredes mais resistentes, mas outro grupo preferiu reagir. Acabaram massacrados pelos integrantes do PCC, em número bem maior.

Dez pessoas foram assassinadas, entre elas Valdiney de Alencar Souza, o Vida-Loka, que havia organizado os ataques a ônibus em Boa Vista em 2014. Eles foram decapitados e tiveram o corpo jogado em colchões em chamas, num ritual que viraria padrão nos conflitos. Cerca de cinquenta familiares de presos, a maioria mulheres, estavam no local durante a confusão e foram liberados após a rebelião, que só acabou perto das 22 horas.

Na mesma hora, celulares de presos em penitenciárias ao redor do Brasil começaram a pipocar com imagens da barbárie. A entrada do celular nas prisões pode ocorrer por meio da corrupção de funcionários que fazem vista grossa para aparelhos trazidos por advogados, familiares ou até mesmo diretamente pelos servidores públicos. Também chegam escondidos na alimentação ou em qualquer material para trabalho. Em algumas penitenciárias, são arremessados para dentro por pessoas que se arriscam a chegar até as proximidades das muralhas. A fiscalização também pode ser driblada com criatividade: já foram identificadas formas sofisticadas de ingresso, como drones e até mesmo pássaros com o aparelho amarrado ao corpo. A queda de braço entre governos estaduais e federal e as operadoras de telefonia móvel para barrar os sinais dos celulares já dura mais de duas décadas: um lado exige bloqueadores nos presídios, sem custo adicional para o Estado. O outro diz que é tecnicamente inviável porque bloquearia o sinal em toda a vizinhança, o que prejudicaria os clientes, além de ser uma medida ineficaz, já que bastaria um desenvolvimento tecnológico qualquer para que o sinal pudesse passar incólume pelo bloqueador. De qualquer forma, os celulares seguem na ativa.

A novidade durante a crise nos presídios seria o uso constante dos aplicativos, com rebeliões e carnificinas fotografadas, filmadas e noticiadas em tempo real pelos próprios presos, numa espécie de "TV Prisão". O efeito cascata dos primeiros ataques ocorreu nas horas iniciais daquela segunda-feira, ainda de madrugada, dessa vez durante uma rebelião no Presídio Ênio Pinheiro, em Rondônia. Mais do que uma resposta articulada ou planejada, as mortes em Porto Velho pareciam um espasmo, uma reação emocional da massa de presos que misturava sentimentos de medo e ódio. Ali, foi a vez de o Comando Vermelho partir para o ataque. Eles se juntaram no pátio da unidade para atacar um detento recém-transferido que dizia ser do PCC. Atearam fogo nos colchões, provocando a morte de oito presos. Alguns morreram carbonizados ao se esconder embaixo da caixa-d'água. A disputa entre as facções seguia pouco debatida na grande imprensa, mas o cenário já era de completo descontrole.

Três dias depois, em 20 de outubro, a confusão chegaria ao Presídio Francisco D'Oliveira Conde, no Acre. A troca de ameaças via WhatsApp preparou o quadro nos dias anteriores. No final da tarde, integrantes do PCC se uniram a membros da facção local chamada Bonde dos 13 para atacar o CV, produzindo rebeliões em três pavilhões. Um agente penitenciário havia facilitado a entrada de armas, o que acabou por resultar em mortes por armas de fogo. Quatro presos morreram. No mesmo dia, na cidade de Rio Branco, nove pessoas foram assassinadas. O governo do estado atribuiu os conflitos do lado de fora à disputa entre as facções. As ruas ficaram desertas e boatos sobre incêndios em favelas e atentados começaram a se espalhar.

A confusão continuou em escala homeopática, pipocando em estados distantes dos grandes centros, principalmente na região Norte do país, com pouca relevância no noticiário nacional. Em Roraima, no dia 22 de outubro, seis dias após a primeira rebelião, mais um preso foi esquartejado. Outros dois foram decapitados nos dias 15 e 21 de novembro. As rebeliões e as mortes isoladas ainda eram pouco compreendidas, como se fossem problemas restritos aos estados onde elas ocorriam.

Permanecia a falsa impressão de que a situação estava sob controle. Mas as placas continuavam se movimentando, com os grupos em polvorosa a planejar os próximos passos. Um terremoto era questão de tempo. Depois das rebeliões em Roraima, Rondônia e Acre, integrantes do PCC mandaram um salve geral para dar sua versão da crise. O comunicado era voltado para a massa carcerária. Foram listados conflitos isolados em diferentes estados, emblemas de uma fratura na união utópica do crime. Segundo o PCC, a cooperação não vinha se realizando por falta de empenho dos integrantes do CV em punir os dissidentes da nova ordem.

Comunicado Geral

A sintonia do Primeiro Comando da Capital vem por meio deste passar com total transparência a toda massa carcerária e todas facções amigas o motivo que levol o tal ocorrido no Estado de Roraima.

A cerca de três (3) anos buscamos um dialogo com a liderança do CV nos estados, sempre visando a Paz e a União do Crime no Brasil e o que recebemos em troca, foi irmão nosso esfaqueado e Rondonia e nada ocorreu, ato de talaricagem por parte de um integrante do CVRR [Comando Vermelho de Roraima] *e nenhum retorno, pai de um irmão nosso morto no Maranhão e nem uma manifestação da liderança do cv em prol a resolver tais fatos.*

Como se não bastasse, se aliaram a inimigos nossos que agiram de tal covardia como o PGC que matou uma cunhada e sua prima por ser parentes de PCC, matarão 1 menina de 14 anos só por que fechava com nós.

A mesma aliança se estendeu pra facção Sindicato RN que num gesto de querer mostrar força matarão uma senhora evangélica e tetraplégica uma criança sobrinho de um irmão nosso e seu irmão de sangue numa chacina covarde no Rio Grande do Norte pra afetar o integrante do PCC,

Agora chegaram ao extremo de Andarem armados de facas em pátios de visita no Acre e no estado de Roraima. Acreditamos que o crime do paiz não é cego e consegue enxergar com clareza o que realmente é desrespeito com familiares e quem deu ponta pé inicial pra essa guerra sangrenta que se iniciou. Pra nos do PCC sempre foi mais viável a Paz, mais como nunca tivemos esse retorno por parte dos integrantes do c.v que sempre agiram de ousadia nos desrespeitando e desafiando, acabamos chegando a esse embate, que gerou esse monte de morte, acarretando vários problemas num gesto covarde vem se apossando das lojinhas dos traficantes menos estruturados, tirando seus corres. No Para um irmão nosso foi morto num pavilhão do CV e nada aconteceu, tentaram contra a vida do nosso irmão Tonho que só não morreu por que o companheiro não deixou.

Tivemos a ciência que o CV soltou salves falando que desrespeitam os visitas que fizemos familiares reféns, pura mentira, os familiares que retornaram pra unidade apos o inicio do confronto não saíram por que não quiz, teve familiares nosso também, ninguém sofreu nenhuma agressão. Quem fez familiares reféns em Rondonia foi o CV.

Estão agindo com tanto ódio e cegueira que tiraram a vida de 8 irmãos deles, por ai já da pro crime do Paiz. Ver a falta de preparo com a própria facção, agora imagina o crime do paiz sobre esse comando?

Fica aqui o nosso esclarecimento pra todo Crime do Brasil a realidade dos fatos e pra aqueles que conhecem nossa luta e nosso trabalho e a sinceridade do Primeiro Comando da Capital o nosso forte e Leal abraço.

Estamos a disposição pra esclarecimentos.

Resumo Disciplinar Estado e Paiz.

Uma profusão de salves, mandados por cartas e WhatsApp, tornaria as rivalidades tema de intensa discussão entre os presos dos diferentes grupos criminais do Brasil. A batalha pelo poder no crime não era apenas física, mas também ideológica, com cada facção tentando demonstrar suas razões nos conflitos sangrentos e justificar as atrocidades cometidas, filmadas e reproduzidas nos quatro cantos do país. Tudo se dava em nome do "crime que corre pelo certo". O ataque em Roraima, por exemplo, realizado no dia de visita, fora usado pelos integrantes do CV para questionar a honra da facção paulista. Em resposta, os "sintonias" do PCC justificavam que os familiares não foram retidos na rebelião e ficaram por vontade própria — mães dispostas a sacrificar a própria vida para defender o filho são presença constante no sistema. As mortes em Rondônia provariam ainda o despreparo do CV, já que não teriam, segundo a facção paulista, atingido os integrantes do PCC. O tom geral entre os prisioneiros seguia a mesma linha: todos desfiavam argumentos para justificar a guerra e o ataque ao grupo inimigo.

As autoridades seguiam paralisadas. Os massacres prosseguiram seu movimento inercial, como uma imensa fileira de dominós. Restava aos próprios presos dirimir os estragos ou interromper a sequência de quedas. Foi o que tentou fazer o PCC ainda em novembro de 2016. Minoria em alguns presídios do Brasil, o grupo determinou aos integrantes em desvantagem numérica que buscassem imediata transferência ou "rasgassem a camisa" da facção — ou seja, saíssem do grupo. Era o ponto final de uma convivência de mais de quinze anos entre as duas maiores facções do Brasil. O PCC já não aceitaria esse convívio, a despeito de eventuais relações pessoais e familiares, amizades ou negócios que pudessem vincular os "irmãos" a indivíduos ligados ao CV. A ordem para a separação era expressa.

PCC — Comunicado Geral* — Data 11/11/2016 — *Estados e Paises...*

Que apesar das turbulências todos possam estar com saúde força e vontade de lutar.

O resumo disciplinar dos estados e paises vem através deste determinar para todos irmãos que estiverem em unidades que possam estar correndo risco de vida ou ate mesmo de ser agredido pelo *CV* ou qualquer outra facção rival que saia *Imediatamente* da unidade ou *Rasgue a nossa camisa* pois não vamos permitir que irmãos fiquem no meio de inimigos nosso, pois é determinação pra que saia imediatamente.

> *E se estiverem em unidades que são favoráveis a nós e tenha *CV* ou qualquer outra facção rival é pra colocar pra fora e se o mesmo se negar a sair é pra quebrar na madeira e se persistir infelizmente lhe custará a vida, o nosso objetivo é limpar nosso meio ou sair de unidades desfavoráveis, pois não tem mais lógica conviver com quem não quer convívio com nós.*
> **O Primeiro Comando da Capital* nunca buscou guerra mais fomos desafiados a ponto de chegar a esse extremo.*
> *Estamos buscando preservar a vida de todos nossos irmãos e se precisar de qualquer apoio pra sair que busque a sintonia do seu estado e se não tiver apoio busque a *hierarquia acima* mais deixamos claro que não vamos mais admitir que nossos irmãos vivam em meio a constrangimento. Aquele que deixar de cumprir essa *Determinação* sera passivo de *Punição* e sua atitude sera analisada pela sintonia.*
> *No mais fica aqui o nosso leal e sincero abraço e deixamos claro que estamos juntos de verdade.*
> **Ass: Resumo disciplinar dos Estados e Paises.*

O "convívio" de qualquer presídio no Brasil é um espaço regulado pelos próprios presos. No pátio de sol, celas, oficinas e qualquer outro local do muro para dentro, o controle é exercido pela facção que domina o local e detém informações sobre o pertencimento, as alianças e a trajetória dos que cumprem pena ali. Foi dessa forma — terceirizando o controle para os presos — que as autoridades estaduais passaram a gerir os presídios lotados sem gastar com funcionários. Mesmo com a tensão entre grupos rivais nos anos anteriores, a diplomacia e os conchavos entre os presos evitavam embates pelo Brasil. Os ânimos mudaram com os cadáveres acumulados das semanas anteriores. O salve do PCC era claro: não seria permitida a convivência dos irmãos com os membros dos grupos rivais. A decisão marcaria de vez o fim da guerra fria entre as gangues.

O "convívio" estava prestes a ferver nos pátios e celas dos presídios do Brasil.

O maior massacre ocorreu logo no primeiro dia do ano de 2017, no Amazonas. A bola da vez era o Complexo Penitenciário Anísio Jobim (Compaj), em Manaus, onde o PCC era minoria. Na rebelião, o Brasil ficaria conhecendo um novo personagem, a Família do Norte (FDN), responsável pelo maior espetáculo de horror da história brasileira recente, com 56 homicídios. Ainda houve uma fuga em massa de 225 presos do Compaj e do Instituto Penal Antônio Trindade. Presos do complexo de Manaus ligados ao PCC já vinham denunciando, antes do massacre, que diretores do presídio eram pagos pela FDN para garantir a entrada de celulares e armas, mas nada foi feito. A chacina no Compaj foi filmada de diversos ângulos e as imagens acabaram amplamente compartilhadas via WhatsApp. Nos dias que se seguiram, trechos foram compilados num DVD e vendidos em camelôs do Brasil e do Paraguai.

O massacre começou perto das 16 horas do dia 1º de janeiro. Pouco depois, as cenas já eram de domínio público — fotos de corpos decapitados e closes das cabeças seccionadas, além de vídeos que davam uma panorâmica da tragédia, acompanhados do proselitismo mórbido de presos ainda esbaforidos, minutos depois da chacina. Numa gravação, um deles usa o celular para filmar o resultado do massacre recém-concluído. "O que acontece com o PCC? Presta atenção", ele diz, enquanto outro detento retira de dentro de um cadáver sem cabeça, com a ajuda de um facão, o coração da vítima. O órgão é então depositado num balde branco e se mistura a outras vísceras e pedaços de carne. Na maior parte do tempo, as imagens de celular permanecem fechadas em close nos corpos decepados. "Fede pra porra isso", comenta o narrador. Ele amplia a tomada de cena e ao fim é possível ver o açougue humano, entre baldes e pedaços de gente. "Cheio de coração de PCC", diz o sujeito que filma. Pelo menos oito corpos sem cabeça aparecem jogados no pátio do presídio.

"Que horas tem? São seis e dez", continua a voz em off do narrador. O massacre havia durado cerca de duas horas. Naquele momento ainda era possível ouvir o som das facas em ação, fazendo o resto do serviço nos corpos já despedaçados. "Caralho, vocês se foderam, seus bucetas! Primeiro de janeiro. Tá ligado quem manda nessa porra aqui?!", diz o homem que filma. Ele interpela os inimigos: "Nós não quer confusão. Mas, Primeiro Comando da Capital, mó fuleragem, vocês. Quem manda é nós". O apresentador segura a mão esquerda de um dos corpos e acena para as câmeras. "Está dando tchau."

Num outro vídeo, o celular dá um close em cabeças enfileiradas, enquanto o narrador anuncia, um a um, o nome das vítimas: "Bruninho, Moicano, Tatu e Edinho. Tudo PCC!". Em outra filmagem, alguns dos rebelados gravam, do alto do telhado do presídio, um grupo de detentos aglomerados ao redor de nove corpos, no piso inferior. A ação se passa numa quadra de futebol bem-acabada, pintada de azul e amarelo, com cores ainda vivas. As cabeças separadas dos corpos estão no chão, e alguns presos se agacham para golpeá-las a facadas.

Um detento surge sobre o teto do presídio empunhando uma bandeira com as iniciais FDN e CVRL (Comando Vermelho Rogério Lemgruber, nome de um dos fundadores da facção cujas iniciais foram incorporadas à sigla). Há um bonito entardecer ao fundo. A gravação mais curta mostra um preso munido de uma serra cortando o pescoço de uma das vítimas. A cabeça, presa parcialmente ao corpo, balança com os movimentos da ferramenta, para delírio e incentivo dos detentos que observam a cena.

No dia seguinte ao massacre, uma nova rebelião causou a morte de quatro presos na Unidade Prisional de Puraquequara. Outras quatro pessoas morreram seis dias depois na Cadeia

Raimundo Vidal Pessoa. Todos em Manaus, somando 67 pessoas em uma semana. Para celebrar os feitos da FDN e o extermínio do PCC na capital do Amazonas, surgiu no YouTube uma lista de "proibidões", em que a guerra entre os presos aparece cantada em verso. Os proibidões se tornaram uma tradição das gangues amazonenses, traço que as aproximava da narcocultura do tráfico fluminense. "O Funk da Facção" narra a chacina no Anísio de Freitas. A letra, em ritmo de funk, descreve o massacre e celebra o espírito guerreiro dos integrantes do grupo.

> Aqui é o crime organizado tá tudo monitorado
> fechado aos aliado, represento o nosso Estado
> decretado o poder a ordem vou te dizer
> foi batido o martelo pra torar os PCC
> o Comando é um só e tá daquele jeito
> representa a FDN junto ao Comando Vermelho
> pega a visão é a conexão, tomamos de assalto todo o cadeião
> representamos de tal forma e a massa reunida
> para quem pagou de doido sente o poder da família
> aqueles que conspirou traíram a família
> o bagulho foi mais doido, se batendo igual galinha
> foi troca de tiro, polícia não peitou
> a bala comeu no solto e a Rocam recuou
> Estava tudo dominado a cadeia em nossas mãos
> e os presos tudo decapitado na quadra do cadeião
> Vou passando outra visão para o Estado se ligar
> Nossa estrutura aqui é forte, jamais vão nos derrubar
> Pode anotar, escreve o que estou falando, a força da FDN
> só estava começando
> então não desacredita que é a guerra só começou
> É a Família do Norte botando o maior terror
> Nós aqui é pelo certo e não aguenta safadeza
> Foi mídia no mundo todo arrancamos várias cabeças

Um aviso eu vou dar então fica ligado
Somos da FDN e CV lado a lado
Respeito, bota o respeito, aos irmãos que é fechamento
Aqui só os terroristas pesadão nesse momento
Armamento de pistola, de doze e de granada
Jogamos no seguro e não sobrou mais nada
Papo reto, meu parceiro, pode crê nós está no pique
Dia primeiro de janeiro representamos o crime
Aqui é sem palpite e tambémm poucas palavras
É a Família do Norte em todas as quebradas
Aqui é sem palpite e também poucas palavras
Do Norte, do Amazonas, para todas as quebradas
É nóis

As sementes da Família do Norte haviam sido lançadas uma década antes, em 2006, quando os traficantes Gelson Lima Carnaúba, o Mano G, e José Roberto Fernandes Barbosa, o Zé Roberto da Compensa ou Pertuba, se encontraram no presídio federal de Catanduvas. A nova facção queria aproveitar os canais privilegiados de fornecimento de drogas na região das fronteiras e organizar a venda varejista no Amazonas e para outros estados. As drogas da FDN chegam da Colômbia via rio Solimões, o que oferece vantagem para os traficantes capazes de se embrenhar na selva. Criaram estatuto, salves, passaram a cobrar mensalidade, replicando o modelo de gestão bem-sucedido do PCC. O objetivo dos amazonenses, assim como dos paulistas, é buscar "paz, justiça e liberdade para todos os que sonham com a igualdade entre os homens". A luta é "contra os opressores e contra os que desrespeitam os direitos e a dignidade do ser humano". A disciplina também é vista como fundamental. O mimetismo entre as facções foi tamanho que até as gírias empregadas no crime se tornaram quase as mesmas, de norte a sul do Brasil. Vida-Loka e Bin Laden, por exemplo, são apelidos que se repetem. "É nóis", "tá ligado", "papo reto", "caminhada", "proceder", entre outros termos, também passaram a fazer parte da linguagem desse mundo.

A partir de 2010, a FDN deu início a sua própria rede de distribuição, alcançando estados do Norte e Nordeste com canais de acesso ao mercado externo abertos por seus líderes e também almejados pelo PCC. A FDN não aceitava a pretensão do rival de dar as ordens no Amazonas. O conflito aberto entre as quadrilhas começou quando o PCC iniciou seu processo de expansão de batizados na região Norte, em 2015. A FDN reagiu com violência. Além de proibir a filiação nos presídios amazonenses, determinou a execução de integrantes da facção paulista, numa trama acompanhada pela Polícia Federal durante a Operação La Muralla. O PCC não conseguia crescer no Amazonas. Já a FDN, conforme registros apreendidos pelas autoridades locais no computador de líderes da facção, chegou a somar 13 mil batizados.

A dimensão do massacre no Amazonas direcionou os holofotes para o norte do Brasil. A guerra entre as facções deixou de ser tabu para virar pauta da mídia de todo o mundo. No dia 6 de janeiro, os presos de Roraima voltaram a promover um massacre, com 33 mortos, mais uma vez na Penitenciária Agrícola de Monte Cristo. Mais que vingança contra a FDN, a reação parecia uma tentativa do PCC de Roraima de expressar disposição para a guerra, numa disputa para ver quem produzia ações mais grotescas. Assim como em Manaus, os amotinados de Roraima filmaram as degolas e os corações arrancados. Numa das imagens, um coração é mostrado dentro de um prato. "Coração de FDN. O que fizeram com os nossos irmãos, nós vamos fazer pior", diz o cinegrafista. Salves do PCC foram repassados afirmando que só havia mortos ligados à FDN. Mas, segundo o governo de Roraima, não havia filiados da facção no presídio e as mortes foram de criminosos comuns — estupradores e demais discriminados pelos presos.

A perplexidade parecia não ter fim. No dia 14 do mesmo mês de janeiro, integrantes do PCC na Penitenciária de Alcaçuz, na Grande Natal, se rebelaram e mataram 26 detentos. O local do novo massacre era um retrato da destrambelhada política penitenciária no estado. Inaugurado em 1998, Alcaçuz foi construído com base no projeto de conclusão de curso de duas estudantes de arquitetura. Elas desenharam um centro modelo, de menor porte, para ressocialização de presos, com espaço para seiscentas pessoas. No dia da rebelião, havia 1.150 presos no local, os quais, contrariamente ao projeto das estudantes, nunca receberam assistência de saúde, educação ou trabalho. O presídio, para piorar, fora erguido sobre as dunas da cidade de Nísia Floresta, na região metropolitana de Natal. O projeto previa pisos reforçados, jamais instalados. Como resultado, o solo arenoso das dunas possibilitou a construção de túneis por todos os cantos e fugas constantes, que de tão corriqueiras nem mais assustavam a vizinhança. Em 2016, foram mais de cem fugas.

Do lado de dentro dos muros, assim como nos demais presídios brasileiros, quem disputava o poder eram as gangues prisionais. O sistema penitenciário do Rio Grande do Norte era dominado pelo Sindicato do Crime, facção formada por presos locais. Criado em 2013, o grupo surgiu para fazer frente ao PCC, que estava nos presídios de Natal desde 2010 e causava atritos ao impor disciplina rígida e cobrança de mensalidade. Em 2015, a facção nordestina iniciou uma parceria com a FDN, quando um de seus líderes, Gelson Carnaúba, esteve preso em Natal, na mesma unidade de Alcaçuz. A popularidade do Sindicato do Crime cresceu principalmente depois de agosto de 2016, quando o grupo demonstrou capacidade de articulação ao promover mais de cem ataques nas ruas de 38 cidades do estado em protesto contra a instalação de bloqueadores de telefone celular nos presídios. As autoridades estaduais estimavam que o Sindicato tinha 3 mil integrantes, bem acima dos setecentos batizados do PCC.

Essa superioridade garantia à facção o domínio de 28 dos 32 presídios do Rio Grande do Norte. Em Alcaçuz, dos cinco pavilhões, apenas um abrigava integrantes do PCC. Os presos podiam circular o dia inteiro, sem nenhum controle. Apesar da rivalidade, em nome da autopreservação, eles preferiam evitar confronto, situação que começou a ficar insustentável no começo de 2017. A superioridade numérica do Sindicato, contudo, fez com que as autoridades potiguares não previssem o ataque dos integrantes da facção paulista, vacilo que cobraria um preço alto.

Contrariando as expectativas, pela primeira vez os integrantes do PCC tomaram a iniciativa em um presídio onde eram minoria, seguindo a máxima dos encurralados: ser predador para não virar presa. Os integrantes do PCC estavam no pavilhão 5. Quebraram o muro do pavilhão 4, onde se encontravam os inimigos, e atacaram com facas improvisadas. As cabeças cortadas foram espetadas em lanças no fosso do presídio. Braços e pernas foram cortados e os corpos queimados. Dias depois, eles gravaram um vídeo sugerindo os motivos para o ataque: disparos iniciados pelos inimigos e familiares agredidos pelos rivais no dia de visita.

Começava uma nova guerra de narrativas sobre os conflitos. Os integrantes do Sindicato passaram um salve com sua própria leitura do episódio. O documento estava escrito em letra maiúscula. Eles acusavam as autoridades de favorecer a facção paulista.

DO SINDICATO DO RN PARA SOCIEDADE DO RN:*
É IMPORTANTE SABER OS FATOS NA FORMA QUE HOUVE PARA QUE TODOS VENHAM A ENTENDER E SABER O QUE DE FATO ESTÁ ACONTECENDO NO SISTEMA PRISIONAL DO RN;

O *SINDICATO DO RN* FOI CRIADO PARA ORGANIZAR MELHOR OS MANOS QUE NÃO QUERIAM QUE ENTRAR PARA A "FACCAO PCC", QUEM NÃO ENTRAVA ELES ESTAVAM MATANDO, ENTÃO CRIAMOS O *SINDICATO DO RN*, JÁ QUE O ESTADO NÃO AGIU PARA COMBATER O PCC;

O PCC AGINDO COVARDEMENTE TEM COMPRADO AGENTES, DIRETORES E POLÍCIAS, QUE ATUAM COMO INFORMANTES, REPASSAM ARMAS, MUNIÇÕES E INFILTRAM NO SISTEMA PENITENCIÁRIO;

A COVARDIA DO ÚLTIMO SÁBADO DIA 14/01/2017, DEIXA MUITO CLARO A PILANTRAGEM DENTRO DA ADMINISTRAÇÃO PENITENCIÁRIA:

1) NA SEXTA FEIRA OS AGENTES PENITENCIÁRIOS FIZERAM UMA VARREDURA MINUCIOSA NO PAVILHÃO 4 "SRN" RETIRANDO TODAS AS ARMAS E DEIXANDO O PAVILHÃO A MERCÊ DE UM POSSÍVEL ATAQUE, ONDE TODA ADMINISTRAÇÃO PENITENCIARIA, ACOMPANHAVA OS RISCOS DE UMA GUERRA INTERNA, ENTRE PCC E SRN;

2) NO SÁBADO APÓS AS VISITAS, OS MEMBROS DO PAVILHÃO 5, COM A FACILITAÇÃO DOS AGENTES DE PLANTÃO, QUE MAIS UMA VEZ DEIXARAM OS PORTOES DO PAVILHÃO ABERTOS PARA QUE OS MEMBROS DO PCC, SAÍSSEM E INVADISSEM O PAVILHÃO 4, E MATASSEM COVARDEMENTE OS NOSSOS IRMÃOS;

3) OS PRINCIPAIS CHEFES DO PCC, FUGIRAM COM ALGUNS PRESOS E ATÉ AGORA O ESTADO SEQUER SABE DE NADA, APENAS ALGUNS PRESOS;

4) TODO MUNDO SABE QUE O PAVILHÃO 5, SO TEM FUGA SE OS AGENTES FACILITAREM, MAS NINGUÉM NA IMPRENSA FALA NADA, TALVEZ PARA PROTEGER O ESTADO QUE ATRAVÉS DE SEUS AGENTES AGIU COVARDEMENTE;

5) O CLIMA PIOROU QUANDO A ADMINISTRAÇÃO PENITENCIÁRIA ATIVOU OS BLOQUEADORES DE CELULAR, COMO PODEM PENSAR EM QUERER QUE PRESOS DE UM SISTEMA PENITENCIÁRIO FALIDO QUE NÃO TEM SEUS DIREITOS HUMANOS E DA LEI DE EXECUÇÕES PENAIS GARANTIDOS, EXIGIR QUE CUMPRAMOS A LEI? O ESTADO NÃO É O EXEMPLO A SER SEGUIDO;

5) AGORA A GUERRA ESTÁ DECRETADA, VAMOS VARRER O PCC DO RN, E QUEM SE METER VAI TAMBÉM;

6) A POPULAÇÃO PODE FICAR TRANQUILA QUE O NOSSO FOCO SERÁ CONTRA:

A) AGENTES CORRUPTOS;

B) POLÍCIAS CORRUPTOS;

C) DIRETORES CORRUPTOS;

D) ÓRGÃOS DO GOVERNO CORRUPTOS;

E) MEMBROS DO PCC;

O SRN ACONSELHA A TODOS FICAREM EM SUAS CASAS ESSA SEMANA, FECHEM SEUS COMÉRCIOS E ASSISTAM A TV, VÃO ENTENDER MELHOR PORQUE.

NOS NÃO QUERÍAMOS ESSA GUERRA, MAS AGORA, NÃO TEM MAS VOLTA;

ATENCIOSAMENTE,

SINDICATO DO RN

A tensão entre as facções continuou na semana seguinte. Depois da rebelião, 220 presos do Sindicato foram transferidos de Alcaçuz, produzindo revolta dos criminosos nas ruas de Natal, com queimas de ônibus por todo o estado. As suspeitas eram de que o governo estaria favorecendo a facção paulista ao retirar em peso os integrantes da gangue local, deixando uma massa de presos à deriva. No presídio, os rivais seguiam amotinados sobre os telhados dos pavilhões, com bandeiras das facções tremulando ao vento forte das dunas de Natal, com trocas de provocações destinadas aos canais de TV, sem que autoridades conseguissem desarmar a tensão.

As quadrilhas gravavam vídeos e trocavam provocações. No domingo, o *Fantástico*, da Rede Globo, fez uma matéria sobre a situação no presídio e mostrou um preso do Sindicato anunciando a retomada do pavilhão 3. No dia seguinte, um preso do PCC gravava um vídeo de dentro da prisão desmentindo a reportagem. Ele afirmava no vídeo, divulgado no YouTube, que o pavilhão 3 havia sido entregue aos rivais pela polícia. Em meio à confusão, os presos respondiam aos grandes veículos e davam sua versão dos fatos, sem a necessidade de mediação dos jornalistas.

No decorrer de todo o mês de janeiro, vídeos em tempo real e mensagens trocadas por presos de todo o Brasil deixaram o sistema na iminência de desabar. O próximo massacre parecia apenas questão de tempo. No Ceará, onde o PCC havia crescido, um áudio gravado no dia seguinte à chacina de Natal registrava uma assembleia de presos da facção se preparando para a batalha. Um dos detentos, que se apresenta como Trovão, puxa gritos de guerra, conclama a união dos presos e, assumindo o papel de líder espiritual, faz uma oração do crime rezada entre os presentes. "Aqui, diretamente da CPP L3, QG do 15 [PCC]. Tamo vencendo mais uma batalha, contra CV, FDN e Sindicato RN. Aí, pessoal, estamos numa grande guerra e vencemos hoje nossos maiores inimigos do Nordeste na região do Brasil. Sindicato do RN. Não existe mais", ele começa. Os presos batem palmas. Ele pede silêncio antes de continuar. "Só um minuto. Nós aqui nesse estado temos que dar a volta por cima, com inteligência, sabedoria e disciplina", continua.

Trovão puxa em seguida uma oração. "Ouve, Senhor, a Justiça. Ouve o meu clamor. Dá ouvidos a minha oração que não é feita por lábios enganosos. Saiam as minhas sentenças. Perante o teu rosto e a razão. Provaste o meu coração. Propus que o meu coração não predestinasse quanto ao trato dos homens quanto a sua palavra. Me guardei da avareza do destruidor. Dirijo os meus passos no teu caminho. Para que minhas pegadas não vacilem. Eu te evoquei, ó Deus. Pois quero te ouvir. Guarda-me como a menina que dá seus beijos a suas crianças. Quanto a mim, contemplarei a tua face na justiça quando eu acordar. Amém, meus irmãos?", ele grita. Os presos devolvem o "amém" do fundo dos pulmões, antes de começar o coro. "Qual o nosso lema?", pergunta Trovão. "Paz, justiça, liberdade, igualdade e união para todos", respondem os presos do PCC. "Crê em Deus porque Ele é...", ele pergunta à massa, que grita em resposta: "justo!".

A violência continuava do lado de fora, em assassinatos ligados aos conflitos entre facções. Alguns desses episódios foram igualmente filmados e compartilhados. Em fevereiro, um menino magricela, com traços indígenas, aparece num matagal dizendo suas últimas palavras, antes de ser executado. "Tô falando pra todo mundo, todo CV que está aí em Campo Grande, na penitenciária aí, na rua, pra sair tudo jogado [fugir]. O que aconteceu comigo aconteceu com vocês também", ele diz, sabendo que vai morrer. "Vai dar o primeiro?", pergunta um dos homens atrás da câmera de celular. O menino baixa a cabeça, passivamente, enquanto espera os disparos, que começam. "Vamos cortar o braço", diz o outro, antes de chegar com a faca e fazer os cortes. Em outro vídeo, uma pessoa é torturada. Tem as orelhas cortadas e é obrigada a comê-las. Muitos jovens foram assassinados no estado, no ano mais violento da década.

Os homicídios continuam em escalada, principalmente nos bairros pobres do Norte e do Nordeste. Mas esses conflitos deixaram de ser assunto dos jornais. Passava a prevalecer o instinto de sobrevivência das lideranças. Entravam em ação os diplomatas do crime, com seus acordos de não agressão. Uma dessas movimentações veio à tona em maio de 2017, durante a operação da Polícia Federal que identificou atividades no tráfico de drogas por parte de Fernandinho Beira-Mar, o líder máximo do Comando Vermelho. Mesmo confinado há mais de uma década no sistema federal, Beira-Mar seguia ativo: a Polícia Federal estima em 1 milhão de reais por mês a movimentação do traficante carioca com o comércio de drogas, além de 9 milhões de reais em bens. Pragmático, Beira-Mar tentava costurar acordos com o PCC, que vinha se fortalecendo no Paraguai. Ele e os integrantes do PCC desejavam retaliar as autoridades dos presídios federais, que dificultavam a ação de seus grupos no tráfico de drogas. Investigações mostravam ainda que as ordens para matar agentes federais partiam do PCC. O crime, ao menos na cúpula, parecia deixar as diferenças de lado para focar o inimigo principal, o Estado.

Ao mesmo tempo, a partir de julho de 2017, surgiam notícias de conflitos na Família do Norte, uma disputa interna entre duas lideranças, o já mencionado Gelson Lima Carnaúba, o Mano G, e João Pinto Carioca, o João Branco. No entender das autoridades do estado, essa guerra fratricida abria caminho para o PCC na região. A facção paulista já teria instalado uma base de operações no município de Coari, a 363 quilômetros de Manaus, uma rota controlada pela FDN para o escoamento da cocaína trazida do Peru e da Colômbia. O PCC estava à espreita, assistindo de camarote à autodestruição da FDN e aguardando pacientemente o momento oportuno para dar o bote.

Enquanto isso, o efeito dominó nos presídios havia se acalmado. Peças, no entanto, continuavam a se mover no tabuleiro, com as facções brasileiras disputando o futuro do mercado nacional e continental de drogas.

3.
O Projeto Paraguai

Salve de Fortalecimento do PCC *no Paraguai, através da conscientização de companheiros e outros criminosos*
  [Este] salve tem o propósito de conscientizar todos para a conquista da PAZ, JUSTIÇA, LIBERDADE E IGUALDADE, *pois todos estão em território hostil e precisam de bastante seriedade, responsabilidade e dedicação na luta contra as injustiças e opressões, que os ideais não é ser donos da fronteira ou demais regiões do país, nem mesmo o poder absoluto e sim dentro do que é certo, correto e justo conquistar e espera que o derramamento de sangue logo se acabe. 16/08/2010.*

Pelo menos desde o início de 2010, o PCC passou a planejar a ampliação de sua presença e controle das regiões do Paraguai. Nessa época, o salve que trata da "evolução e expansão da facção no Paraguai" foi intensamente discutido entre as lideranças do PCC que estavam presas na Penitenciária II de Presidente Venceslau, no interior de São Paulo, e os integrantes soltos, alguns dos quais já em território paraguaio.

A presença pontual de integrantes do PCC nos países vizinhos vinha sendo noticiada antes daquele ano. De dentro das penitenciárias paulistas, as lideranças do PCC haviam percebido a importância de reduzir ou eliminar os intermediários na cadeia do comércio de drogas e controlar todas as suas etapas. Se os produtos tinham origem nos países vizinhos, era necessário, portanto, estar presente nesses locais, especialmente no

Paraguai, que, além de maior produtor de maconha do mundo, era também rota da cocaína proveniente dos países andinos que abastecia o Sul e o Sudeste brasileiros.

***

Corcel foi preso em fevereiro de 2008, quando trazia consigo um relatório que descrevia em detalhes sua viagem à Bolívia para tratar de negócios da "Família", ou seja, do PCC. Ele era então o tesoureiro do Partido e sua ida ao país vizinho tinha como objetivo estabelecer um canal direto com fornecedores de cocaína e armas e estabelecer um fluxo contínuo e regular de abastecimento, com a definição de fornecedores e preços.

Primeiro, Corcel encontrou-se com uma família de bolivianos na cidade fronteiriça de Puerto Quijarro, onde teria acertado o fornecimento de cinquenta a setenta quilos mensais de cocaína — o que, ainda de acordo com o relatório do representante do PCC, indicaria uma capacidade de fornecimento abaixo do desejado pela Família.

Em seguida, eles viajaram para Santa Cruz de la Sierra, onde foram recebidos por alguém de apelido Velhote e por Capilo, "o careca que é paraguaio", conforme relatório escrito por Corcel. Capilo é Antonio Carlos Caballero, que se tornaria um personagem importante na história do PCC no Paraguai. O encontro na Bolívia parece ter sido o contato inicial entre o PCC — como entidade "coletiva", "pessoa jurídica" — e o paraguaio Capilo. Essa relação se intensificaria rapidamente. Mas, antes disso, ainda no documento que detalha a viagem ocorrida no início de 2008, Corcel afirma que também se juntou ao grupo o boliviano William, "alguém muito bem estruturado que há muito tempo faz negócios com irmãos". William prometia fornecer uma tonelada de cocaína por mês, além de armas, especialmente fuzis, obtidos de um conhecido que pertenceria às Forças Armadas Revolucionárias da Colômbia (Farc) e que também tinha estado no local onde eles se reuniram.

No documento produzido pelo tesoureiro do PCC em 2008 está claro que já existiam integrantes da facção com acesso a vários personagens que atuavam na Bolívia e no Paraguai. A novidade dessa visita era a tentativa estratégica de estabelecer um canal direto da organização PCC com os fornecedores dos países vizinhos. A esse respeito, o relatório de Corcel já deixa transparecer certa tensão entre os negócios individuais e os coletivos — ou seja, institucionais — do PCC. Primeiro, no encontro em Puerto Quijarro: "Por aqui a gente escutou que muitos irmãos já foram lá fazer negócio dizendo que é para a Família, porém é aquela história, ninguém quer entrar no BO, ninguém cita nomes".

Logo adiante, Corcel explica sua visita aos anfitriões William, Velhote e Capilo: "[...] viemos representando a Família num todo e que não viemos para fazer negócio pessoal para ninguém e deixamos bem claro que se algum dia veio algum irmão até eles fazer negócio pela família, foi golpe".

A tensão entre os negócios e interesses pessoais, "dos *irmãos*", e os negócios e interesses coletivos, "da *Família*", permanece até hoje. Essa separação entre "irmão pessoa física" e "PCC pessoa jurídica", contudo, foi fundamental para criar um modelo bem-sucedido no tráfico, um ramo sempre sujeito a rivalidades violentas. Havia liberdade para qualquer integrante do PCC tomar a iniciativa para ganhar dinheiro com negócios pessoais, ou seja, como pessoa física. Afinal, o objetivo do PCC, como afirmam seus membros, "não é atrasar o lado de ninguém".

Quando o negócio era feito em nome do Partido, da pessoa jurídica PCC, no entanto, a situação assumia outros termos. O destino do dinheiro seria o caixa coletivo, voltado à estrutura burocrática e aos serviços prestados pela organização aos filiados, fundamentais para a manutenção da ordem no mercado do crime. Corcel tentava explicar aos bolivianos Miguel e William e ao paraguaio Capilo esses conceitos inovadores, criados e consolidados na cena criminal paulista, mas ainda pouco conhecidos nas fronteiras. Aqueles irmãos que entraram em contato com eles no passado, ensinava Corcel, não estavam autorizados a falar em nome da "Família". Apenas em nome deles próprios.

O relatório de Corcel descreve ainda a apresentação do projeto da "Família" a seus interlocutores bolivianos de Santa Cruz:

> Aí passamos pra ele o trabalho que a Família desenvolve com o dinheiro detalhadamente, como pé de borracha [ônibus para famílias visitarem parentes presos], ajuda, cesta, gravata e todo o resto, foi quando o William disse que sempre teve vontade de ajudar e desenvolver projetos para a Família porém nunca teve a oportunidade de conversar com alguém que realmente mostrasse para ele o que realmente acontece na nossa Família. Depois disso o William, o Capilo e o Velhinho que também não tinham muito conhecimento disso tudo que é o nosso trabalho, entenderam e demonstraram uma grande vontade de participar desse projeto nosso.

Entre 2008 e o início de 2011, Capilo foi um dos principais fornecedores de maconha, cocaína e armas — especialmente fuzis — para o PCC. Mas era mais do que isso. De fato, ele parece ter se interessado bastante pelo projeto narrado por Corcel e foi batizado, sendo um dos primeiros estrangeiros a se tornar irmão do PCC. Passou a ser uma figura importante na relação da facção com traficantes paraguaios e bolivianos, um braço do Partido do Crime no Paraguai, onde se apresentava como "Embaixador do PCC".

Capilo, que também era chamado pelos integrantes do PCC de "Da Kaiser" — possivelmente por sua semelhança física com um ator baixinho e bigodudo que atuou na propaganda da marca de cerveja brasileira —, foi preso por agentes da Secretaria Nacional Antidrogas do Paraguai (Senad) em dezembro de 2009 no departamento de Concepción, no Paraguai, num hotel-fazenda. Com Capilo estava o brasileiro Jarvis Chimenes Pavão, apontado como um dos principais distribuidores de drogas a traficantes brasileiros, também com papel central na história de conflitos, crimes, violência e poder que marca a atuação dos grupos criminais na fronteira entre Brasil e Paraguai. Na prisão, o paraguaio continuou trabalhando para o PCC a todo o vapor, fazendo do cárcere paraguaio seu escritório do crime.

São inúmeras as conversas e mensagens que envolvem o comércio entre as lideranças presas na Penitenciária II de Presidente Venceslau e o paraguaio. Essas conversas abrangiam a discussão de grandes remessas de drogas e os valores que deveriam ser pagos, condições, prazos e formas de pagamento, assim como o local de entrega e os responsáveis por acompanhar e receber as remessas. Carregamentos de armas e seus respectivos valores também apareciam nas negociações. Em junho de 2010, por exemplo, Capilo informa às lideranças do PCC que estava enviando três fuzis modelo M-14 ao preço de 33 mil reais cada e que poderia conseguir fuzis modelo AK-47 no valor de 40 mil reais a peça.

No fim de 2010, contudo, a relação do PCC com Capilo começaria a estremecer. Na verdade, a tensão seria resultado do próprio projeto de expansão do PCC no Paraguai e de uma relação um tanto ambígua com Capilo. O paraguaio, embora batizado no PCC e, portanto, um *irmão*, não era visto como integrante da Família e não tinha confiança irrestrita das lideranças paulistas. Era uma relação de cunho comercial que não envolvia os elementos ideológicos, muito importantes na dinâmica do PCC — a luta contra a opressão na prisão, o compartilhamento do sofrimento de estar encarcerado, a bandeira pela união e pela paz, a pacificação das relações no crime. No fundo, Capilo ainda era considerado um "intermediário" em razão da suspeita de "lucrar em cima da Família" na ponte que fazia com os produtores.

Para colocar de pé o projeto de expansão para o Paraguai, portanto, seria preciso usar outras peças, pessoas que conhecessem a ideologia do Partido e fossem comprometidas com ela. Para isso, o PCC passou a enviar emissários ao país, nomes escolhidos a dedo pela cúpula, que já haviam se destacado em outras tarefas difíceis. As habilidades de Ilson Rodrigues de Oliveira, também chamado de Poupatempo, Teia ou Bocão, eram ideais para a tarefa. Desde que saíra da prisão, Teia havia dado conta de missões complicadas e estratégicas, como a montagem do time de "administradores" do Partido do Crime do lado de fora da cadeia a partir do fim de 2010. Era a realização de um antigo sonho da Sintonia Geral do PCC: ter controle das atividades do grupo a partir da rua para não depender dos integrantes presos. Essa conquista garantia o funcionamento pleno da engrenagem da Família em situações — possíveis e prováveis, sabiam os líderes — em que a Sintonia Geral Final, encarcerada, ficasse fora do ar, ou seja, sem acesso ou com acesso restrito a telefones celulares. Numa conversa, dois integrantes da Sintonia Geral Final do PCC presos em Venceslau, Abel e Soriano, falam do projeto e do papel importante executado por alguns irmãos:

> O nosso sonho está quase realizado... Tudo anda praticamente sozinho na rua: Rifa, Progresso, pé de borracha,

ajudas... Está bem adiantado naquele passo que a gente queria andar, muito bem adiantando mesmo, a única coisa que faltava é o que tá acontecendo agora, o "Sujinho", o "Pescoço de Tatu" e o "Poupatempo" que estão chegando lá [na rua].

Em março de 2011, logo após assumir essa posição nas ruas, gozando da inteira confiança e respeito das lideranças encarceradas, Teia é enviado pelo PCC ao Paraguai para "pôr o projeto pra andar", bem como levantar informações de "safadezas" do paraguaio Capilo. Do Paraguai, Teia conversa por telefone com as lideranças do PCC em Venceslau e faz uma proposta de investimento inicial de 1 milhão de reais para pôr em marcha o projeto de eliminar intermediários e "não depender mais de ninguém":

> O que frita o peixe [pasta de cocaína] vai chegar entre 4600 e 4800 reais, aquela caminhada [fuzil] que pagam 33 [mil reais], agora vai chegar de 16 a 18 [mil reais]. [Vão enviar] em média, mensalmente 30 grande [300 quilos de cocaína] para a 'família' e 30 grande [300 quilos] para o particular [os integrantes da facção], no entanto esse canal é da 'família' mas irão usufruir dele se todos estiverem de comum acordo. Com meia caixa-d'água [500 mil reais] dá pra começar e com a outra metade [500 mil reais] montam a estrutura para não dependerem mais de ninguém.

Esse trecho da proposta de Teia é interessante em diversos aspectos. Um deles é a diferença de preços das mercadorias: através do canal de comércio que ele está construindo, o Partido pagará entre 4600 e 4800 reais o quilo da pasta-base de cocaína, contra 6800 reais pagos anteriormente ao paraguaio

Capilo; quanto aos fuzis, a diferença é de maior relevo: quase metade do valor.

A negociação e a divisão da mercadoria adquirida através desse canal entre o PCC e o particular também ajudam a entender um aspecto obscuro da dinâmica econômica da facção. Por um lado, o PCC não pode ser visto como fonte de lucros ou ganhos financeiros para os líderes, nem pode privilegiar pessoalmente seus participantes conforme a posição ocupada ou o pertencimento ao seleto grupo da Sintonia Geral Final. Por outro, pode propiciar canais de aquisição de mercadorias mais vantajosos. Além disso, aproveita-se da logística — aquisição, transporte, armazenamento, distribuição, pagamento — já desenvolvida para dinamizar os negócios particulares de seus integrantes. Essa parceria, contudo, exige transparência e debate, como se pode perceber pela ênfase de Teia no fato de tratar-se de um canal "da família". Os particulares poderiam usufruir "apenas" se todos estivessem de comum acordo.

Quanto ao paraguaio Capilo, Teia sugere às lideranças que seja excluído do PCC. De acordo com os relatos do emissário, Capilo teria encomendado assassinatos, extorquido e agido em desacordo com a disciplina. Além do mais, como se constataria *in loco*, Capilo estava ganhando dinheiro em cima da cúpula, cobrando ágio nas mercadorias cuja compra ele intermediava para a Família. Após uma série de conversas, debates e investigações próprias o PCC decidiu excluir o paraguaio, preservando, contudo, sua vida. Conforme Abel explica para Tiriça, ambos da Sintonia Geral Final do PCC, presos em Venceslau, em abril de 2011: "Foi decidido pela exclusão e o resto a natureza cuida, se fossem levar ao pé da letra era Xeque [morte]".

Depois da sentença, ao que tudo indica, desde 2011 Capilo não foi reintegrado à facção paulista, embora não se saiba se ele estaria "decretado" (ameaçado de morte) pelo PCC. Em janeiro de 2017, ele foi extraditado para o Brasil para cumprir condenação por tráfico de drogas e armas em São Paulo. Passou a cumprir pena no sistema penitenciário paulista numa unidade prisional em que não havia controle do PCC. Com o rompimento da relação comercial, o projeto de conquista do Paraguai seguiu outros caminhos. Por ocasião das investigações a respeito de Capilo, a cúpula do PCC enviou ao Paraguai outra pessoa de confiança, um membro da organização de apelido Magrelo. Em 2 de maio de 2011, logo após sua volta, houve uma conversa telefônica entre ele e Abel, preso em São Paulo.

Abel diz:

> em cima de todas essas situações [exclusão de Capilo] que aconteceram do outro lado [Paraguai], nosso entendimento fica da seguinte forma: a gente tem que fazer um trabalho lá [no Paraguai] agora, porque se a gente não fizer um trabalho lá agora, tanto pra ganhar um espaço, como pra dar prosseguimento na nossa ideologia, nada disso vai valer, tudo que fez até agora nada vai valer, então o nosso entendimento é de que a gente tem que pegar um de vocês e fazer um trabalho lá pra ganhar aquele campo ali [Paraguai] o máximo que puder.

Magrelo, recém-chegado de sua missão no país vizinho, confirma as condições favoráveis para o crescimento do PCC no Paraguai e a busca por uma posição mais importante no xadrez regional do tráfico de drogas:

> é uma situação que envolve dinheiro, envolve investimentos, envolve alguns riscos. Nós têm condições de comprar lá o nosso material [droga], a gente tem condições de ter o nosso asa [avião] mesmo e trabalhar para nós mesmos.

Outro membro da facção de São Paulo, o traficante paulista Rodrigo Felício, conhecido como Tiquinho, despontava como ponto de ligação para que o PCC pudesse dar o salto. Tiquinho já ocupava posição de destaque no comércio de drogas no interior paulista, tinha os próprios esquemas de fornecimento de drogas no Paraguai e distribuição em regiões do interior do estado de São Paulo, especialmente na cidade de Limeira. Ele parecia disposto a trabalhar para aproximar o PCC, como "coletivo", dos distribuidores e fornecedores de drogas e armas. Aliás, esse é um exemplo que ajuda a explicar as complexas tramas que envolvem os contatos e esquemas pessoais dos membros ou simpatizantes do Partido do Crime e os negócios e contatos da organização em si. A prisão funciona como a máquina de tear de uma rede ampla e complexa, absorvendo cada vez mais elementos e alargando os nós e as conexões entre eles através da combinação de interesses individuais e coletivos: com o encarceramento dos traficantes e, portanto, o obrigatório contato na prisão, o PCC vai ampliando a rede.

Tiquinho tornou-se o principal contato do PCC no Paraguai, sobretudo pelos canais comerciais que passa a compartilhar com a cúpula. Sobre a ida de Magrelo como enviado "oficial" do PCC, Tiquinho comenta com Abel: "o Magrelo esteve lá e já tem uma rapaziada que está fortalecendo a gente há uns dias, com a mente pra frente, é tudo amigão, a gente vai ter um apoio de pessoas realmente que enxerga o crime como ele é". Abel, por sua vez, confirma que o "propósito é ganhar um espaço lá sim pra estruturar cada vez mais a 'família', montar nossa base, montar toda nossa estrutura, mas sem aplicar pânico, terror e intimidar, sem nada disso, somente com o nosso respeito e nossa ideologia".

Com o retorno de Magrelo e a confirmação das acusações contra Capilo, Teia é designado representante "oficial" do PCC no país vizinho e recebe ordens para retornar para lá imediatamente. Tiquinho, já estabelecido no Paraguai, onde atuava de forma autônoma, daria o suporte material e pessoal necessário para que Teia pudesse costurar os negócios e a expansão da Família na região. Assim, em 4 de maio de 2011, Abel informa a Teia que ele poderá voltar a seu posto, dando início ao projeto que ele mesmo formulara.

No dia seguinte, entretanto, vem o baque: numa grande operação policial em um sítio em Itatiba, interior de São Paulo, Teia é assassinado. Sua morte atrapalhou os planos de expansão do PCC. O próprio Magrelo foi designado para assumir a posição ao lado de Tiquinho, mas os avanços do projeto foram tímidos. Ambos pareciam não ter a mesma vocação política nem a mesma disposição de representar os interesses do PCC demonstradas pelo falecido Teia — a respeito de quem, por exemplo, dizia-se que "transpirava a Família".

Quando Tiquinho passou a fazer parte do PCC, já era forte no mercado. Demonstrou algumas vezes insatisfação na relação comercial com o Partido. Ocupando posição na Sintonia Geral do Interior, responsável pela organização comercial e política do PCC no interior do estado de São Paulo, e, depois, na Sintonia Geral do Progresso, responsável pela compra e distribuição de drogas, Tiquinho se gabava da sua atuação no estabelecimento de contatos comerciais para o PCC nos países vizinhos.

> Todos lá no py se fortaleceram comigo/Em 4 anos eu vendi + d 10 mil k [toneladas de droga]/Não tenho o q fala deles [traficantes paraguaios] tao quanto nao tem o q fala d mim/ Só q todo espaço q abriu foi com fruto do meu trabalho/ pois nunca mexeram com isso [cloridrato e pasta-base].*

---

* Da pasta-base ou da pasta oxidada de cocaína são produzidos o cloridrato de cocaína — em forma de pó, que pode ser aspirada ou injetada — e o crack — em forma de pedra, que deve ser fumado.

A estagnação do Projeto Paraguai perduraria até 2014. Em 1º de abril daquele ano, Tiquinho foi preso pela Polícia Federal. Esse golpe na organização, contudo, seria minimizado de forma generosa com a concessão de um *habeas corpus*, ainda no ano de 2014, para uma das peças-chave do PCC, o Paca, como era conhecido Fabiano Alves de Souza. Paca fazia parte da Sintonia Geral Final e gozava da extrema confiança das lideranças presas em São Paulo. E ele não decepcionaria. Imediatamente após a saída da prisão, seguiu para o Paraguai.

Entre 2014 e 2015, o PCC efetivamente intensificou a presença no território paraguaio, sobretudo nas cidades próximas à fronteira brasileira. O foco principal da organização na região é Pedro Juan Caballero, cidade gêmea da sul-mato-grossense Ponta Porã, formando uma densa malha urbana, conectada em termos econômicos, culturais e, claro, criminais. Ocorre que a pretensão expansionista e monopolista do PCC não tardaria a incomodar outros importantes atores dessa cena criminal fronteiriça, o que é fato corriqueiro nos mercados ilícitos e já vinha acarretando diversas mortes em outras partes do Brasil. No período entre 2013 e 2015, esse "incômodo" passou a ser expresso de forma bastante eloquente através do assassinato de pessoas associadas à facção paulista na fronteira. As execuções dos brasileiros na região de Pedro Juan Caballero e Ponta Porã provocaram uma escalada dos homicídios na região.

***

O palco de uma guerra sangrenta estava sendo rápida e silenciosamente construído. De um lado se posicionava o Partido do Crime e as dezenas de integrantes brasileiros — e também paraguaios — que seguiram para a região ou ali foram arregimentados; do outro lado, o "comerciante e empresário" brasileiro-paraguaio, o Rei da Fronteira, Jorge Rafaat Toumani. Também conhecido como "Sadam" ou como "Turco", Rafaat se dedicava havia décadas a práticas de diversos crimes ao mesmo tempo que circulava com desenvoltura entre a elite econômica e política de Pedro Juan Caballero e de Ponta Porã.

Filho de pai brasileiro de origem libanesa e mãe paraguaia, Jorge Rafaat Toumani nasceu numa tradicional família de comerciantes em Ponta Porã. O comércio da família, típico dessa região da fronteira, reunia bugigangas de todos os tipos e eletroeletrônicos, vendidos numa pequena loja no centro comercial da cidade. Graduado em direito nos anos 1980 numa universidade de Dourados, cidade situada a cerca de 120 quilômetros de Ponta Porã, na direção de Campo Grande, Rafaat passou a comercializar no Brasil produtos trazidos do Paraguai. Trabalhou como sacoleiro até o início dos anos 1990, quando a mudança da política econômica brasileira e, especialmente, a adoção de uma nova política cambial a partir do Plano Real reduziram drasticamente os lucros obtidos nesse tipo de comércio. Além disso, a abertura dos mercados e a inundação do Brasil pelos produtos chineses também contribuíram para reduzir a atratividade do comércio de produtos trazidos do Paraguai. Após ter quebrado, Rafaat teria sumido e retornado à região quatro anos mais tarde, esbanjando dinheiro. Essa narrativa é coerente com a biografia de "Sadam" na Justiça.

A ficha criminal de Jorge Rafaat é extensa e remete a meados dos anos 1980. Em 1986, ele foi absolvido num processo por contrabando, resistência e corrupção ativa. No ano seguinte, foi novamente denunciado por contrabando. Mas na década seguinte é que Sadam tornou-se suspeito de envolvimento com atividades criminais relacionadas ao tráfico de drogas e armas, período que coincide com o relato de falência nas atividades comerciais seguida de seu rápido e curioso enriquecimento.

Em 1994, no dia 30 de abril, Jorge Rafaat foi preso em Arapiraca, cidade da região agreste do estado de Alagoas, a 128 quilômetros da capital, Maceió. Ele foi autuado em flagrante com onze revólveres, 35 pistolas, quatro espingardas, quatro fuzis, três submetralhadoras e 75 caixas de munições variadas. De acordo com as investigações, esse material seria destinado a traficantes de maconha do Nordeste brasileiro. Rafaat não ficaria muito tempo preso. Foi absolvido em razão da ilicitude das provas apresentadas (interceptação telefônica não autorizada pela Justiça), o que permitiria o regresso à fronteira e a construção de seu império.

***

Várias cidades fronteiriças de Mato Grosso do Sul e do Paraná abrigam comunidades "árabes", constituídas por imigrantes de origem principalmente síria e libanesa. Não é diferente em Ponta Porã e Pedro Juan Caballero. Antes de Rafaat — apelidado de Turco em virtude das sobrancelhas grossas e traços físicos herdados do pai —, um personagem importante da região foi outro empresário brasileiro de origem libanesa: Fahd Jamil Georges, nascido em Campo Grande, que também construiu seu império na fronteira.

Tornou-se ponto turístico de Ponta Porã a mansão que ocupa um quarteirão inteiro e é uma réplica da casa do roqueiro Elvis Presley. A casa destoa completamente das residências simples da pequena cidade. É impossível se aproximar daquela construção de quase 2 mil metros quadrados e não se sentir intimidado pela vigilância das várias guaritas posicionadas de forma estratégica. Mesmo sem placa de identificação, todos na cidade sabem que a mansão é um "bunker" de seu proprietário, o empresário Fahd Jamil, conhecido na fronteira como "El Padrino".

Figura controversa, "El Padrino" tem uma trajetória marcada pelo envolvimento com altos escalões da política paraguaia, um rol de acusações de crimes — desde o contrabando de cigarros e armas, passando pelo narcotráfico e por lavagem de dinheiro, até homicídios — e uma capacidade impressionante de permanecer impune. Foi — e, de certa forma, ainda é — dono de dezenas de imóveis, hotel, cassino, cavalos de raça, propriedades rurais no Brasil e no Paraguai, empresas, casa de câmbio, rádios e da mansão onde vive até hoje, avaliada em mais de 6 milhões de reais.

As narrativas sobre Fahd Jamil apontam a proximidade dele com figuras importantes da ditadura militar paraguaia e brasileira. O controle que "El Padrino" mantinha sobre o território fronteiriço desde os idos da década de 1970 interessava aos generais, numa troca de favores que decerto contribuía para sua impunidade. Com o término da ditadura paraguaia sob o comando do general Alfredo Stroessner, outro general, Lino Oviedo, passou a comandar o Exército paraguaio na região de Ciudad del Este e entrou para a vida política, aproximando-se de Fahd Jamil. Em março de 1999, Oviedo foi acusado (e, anos depois, absolvido) de ser o mandante, com o apoio de Fahd Jamil, do assassinato do então vice-presidente do Paraguai, Luis María Argaña. Embora o envolvimento de Fahd Jamil e mesmo o de Lino Oviedo nunca tenham sido comprovados, é importante registrar a presença de "El Padrino" na trama do episódio mais grave da política recente do Paraguai.

O círculo político do próspero "empresário" Fahd Jamil não se restringia aos generais, entulhos do longo período autoritário do país vizinho. Em 2012, ninguém menos do que Horácio Cartes, mandatário do Paraguai e, à época, pré-candidato à presidência pelo Partido Colorado, reconheceu que havia estabelecido relações comerciais com Jamil.

Bem antes disso, em 2005, a longa trajetória de impunidade de "El Padrino" fora interrompida pela condenação a mais de vinte anos de prisão pelos crimes de tráfico de drogas, sonegação fiscal, lavagem de dinheiro e evasão de divisas. A sentença determinava a prisão imediata do réu e o início do cumprimento da pena em regime fechado. Fahd fugiu para o Paraguai e por dois anos lá viveu confortavelmente, a despeito de ser considerado foragido no Brasil. Em 2007, teve revogado o pedido de prisão e pôde aguardar em liberdade o trânsito em julgado da condenação. Dois anos depois, Jamil foi absolvido e teve de volta todos os bens que haviam sido sequestrados pelo juiz de primeira instância.

Em 2009, portanto, "El Padrino" volta a ser um homem livre e respeitado, mas não era mais possível fingir desconhecer a sua trajetória. Por esse motivo, em 2012, o então pré-candidato colorado Horácio Cartes teve de explicar publicamente a compra de três fazendas que pertenciam a Jamil. O motivo alegado foi a quitação de dívidas que "El Padrino" havia contraído durante a campanha política de seu irmão, Gandi Jamil Georges.

Em 1982, Gandi Jamil Georges foi eleito o deputado estadual mais votado do estado de Mato Grosso do Sul, pelo PDS (antiga Arena). Em 1986, foi novamente o deputado mais votado, sendo eleito deputado federal constituinte pelo mesmo estado. Em 1990, Gandi concorreu às eleições para o governo estadual, filiado ao PFL, ficando em segundo lugar. Foi a última eleição disputada pelo irmão de "El Padrino", que desde então passou a se dedicar a negócios particulares. Em 2007, Gandi foi alvo da Operação Xeque-Mate, que investigava organizações envolvidas na exploração de jogos de azar e caça-níqueis. Junto com o irmão Fahd, é apontado como principal sócio do Amambay Hotel Casino, tradicional e luxuoso estabelecimento de Pedro Juan Caballero.

A vida política da família Jamil Georges era bastante movimentada dos dois lados da fronteira. A inserção na economia lícita — através da agricultura, do comércio e de instituições financeiras — e nos altos círculos da política permitiu à família manter-se praticamente imune às investidas policiais e judiciais que questionavam a origem de seus recursos e patrimônio. Mas o apelido "El Padrino" não era casual e indicava outra característica, talvez a mais singular entre os tantos barões da fronteira: o forte controle territorial que Fahd Jamil exercia na região, especialmente em Ponta Porã.

Isso significa que, até o fim dos anos 1980 e início dos anos 1990, qualquer estabelecimento comercial que pretendesse se instalar na cidade deveria ter, além das licenças municipais, a permissão de Fahd Jamil. Aparentemente, as transformações pelas quais passou o Brasil nos últimos anos, especialmente o crescimento econômico da região e a consequente chegada de empresas nacionais e multinacionais, acabaram por fazer desmoronar o sistema de controle territorial baseado em relações tradicionais e pessoais, centrado na figura de "El Padrino".

Nas últimas duas décadas, embora ainda tenha se envolvido em episódios de violência, como execuções sumárias, traições e complexos círculos de vingança, a família parece ter se retirado da cena criminal local — ao menos no que tange às disputas territoriais e aos conflitos envolvendo o comércio de drogas. Há até quem considere o lendário padrinho "aposentado" das atividades ilícitas, agora apenas dedicado ao império econômico que construiu. Outros, principalmente agentes policiais, não acreditam nessa hipótese. Seja como for, aparentemente Fahd Jamil e sua família têm se mantido distantes dos conflitos violentos que vêm marcando a vida na fronteira na última década.

A menor ostensividade de "El Padrino" coincide com o crescimento do conterrâneo sul-mato-grossense Jorge Rafaat Toumani a partir de meados dos anos 1990. O lugar do poder não fica vazio no milionário mundo da fronteira. Embora Rafaat reproduzisse em muitos pontos as dinâmicas econômicas e políticas nas quais Fahd estava inserido, parecia se caracterizar por uma forma de gestão mais moderna e empresarial, menos focada no domínio de território.

***

Durante a década de 1990, a fortuna de Rafaat cresceu em ritmo acelerado. Ele construiu um império econômico por meio de dezenas de negócios que envolviam terras, comércio de pneus, faculdades, empresas de segurança. Não se sabe exatamente o momento em que trocou o contrabando pelo narcotráfico. Mas foi no ano de 1999 que ele apareceu pela primeira vez no radar da polícia brasileira. As investigações sobre as atividades que Rafaat desenvolvia por trás de seu império econômico permitiram aos policiais brasileiros identificar toneladas de drogas — maconha e cocaína — em diversos estabelecimentos e veículos de sua propriedade: na Fazenda São Rafael em Ponta Porã; num jipe que saía da garagem de uma de suas empresas, na mesma cidade; numa aeronave apreendida em Marília, São Paulo.

Só foi possível associar o empresário aos produtos ilícitos localizados e apreendidos pela Polícia Federal pelo uso de tecnologias que permitiam recuperar os mapas de viagens do GPS da aeronave, elaborar laudos residuográficos da presença dos entorpecentes, recuperar arquivos obtidos em computadores de suas empresas que continham indícios da propriedade de aeronaves, veículos, estabelecimentos comerciais e fazendas em nome de laranjas. A descrição pormenorizada desses procedimentos está na sentença condenatória do juiz federal Odilon de Oliveira, publicada em 2014, e que reúne vários processos conexos, com dezenas de réus, na qual Jorge Rafaat é apontado como chefe da quadrilha ao lado de outro importante personagem da história do narcotráfico no Brasil, Luiz Carlos da Rocha, vulgo Cabeça Branca.

O juiz Odilon — conhecido pelo rigor na punição aplicada aos acusados de tráfico na fronteira — determinou 47 anos de prisão em regime fechado para Rafaat por tráfico de drogas, contrabando, formação de quadrilha, evasão de divisas e lavagem de dinheiro. Para Cabeça Branca, na mesma sentença condenatória, o tempo de prisão em regime fechado chegou a pouco mais de 34 anos. A despeito da longa sentença, Rafaat ficou preso em Campo Grande por cerca de quatro anos, entre 2003 e 2007. Depois da condenação, em 2014, obteve um *habeas corpus* e permaneceu em liberdade, com trânsito livre e inserção nos círculos da alta sociedade, mantendo proximidade com políticos dos dois lados da fronteira.

Já Cabeça Branca permaneceu por mais de uma década foragido, com paradeiro desconhecido pelos agentes policiais. Depois das operações que resultaram em sua condenação por tráfico de drogas, ele passou a se dedicar ao comércio atacadista de grandes quantidades de pasta-base e cloridrato, prioritariamente para o mercado europeu, embora seja considerado também um dos principais fornecedores para as quadrilhas brasileiras. Afora o milionário lucro, essa forma de atuação no mercado das drogas ilícitas o beneficiou com o anonimato por muitos anos, além de mantê-lo distante das disputas territoriais que envolvem grupos nos setores intermediários e na ponta da distribuição de cocaína para o mercado nacional.

De acordo com a Polícia Federal, os produtos comercializados pela quadrilha liderada por Cabeça Branca possuem o "selo de qualidade" *TOTO 100% PUREZA*, marca registrada desse que era considerado o maior traficante brasileiro, com um patrimônio estimado em 100 milhões de dólares e movimentação superior a 1 bilhão de reais. Em julho de 2017, Luiz Carlos da Rocha foi finalmente localizado e preso numa fazenda na cidade de Sorriso, em Mato Grosso, no âmbito de uma megaoperação da Polícia Federal não por acaso chamada Operação Spectrum. Ao contrário de outros barões da droga, Cabeça Branca nunca esteve associado a um território específico, ele prima pela discrição e diplomacia e não se conhecem vínculos seus com as disputas violentas tão comuns no submundo do tráfico de drogas. Bem diferente era a posição de seu sócio, Jorge Rafaat.

Algumas narrativas sobre a ascensão de Rafaat o apontam como sucessor de Fernandinho Beira-Mar depois que o conhecido chefe do Comando Vermelho fugiu do Paraguai para a Colômbia e principalmente após sua prisão, em 2002. Outras narrativas associam seu protagonismo na fronteira à "queda" de Fahd Jamil, relacionada principalmente ao período em que "El Padrino" permaneceu em solo paraguaio, foragido da Justiça brasileira. O certo é que pelo menos a partir do início dos anos 2000 Rafaat passou a desempenhar o papel de "Rei da Fronteira", estabelecendo regras e normas na divisa, determinando punições ou absolvições e influenciando as decisões políticas nos dois municípios, com protagonismo econômico na região não só em razão direta de seu próprio império, mas também pela atuação na associação de comerciantes locais.

Ainda de acordo com alguns relatos, inclusive de moradores e policiais de Ponta Porã, Rafaat não permitia "desordens" na cidade, punindo rigorosamente os acusados de pequenos delitos, como furtos e roubos. Mais de uma dezena de funcionários atuava em sua proteção e, segundo algumas versões, a empresa de segurança de sua propriedade serviria ao propósito de justificar esse pequeno exército pessoal, assim como o pesado armamento utilizado, que incluía até fuzis AK-47. Ao que tudo indica, esse contingente, formado inclusive por ex-policiais, além de prover segurança e proteção, incluía matadores profissionais, os sicários, que ameaçavam e executavam rivais ou desafetos do Rei da Fronteira.

Esses personagens da fronteira associados ao narcotráfico — Fahd Jamil, Jorge Rafaat, Cabeça Branca — atuavam a partir de relações pessoais, consórcios e parcerias que pareciam não ser abalados pela concorrência que estabeleciam entre si. A despeito de serem amplamente conhecidas as conexões no "submundo" do crime — em práticas que podem ir desde contrabando e narcotráfico até sequestro, tortura e execuções sumárias —, eles sempre circularam livremente, tratados como respeitáveis homens de família, fervorosos defensores da moral e dos bons costumes. Eram considerados, portanto, agentes da ordem, aliados de políticos e até mesmo das forças de segurança. A violência se restringia àqueles que viviam nas pontas do negócio. O alto número de homicídios sempre foi uma das características de municípios em regiões de fronteira, como Ponta Porã. Entre 1999 e 2013, por exemplo, a cidade registrou uma média de mais de cinquenta homicídios por 100 mil habitantes, o dobro da nacional.

***

No início dos anos 2000, criminosos paulistas migraram para a região conectados pelas redes do sistema prisional costuradas pelo PCC. Esse fluxo se intensificou substancialmente a partir de meados da década, quando a facção paulista começou a pensar na possibilidade de ocupação e controle do território paraguaio. Diferentemente de outras quadrilhas, e mesmo do próprio Comando Vermelho de Fernandinho Beira-Mar, o PCC tinha um claro projeto de poder que ultrapassava os interesses econômicos vinculados ao narcotráfico, embora os englobasse. No âmbito desse projeto, a convivência, lado a lado, com tantos grupos locais, regionais, nacionais ou internacionais representava uma amarra. Para um grupo acostumado à hegemonia em solo paulista, atuar num território controlado por um "rei" era uma camisa de força, que o Partido do Crime estava disposto a arrebentar.

Rafaat não aceitava o apetite e a ascensão dos paulistas e tentava manter sua ascendência sobre os preços e o fluxo do mercado da droga na região. Com o aumento da pressão, a alternativa para o grupo de Rafaat era bater de frente com o Partido, o que, com o passar do tempo, se tornaria uma briga praticamente suicida. Pelo menos desde 2013, Rafaat optou por utilizar seu pequeno exército para responder de forma incisiva ao projeto expansionista do PCC. Os homicídios e as execuções sumárias aumentaram de lá para cá, numa tendência de crescimento cada vez maior, atingindo o ápice no primeiro semestre de 2016. Em conversas com moradores, policiais brasileiros e paraguaios e autoridades políticas de Pedro Juan Caballero, era unânime a versão de que Rafaat vinha atuando em colaboração com as polícias locais através da troca de informações sobre a localização dos membros do PCC, que, a essa altura, chegavam aos montes à região, numa enxurrada de paulistas e indivíduos de outras localidades brasileiras foragidos ou recém-saídos das prisões e já absorvidos pelas redes do Partido do Crime.

A resposta do PCC não tardaria. Em regra, o Partido do Crime prioriza o convencimento como forma de cooptação e, portanto, estratégia de expansão. Diplomacia em primeiro lugar. Rafaat não apenas não estava disposto a integrar a rede como também não tinha simpatia por esse modelo que contrariava sua forma de exercer o poder local. Mas Rafaat não declarava guerra ao PCC de maneira explícita, optando por fazer uma espécie de jogo duplo. Por um lado, parecia não se incomodar com o crescimento dos brasileiros vinculados ao Partido em Ponta Porã e em Pedro Juan Caballero. Por outro, informava à polícia o paradeiro dos inimigos e ordenava a seus sicários que os sequestrassem e executassem. A ordem era não os deixar "crescer" na região. A questão é que já haviam crescido e, talvez, fosse tarde demais para que Rafaat conseguisse manter intacta a estrutura de poder que construíra por décadas.

Quando não há espaço para a diplomacia, resta a guerra. A primeira ação em resposta à resistência de Sadam foi frustrada. Ocorreu em março de 2016. Na ocasião, um carro-forte foi visto pelos seguranças de Rafaat estacionado nas proximidades de sua residência. O Rei da Fronteira determinou que eles fossem verificar. A aproximação alertou os ocupantes do carro-forte, que saíram em fuga pela cidade de Pedro Juan Caballero perseguidos pelos seguranças de Rafaat. No tiroteio que se seguiu, um adolescente brasileiro acabou morto. O carro blindado "suspeito" atravessou a avenida que faz a divisa entre os dois países e adentrou o território brasileiro. Os seguranças optaram por interromper a perseguição no limite territorial paraguaio para, de acordo com o próprio Rafaat, evitar problemas no Brasil em razão das armas que portavam, de uso restrito das Forças Armadas. Esse caso, embora nunca tenha sido esclarecido, foi considerado a primeira tentativa de execução de Rafaat pelo PCC. Depois disso, a tensão só aumentou.

Em 5 de maio de 2016, a Sintonia Geral dos Países — setor do PCC responsável pela gestão dos negócios da Família fora do Brasil, especialmente no Paraguai e na Bolívia — elaborou um relatório em que descreve a investigação feita por eles mesmos a respeito da morte de "irmãos" do PCC em Ponta Porã e em Pedro Juan Caballero e da suspeita de ser Jorge Rafaat o mandante. O texto ainda menciona a tentativa de matar Rafaat ocorrida em março. Um trecho do relatório, transcrito abaixo com a grafia original, sem a identificação das pessoas citadas, com exceção do próprio Rafaat, diz o seguinte:

> [...] Já vem de vários anos que o nome do rafat está envolvido em mortes de irmãos, salves que ele não asseita PCC na cidade de ponta Porã ms e Pedro Juan Py, e os demais raptos e mutilações feitos na região que o povo da quebrada fala que ele mandou matar usam a mesma tatica [...]. O nosso irmão [...] me contou que após matarem o [...] o Gorge Rafat chamou ele pra comer um churrasco na casa dele [...] e falou pessoalmente para ele que ele manda mata os ladrão que rouba na cidade e que se ele querer morar aí pode morar tranquilo que é só não roubar que ninguem mexe com ele demonstrando para o irmão e **falando em poucas palavras que quem manda aí é ele e não nois**. E até o presente momento não temos provas de quem matou nosso irmão mais devido a proporção dos rumores estou cada vez mais convencido que o Rafat sim está mandando matar irmão nosso no desbaratino devido a ele não assumir [...] Assinado: [...] Geral dos Países, data 05/05/2016. (destaque nosso)

Já não era possível aos dois grupos conviver no mesmo território. De acordo com relatos obtidos em visita à região duas semanas após o crime que transformaria a história da fronteira, Rafaat estava paranoico nos meses que antecederam a sua morte: mandava matar diante do menor aborrecimento, alegando que o indivíduo em questão era do PCC. Ele provavelmente sabia dos enormes riscos que corria e tentava desesperadamente sobreviver à guerra pelo controle do território em que reinara soberano por tanto tempo.

No dia 15 de junho de 2016, poucos meses depois da primeira tentativa, Jorge Rafaat Toumani foi executado nas ruas de Pedro Juan Caballero, às 19 horas, num ataque que contou com pelo menos quatro carros, aproximadamente cinquenta pessoas e balas de fuzil capazes de furar blindados e derrubar helicópteros. O ataque aparentemente teve o revide dos seguranças que faziam a escolta de Rafaat e deflagrou um tiroteio que durou cerca de quinze minutos, com mais de quinhentos tiros disparados. Ainda hoje é possível observar as marcas dos tiros de grosso calibre nos muros do centro de Pedro Juan Caballero. A foto do corpo do Rei da Fronteira no banco da frente do veículo blindado, ensanguentado e com a cabeça destroçada pelos tiros da metralhadora antiaérea utilizada para furar a blindagem, a M2 Browning calibre .50, foi o símbolo que marcou a transformação profunda não só dessa região da fronteira mas da história criminal do Paraguai e do Brasil, anunciando a nova conformação de poder que se pretendia instalar ali.

Até hoje não se conhece o resultado oficial da investigação desse crime. O PCC foi apontado como executor da ação através do jovem Elton Leonel Rumich da Silva, conhecido como Galã ou Gallant, juntamente com o narcotraficante brasileiro que até então cumpria pena no Paraguai Jarvis Chimenes Pavão. Dos oito presos após a execução, curiosamente sete eram do grupo de seguranças que escoltava Rafaat. Apenas um dos presos pertencia ao grupo que promoveu o ataque. Foi justamente o indivíduo que manuseava a metralhadora .50 que acabou com a vida de Sadam, o carioca Sérgio Lima dos Santos, ex-soldado do Exército brasileiro. De acordo com a polícia paraguaia, ele seria membro do Comando Vermelho. No último capítulo deste livro, esses personagens voltarão à cena.

"A fronteira é lugar perigoso", disse um interlocutor, natural de Ponta Porã e um dos primeiros líderes do PCC em solo paraguaio. Após a execução do Rei da Fronteira, um vácuo de poder foi sentido na região, mas não faltariam grupos e indivíduos dispostos a preenchê-lo. Uma constelação desmanchava-se conforme os tiros da metralhadora antiaérea furavam a blindagem do jipe Hummer dirigido por Jorge Rafaat Toumani. Caminhando por Ponta Porã e Pedro Juan Caballero nas semanas após a execução, era possível perceber o clima de apreensão, incerteza e medo. A população dos dois lados da fronteira não sabia o que aconteceria a partir dali, mas tinha uma certeza: aquele era o episódio mais marcante da guerra e estava longe de ser seu capítulo derradeiro. O derramamento de sangue não acabaria tão cedo.

4.
O sistema

Um dia depois de receber a autorização dos líderes do PCC para ir ao Paraguai, em 5 de maio de 2011, Teia e mais sete homens se reuniram em uma chácara luxuosa em Itatiba, cidade próxima a Campinas, para os preparativos finais. Havia muito a planejar e debater, mas a reunião já estava no radar da polícia. Quando começava a escurecer, perto das seis da tarde, cerca de trinta homens das Rondas Ostensivas Tobias de Aguiar (Rota) entraram na chácara e deram início a um intenso tiroteio, que espalhou cápsulas de diferentes calibres pelos cômodos da casa, pelos jardins e pelas duas piscinas. Os integrantes do PCC não tiveram chance. Três deles morreram e cinco foram presos. Teia estava entre os mortos. Um adolescente de dezessete anos também foi detido. O jovem era filho de Soriano, integrante do seleto grupo da Sintonia Geral Final e um dos principais mentores da reestruturação do grupo e do Projeto Paraguai.

A operação policial provocou um baque na organização, inconformada em ver seus planos mais ambiciosos desabarem com a morte de um integrante de habilidades tão especiais — uma ampla capacidade de liderar e negociar. Havia outro agravante: a polícia teve acesso a planos e conversas secretas da facção. Poderia haver um informante no grupo ou os telefones quentes — utilizados pelas principais lideranças do PCC para planejar ações e fazer negócios — estariam grampeados. Era preciso reagir.

Em julho daquele ano, dois meses depois da morte de Teia, o Novo Projeto Disciplinar do PCC seria lançado nas prisões e quebradas para renovar os princípios e normas da facção. Para fazer a divulgação, as lideranças ditavam as novas regras por celular, e os demais detentos as copiavam em folhas de caderno e compartilhavam com os demais. Seria uma nova edição do primeiro estatuto do grupo, criado em 1997. No dia 9 de julho, João Carlos Bastos de Oliveira, conhecido como Itália, que exercia a função de Sintonia Geral do Sistema, fez um ditado por telefone: "Lutar sempre pela paz, justiça, liberdade, igualdade e união, visando o crescimento de nossa organização" seria o objetivo do PCC. Os três primeiros princípios — "paz, justiça e liberdade" — vinham desde 1997, reproduzindo o mote do grupo criminoso fluminense Comando Vermelho. A novidade eram os dois últimos itens, "igualdade e união", que fortaleciam a ideia de horizontalidade e coletividade. Os novos princípios faziam referência ao caminho do PCC para descentralizar o comando, trajetória que vinha sendo gradualmente implantada desde 2003 sob a liderança de Marcola.

O processo de descentralização não significava abrir mão da ordem e da disciplina perante o mundo do crime. Pelo contrário. No novo documento, os integrantes do PCC faziam mudanças práticas para aumentar o controle sobre a disciplina dos filiados, concedendo mais autonomia para as pontas, aqueles que estavam nas ruas — os chamados sintonias finais de rua. A espera do aval dos presídios atravancava o processo de ação e deixava o grupo mais exposto, vulnerável, sujeito a traições e a escutas das autoridades. Em vez de catorze sintonias de rua, como ocorria até 2011, o salve definia que a função seria exercida por 36 pessoas. Parte desses planos vinha sendo tocada por Soriano, com a ajuda do falecido Teia. Mesmo com a perda de uma figura estratégica na articulação dos contatos com o lado de fora, o PCC não se sentiu acuado e apressou suas novas diretrizes.

O tráfico de drogas também ganharia destaque no documento, assim como a ideia de ultrapassar as fronteiras paulistas e brasileiras. A "conscientização" e a "violência" seriam as ferramentas para garantir a disciplina e barrar a ação dos desviantes. Itália seguia com seu ditado por telefone:

> É dever de todos os integrantes colaborar e participar do progresso [tráfico de drogas] do comando, cujos resultados são empregados no pagamento de advogados etc. Ideologia: o crime fortalece o crime. A Sintonia Final é a mais alta instância da hierarquia. O Comando não tem limite territorial. O desvio de dinheiro é condenado com a morte. A traição é condenada com a morte. Quem mexer com a família de um integrante da facção terá sua família exterminada.

Ainda seria preciso uma resposta imediata à ofensiva do Estado contra a facção. Uma das razões da existência do PCC, desde sempre, foi conter o abuso das autoridades contra os presos. O novo estatuto criaria o artigo 18, que determinava, nas palavras de Itália:

> Todos os integrantes têm o dever de agir com serenidade em cima de opressões, assassinatos e covardia realizada por agentes penitenciários, policiais civis e militares e contra a máquina do Estado. Se alguma vida for tirada com esses mecanismos (covardias, extorsões etc.) pelos nossos inimigos, os integrantes do Comando que estiverem cadastrados na quebrada do ocorrido deverão se unir e dar o mesmo tratamento que eles merecem. Vida se paga com vida e sangue se paga com sangue.

Seria uma reedição dos ataques contra as autoridades, como os ocorridos em maio de 2006, quando 59 policiais e agentes penitenciários foram mortos por integrantes do PCC num único fim de semana. À época, a resposta violenta do Estado nos dias que se seguiram, produzindo centenas de mortes nos bairros pobres e promovendo o endurecimento do cotidiano nos presídios, levou a facção a mudar de estratégia. Cinco anos depois, com as lições do episódio assimiladas, o PCC dava ordens para matar autoridades no varejo, dando início a uma nova queda de braço entre os criminosos e o Estado.

Desde 2009, os homicídios de membros do PCC e as apreensões de drogas da facção em São Paulo vinham provocando preocupação na cúpula do Partido do Crime. Havia motivo para o alerta. Em março daquele ano, o ex-policial militar e procurador de Justiça Antonio Ferreira Pinto assumiu a Secretaria de Segurança Pública de São Paulo, tornando-se o comandante das polícias militar e civil. Ferreira Pinto havia entrado no governo depois dos ataques de maio de 2006, como secretário de Administração Penitenciária. Desde que começara a comandar os presídios, vinha acumulando informações valiosas sobre os bastidores das atividades criminosas numa azeitada máquina de escutas dentro do sistema penitenciário, que havia desenvolvido em parceria com o grupo especial de combate ao crime organizado do Ministério Público de Presidente Prudente. Passou a monitorar a facção, mas também identificou problemas envolvendo policiais civis encarregados de combater o crime. Os grampos deixaram o secretário furioso. Quando assumiu a Segurança, Ferreira Pinto começou a promover mudanças importantes no combate ao crescimento da facção. Em vez de serem compartilhadas com a Polícia Civil, como era praxe até então, essas informações da inteligência passariam para os policiais militares, mais especificamente para a sua tropa de elite, os boinas pretas da Rota.

Para assumir a missão, o secretário chamou para o cargo um militar com fama de valente no combate ao crime, com

36 mortes de suspeitos na carreira: o coronel Paulo Adriano Telhada. O oficial era uma figura emblemática na corporação. Fiel da Igreja evangélica Congregação Cristã do Brasil, onde tocava clarinete, Telhada gostava da mística do herói destemido, que não fugia de tiroteios. Assumiria com desenvoltura esse papel no novo cargo, ganhando aplausos de uma população amedrontada — quando se aposentou, em 2012, ganharia credenciais para entrar para a política e se eleger vereador e deputado estadual.

As ações da Rota na gestão Telhada, bem informadas pelas escutas, começaram a chamar a atenção da imprensa em agosto de 2011, numa ocorrência em que cinquenta policiais da corporação surpreenderam um grupo de quinze criminosos que tentavam roubar dinheiro de um caixa eletrônico dentro de um supermercado às três horas da madrugada. A presença da tropa de elite da PM paulista provocou reação e a fuga dos ladrões. Seis deles foram assassinados. No dia seguinte, numa coletiva de imprensa, Telhada não mencionou as dicas obtidas na parceria da Rota com o Ministério Público nas escutas, alegando que a corporação soube do caso por uma ligação anônima. As investigações depois mostraram que os policiais chegaram ao supermercado quatro horas antes de ter início o tiroteio. Houve tempo de sobra para planejar a prisão, e mesmo assim o confronto acabou ocorrendo.

As escutas pareciam dar o caminho das pedras para as autoridades. As lideranças do PCC passariam a tomar tombos seguidos. Um mês depois do flagrante no supermercado, a mulher de Teia, conhecida como Ninja, foi presa em Campinas com dez fuzis, quatro pistolas, 23 carregadores de fuzis e munições. O cerco parecia se estreitar. Em novembro, Telhada, com idade para se aposentar, foi substituído por outro oficial representante da linha dura, o coronel Salvador Madia, que em 1992 havia participado como tenente do Massacre do Carandiru.

Durante o comando de Madia, a parceria do Ministério Público com a Rota continuava a todo o vapor. O governo não parecia se importar com as vítimas que caíam pelo caminho. Em maio de 2012, depois de outra "denúncia anônima", 26 boinas pretas chegaram em seis viaturas a um estacionamento onde catorze supostos membros do PCC se reuniam. Segundo a polícia, eles planejavam resgatar um preso num centro de detenção provisória. Houve tiroteio e cinco suspeitos morreram. Um sexto, Anderson Minhano, foi levado na viatura para ser executado na beira da estrada, segundo uma testemunha que ligou para o 190 e narrou a ocorrência.

O artigo 18 do novo estatuto já vinha sendo cobrado, mas em agosto a facção deu um salve geral convocando os irmãos para a revanche.

> *Para todos os 'i' [irmão] da rua, em cima das execuções covardes realizadas pela polícia militar, partindo diretamente da Rota de uma forma covarde forão executados os nossos 'is'; Tigrão, Bexiga, Teia e muitos outros. Deixamos todos os 'is' de todas as regiões cientes de que não iremos admitir mais deste tipo de covardia, essas ações covardes deve ser dado um basta, sendo assim a partir desta data 08.08.2012 fica determinado como missão que a quebrada que ocorrer a morte de um 'i' de uma forma covarde, sendo o mesmo executado, caberá a Sintonia Geral juntamente com os demais 'is" daquela região cobrar a morte do irmão à altura executando 2 policial.*
> (destaque do original)

A mensagem dava ainda o prazo de dez dias para que a missão fosse executada, caso contrário caberiam "punições rígidas diretamente para a Sintonia Geral da região".

Os policiais paulistas começaram a sofrer atentados e os casos passaram a ser problematizados pela imprensa. A guerra entre Rota e PCC viraria tema das páginas de jornal, assim como as chacinas. No dia 26 de julho de 2012, o soldado da Rota Anderson de Sales foi baleado com três tiros de fuzil no Jaçanã, bairro de classe média baixa da cidade. Dois dias depois, em apenas quatro horas, seis pessoas morreram na vizinhança por assassinos de moto com toucas ninja. As primeiras três pessoas morreram a cerca de duzentos metros de onde o PM havia sido baleado, enquanto jogavam baralho num lava--rápido. Outras três foram mortas pelos mesmos motoqueiros pouco depois. A população local descreveu momentos de pânico, com policiais avisando durante a tarde que todos se recolhessem quando escurecesse porque haveria o revide.

Em 27 de setembro do mesmo ano, outro policial da Rota, André Peres de Carvalho, foi atacado ao sair de casa no bairro do Butantã, na Zona Oeste de São Paulo, por dois homens encapuzados que chegaram em uma moto e acertaram três tiros de fuzil. A morte do policial produziu revolta, e mensagens em comunidades de apoio à corporação nas redes sociais prometiam vingança. "Na Rota não tem tempo para luto. Antes do enterro do amigo vai começar o velório do inimigo." Quatro dias depois, uma liderança do PCC foi morta no bairro de Pirituba: Alex Claudino, ou Chapa, era considerado um integrante próximo da cúpula do PCC, encarregado de comandar as ações na Zona Oeste, onde o policial havia sido morto.

Naquele ano, atentados contra policiais, seguidos de chacinas, ocorreriam também nos bairros da Brasilândia, Cidade Ademar e Cidade Dutra e nas cidades de Osasco, Guarulhos e São Carlos. No balanço do ano, 96 policiais morreram — 80% a mais do que no ano anterior. Os mortos em supostos confrontos com a polícia também atingiriam o maior número desde 2004. Ainda haveria dezenas de execuções suspeitas, praticadas de madrugada nos bairros pobres, por homens encapuzados.

A situação começava a ficar insustentável. Ainda em setembro, outro episódio, numa chácara no município de Várzea Paulista, ganhou destaque. Naquela noite, treze homens ligados ao PCC debatiam o destino de um acusado de estuprar uma menina de doze anos. Quando eles deixavam a chácara, depararam com quarenta policiais da Rota, que iniciaram os disparos. Nove pessoas que participavam do debate morreram. Entre os mortos estava o suposto estuprador, que havia sido inocentado no debate pelos criminosos. Entre os integrantes da equipe da Rota estava o filho de Telhada, o tenente Rafael Telhada.

A temperatura da crise aumentou e a truculência policial ganhou destaque na imprensa. O índice de homicídios voltaria a subir na capital e no estado, depois de doze anos em queda sucessiva. O governo parecia perder o controle da situação, e o governador Geraldo Alckmin, que havia herdado o secretário de seu antecessor, José Serra, decidiu fazer mudanças. Em novembro de 2012, Ferreira Pinto foi substituído pelo ex-procurador-geral Fernando Grella. Logo ao assumir, Grella sacou do posto o policial que coordenava a parceria da Rota com o Ministério Público Estadual em Presidente Prudente. O novo secretário assumiu com ações e discursos que indicavam controle nos excessos da Polícia Militar. Proibiu, por exemplo, os militares de prestar socorro a feridos antes da chegada da ambulância, uma antiga reivindicação de entidades de direitos humanos, que apontavam os riscos para a vítima durante o trajeto.

De qualquer modo, a política de confronto e os embates de 2012 não contiveram a ascensão do PCC. A articulação dentro e fora das prisões tinha ramos diversificados. O dinheiro da venda de drogas viajava por contas no exterior. O fracasso da política de enfrentamento mais uma vez se revelava. Três anos depois da morte de Teia, o Projeto Paraguai seria levado a cabo com sucesso por Paca, integrante da Sintonia Geral Final que estava preso e, apesar dos extensos serviços prestados à facção, recebeu autorização para progredir para o regime semiaberto e acabou fugindo numa saída temporária.

Em 2015, o PCC ganhou o reforço de Wellinton Xavier dos Santos, conhecido como Capuava, preso no mesmo ano com 1,6 tonelada de cocaína pura e quase uma tonelada de produtos para mistura da droga em um sítio em Santa Isabel, no interior de São Paulo. Na época da prisão, ele foi apontado pelo governo como o maior traficante do estado. Mesmo assim, recebeu *habeas corpus* para aguardar o julgamento em liberdade, um mês após a prisão, e escapou logo em seguida. O desembargador Otávio Henrique de Souza Lima, que concedeu a soltura, foi aposentado compulsoriamente pelo Órgão Especial do Tribunal de Justiça. Depois de pôr o traficante em liberdade, o Tribunal abriu um processo administrativo para analisar as decisões do magistrado, alegando "falta de fundamentação" na decisão de soltar Capuava.

Outro que seguiu para o Paraguai, em 2017, foi Rogério Jeremias de Simone, o Gegê do Mangue. Depois de 22 anos preso, Gegê já havia cumprido o que devia à Justiça. Precisava, no entanto, responder à acusação em dois processos por homicídio, que ele teria ordenado por telefone celular de dentro da cadeia como chefão do PCC. Num desses processos, de duplo homicídio, ocorrido em 2007 em São Paulo, sua defesa havia conseguido um *habeas corpus*, concedido em 2014 pelo ministro Marco Aurélio Mello, do Supremo Tribunal Federal. A decisão do Supremo garantia a Gegê o direito de aguardar o julgamento em liberdade, mas ele permanecia preso preventivamente por causa do segundo processo, um homicídio simples, praticado em 2013. Durante as investigações desse segundo caso, contudo, a polícia e o Ministério Público não conseguiram provas suficientes para levar Gegê a júri. Também não existiam em sua ficha na Secretaria de Administração Penitenciária faltas que justificassem sua detenção. Restou ao juiz de Presidente Prudente conceder um alvará de soltura. Ato contínuo, como era de esperar, Gegê desapareceu do mapa.

Tanto Gegê como Capuava seguiriam em atividades importantes no crime do lado de fora da prisão. Mas isso duraria pouco. Gegê foi assassinado por comparsas em Fortaleza em fevereiro de 2018, quando partia para a Bolívia em um helicóptero, onde articulava ações da facção (a história está detalhada no capítulo 9). Capuava foi preso pela polícia paulista no mês seguinte ao da morte de Gegê. Ele e outros cinco suspeitos foram flagrados com drogas e armas numa chácara em Mogi das Cruzes. O grupo tentou fugir, mas o carro capotou e a polícia conseguiu prender todos. Na época, Capuava era considerado o principal criminoso em liberdade do estado de São Paulo.

As instituições do Estado, mesmo encarcerando mais do que nunca, pareciam bater cabeça, agindo isoladamente, sem estratégia, como se enxugassem gelo, incapazes de controlar o crescimento do PCC. Os policiais militares, arriscando a própria vida e tirando a dos outros como se vivessem guerras cotidianas, reproduziam cenas de violência. O Judiciário paulista, tão criticado pelo rigor em punir traficantes primários com a privação de liberdade, não tinha a mesma firmeza com peças estratégicas na organização do crime. Advogados bem pagos encontravam lacunas para facilitar a vida de seus clientes, evitando o cárcere mais duro. A Administração Penitenciária também respaldava a progressão de pena de lideranças da organização, concedendo atestados de bom comportamento para a decisão favorável dos juízes. A Polícia Civil, deslocada e esvaziada, não parecia fazer falta na estrutura da Justiça. Já o PCC continuaria fazendo aquilo que sabe fazer de melhor desde a sua fundação: prosperar aproveitando as brechas do sistema e se articular com os agentes públicos nessas rupturas, fortalecendo-se nas idas e vindas das políticas de segurança de São Paulo.

***

Desde a criação do PCC, nunca houve uma estratégia clara por parte dos governos paulistas para lidar com o grupo. As visões conflitantes dentro do Estado promoveram disputas políticas entre corporações policiais, agentes penitenciários, promotores e juízes e foram toleradas pelos políticos, que preferiam se afastar dos embates e deixar esse assunto impopular para os "técnicos" e "especialistas" da área de segurança pública.

Nas últimas duas décadas e meia, enquanto o PCC cresceu e conseguiu costurar uma ampla rede de parceiros, o Estado permaneceu rachado. A velha rivalidade entre as polícias militar e civil, marcada pela desconfiança mútua entre as corporações, que historicamente buscaram se fortalecer pelo enfraquecimento da rival, esteve no centro do embate político. Para piorar, essas corporações não conversavam com os gestores do sistema penitenciário, apesar de esse sistema ter se tornado o centro operacional da rede criminal que não parava de crescer.

As prisões costumavam ser relegadas ao segundo plano no sistema de segurança pública porque funcionavam como depósito de tipos indesejados, para onde eram varridos aqueles que as polícias capturavam. Até 1991, não havia uma secretaria encarregada de administrar o setor. O sistema penitenciário paulista ficava sob a responsabilidade da Secretaria de Justiça. Uma coordenadoria organizava o entra e sai dos presos, com a ajuda dos diretores e carcereiros responsáveis pelo dia a dia nos raios — que correspondem a um pavilhão de presídio — e nas celas. A vida dura e insalubre das penitenciárias se encerrava atrás de seus muros, que a maioria preferia esquecer. Era preciso aprender a se virar para sobreviver do lado de dentro.

Foi nesse ambiente distante dos interesses dos políticos que se forjou a personalidade de um homem público que viria a se tornar uma das figuras centrais para entender as mudanças na Segurança Pública e na cena criminal brasileira.

Discreto, avesso a entrevistas, Lourival Gomes se tornou o mais longevo secretário de Administração Penitenciária de São Paulo. Considerando todas as instituições de segurança e de Justiça, ninguém chegou perto de ficar tanto tempo em um cargo de comando como ele, que entrou no sistema penitenciário paulista em 1971 como escriturário. Com quase cinco décadas na burocracia estadual, Gomes conhece como poucos a evolução dos presídios e seu dia a dia, conforme relatou em rara entrevista, em 2013, a um dos autores deste livro. O mundo atrás das grades era outro quando ele começou a trabalhar: "Havia a Penitenciária do Estado, Avaré, Presidente Venceslau, Bauru, Casa de Custódia de Taubaté, Casa de Detenção Flamínio Fávero, Tremembé. Eram 9 mil ou 10 mil vagas, muito menos do que hoje. Só na Detenção eram 7 mil presos", disse. Com seu jeito formal, cabelos brancos e linguagem antiquada — em vez de "homossexualidade", por exemplo, ele usa o termo "pederastia" —, Gomes gostava de falar do passado. Recordava-se do número do protocolo de presos antigos. Mas evitava se aprofundar sobre o presente, principalmente quando o assunto era o PCC, que o deixava desconfortável. A cada menção pela imprensa, ele argumentava, a facção ficava mais forte porque era glamorizada. Contudo, nunca uma facção prisional estabeleceu um poder tão estável como no período de sua gestão.

A população carcerária [no passado] era um pouco mais adulta. A faixa etária era de 25 a 30 anos. De algum tempo para cá, passamos a receber jovens nas prisões. [antigamente] Muita gente tinha apelidos relacionados aos lugares de origem ou da profissão que exerce. Tinha o Baianinho da Edi, prontuário 27.314, um tremendo bandido respeitado na massa carcerária. Ele vinha da Vila Edi. Tinha o Zé do Fogão, que era cozinheiro. O Jamanta, motorista de Alfa Romeu. Você percebia que os presos tinham exercido algo no passado, uma atividade profissional, uma ocupação. Havia ocupação lícita e laços com o bairro. Você percebe hoje a população presa totalmente desqualificada sob o ponto de vista profissional. Finalmente, a grande maioria, 99%, não sabia nem o que era droga e não fazia uso de droga. Hoje a maioria está presa ou em razão da droga ou do tráfico de droga. São diferenças conflitantes porque a sociedade mudou muito. E as pessoas que recebemos são da sociedade. Não conhecemos ninguém que venha de outro local que não seja da Terra.

Gomes era nome influente na estrutura dos presídios em outubro de 1992, quando ocorreu o Massacre do Carandiru — no episódio histórico, 111 presos foram mortos por policiais militares chamados para acabar com uma rebelião no Pavilhão 9 da Casa de Detenção. A tragédia obrigou o governador da época, Luiz Antônio Fleury, a apresentar respostas urgentes. Toda a estrutura de gestão dos presídios foi reformada e ampliada. O sistema penitenciário — administrado pela Secretaria de Justiça até 1991 e depois pela Secretaria de Segurança Pública — finalmente ganhava uma pasta específica. A primeira Secretaria de Administração Penitenciária do Brasil foi criada em 26 de janeiro de 1993. A Coordenadoria de Estabelecimentos Penitenciários do Estado (Coespe), que já existia desde 1979, alternando sua vinculação entre a pasta da Justiça e a da Segurança Pública, em 1993 passa à recém-criada Secretaria da Administração Penitenciária. Começava naquele ano a pequena revolução na administração dos presídios em São Paulo.

Em 1993 — ano de criação do PCC —, Lourival Gomes foi chamado para assumir a Coespe, posto estratégico do sistema, encarregado de lidar com o dia a dia das transferências de presos de todas as unidades do estado. Acima dele estava o primeiro secretário de Administração Penitenciária de São Paulo, o desembargador José de Mello Junqueira. Ferreira Pinto, que vinha do Ministério Público e era amigo de Fleury, tornou-se secretário adjunto da pasta. A parceria profissional de Ferreira Pinto com Lourival Gomes começava ali. Em 1995, quando o governador Mario Covas assumiu, chamou para a secretaria o procurador João Benedito de Azevedo Marques, que havia trabalhado na Comissão de Direitos Humanos da Ordem dos Advogados do Brasil para investigar o Massacre do Carandiru, fazendo denúncias duras contra os policiais. Lourival Gomes continuaria a comandar a Coespe. Azevedo Marques, com o tempo, abandonaria o barco e se distanciaria do assunto.

Gomes, com sua bagagem de carcereiro e diretor de presídios, parecia vocacionado. Era visto como o grande conhecedor do sistema, aquele que sabia movimentar as peças, assumindo com gosto uma tarefa desprezada pelos poderosos. Tanto conhecimento acumulado parecia dar a ele um sentimento de autossuficiência, como se os presídios formassem um mundo paralelo que só ele e sua equipe de diretores seriam capazes de governar e controlar. Desde que assumiu os postos-chave da secretaria, sempre trabalhou arduamente para manter o cotidiano das prisões distante dos debates e do conhecimento público.

A obsessão em manter seu feudo longe dos holofotes se tornou ainda maior depois que o PCC nasceu e começou a crescer. Veio de Gomes a iniciativa de negar insistentemente a existência da facção, mesmo quando o grupo já tremulava bandeiras, cortava cabeças e escrevia seus lemas em rebeliões constantes. O coordenador dos presídios não parece ter compreendido essa nova geração que vinha para tomar as prisões e o que o PCC significava. "Quando o PCC nasceu? Ninguém sabe a data, o nascimento ninguém sabe. Mas o batismo dele foi quando a mídia começou a divulgar e deu ênfase", disse na entrevista. Para depois concluir com seu argumento padrão: "Cada vez que [a imprensa] fala [sobre o PCC], glamoriza, divulga, nacionaliza, internacionaliza o crime organizado". Gomes e Ferreira Pinto continuariam batendo nesta tecla: falar sobre a organização criminosa ajudava a torná-la mais forte — o PCC era "aquilo que não devia ser nomeado nem discutido". Enquanto isso, dentro das penitenciárias, nas sombras, o PCC consolidava seu poder.

Apesar do silêncio sobre os movimentos da facção, o PCC nasceu, cresceu e se fortaleceu. Na realidade, o desinteresse em debater o significado e o *modus operandi* da facção foi fundamental para seu desenvolvimento. Segundo a história contada pelas próprias lideranças do grupo, o nascimento do PCC deu-se em 31 de agosto de 1993, no anexo da Casa de Custódia de Taubaté, chamado de Piranhão, considerado na época o presídio com as regras mais duras do estado. Oito fundadores que pertenciam a um grupo de futebol se uniram para matar dissidentes daquela cadeia. Depois do sucesso no primeiro embate, outros ocorreram, e com o tempo eles foram conseguindo arregimentar apoio em outras unidades.

O fortalecimento do PCC deu-se paralelamente à transformação do sistema penitenciário, depois da criação da Secretaria de Administração Penitenciária, em 1993. Um ano antes, São Paulo havia testemunhado a maior chacina de sua história. Do lado dos presos, o massacre deu o mote de que o PCC precisava para fortalecer o discurso de paz entre os bandidos e a união contra o Estado opressor e a polícia. No 13º artigo do estatuto de fundação do Partido, o Massacre do Carandiru era apontado como fonte de inspiração:

> Temos que permanecer unidos e organizados para evitar que ocorra novamente um massacre, semelhante ou pior ao ocorrido na Casa de Detenção em 2 de outubro de 1992, onde 111 presos foram covardemente assassinados, massacre este que jamais será esquecido na consciência da sociedade brasileira. Porque nós do Comando vamos sacudir o sistema e fazer essas autoridades mudarem a prática carcerária desumana, cheia de injustiça, opressão, tortura e massacres nas prisões.

A tragédia, por outro lado, serviu também para pressionar o governo paulista a reformar o sistema penitenciário, começando pelas mudanças na dimensão do sistema: em vinte anos, entre 1993 e 2013, o número de presos aumentaria mais de sete vezes. Até 1993, havia 36 unidades e 32 mil presos, quase metade nas grandes e míticas unidades da capital, a Casa de Detenção do Carandiru e a Penitenciária do Estado. Já no fim da década de 2010, o sistema forma um vasto universo com 170 unidades e 240 mil pessoas, quase o dobro de sua capacidade, em penitenciárias espalhadas por cidades do interior, como nas da região Oeste, para muitas das quais a viagem dura mais de oito horas de ônibus a partir da capital. A nova distribuição territorial dos presídios dificultava as visitas e assustava os moradores das cidades que os recebiam. Dentro do sistema, uma nova geração começava a se formar. Pessoas nascidas em São Paulo, revoltadas com a violência policial, iriam se articular contra a opressão do Estado e se unir como alternativa para sobreviver. Não restavam opções: era preciso se organizar. Essa nova cultura prisional transformaria o interior dos presídios de forma ainda mais profunda no fim dos anos 1990, com a popularização dos telefones celulares.

Os telefones permitiriam aos presos se comunicarem entre si, com os parentes, com os amigos e com os parceiros de negócio do lado de fora. Esse novo mundo de 240 mil pessoas atrás das grades afetaria diretamente a vida de mais de um milhão do outro lado, se considerados os familiares. Caso fosse uma cidade, seria a terceira mais populosa de São Paulo. Administrar esse universo em construção parecia um desafio e tanto para todas as instituições do Estado, e a tarefa seguia pesando mais e mais sobre as costas dos burocratas do sistema penitenciário. Fiel a seu estilo conservador, Lourival Gomes, no entanto, continuava apegado a tudo aquilo que havia aprendido em 22 anos no sistema, parecendo não dimensionar o que vinha acontecendo.

Gomes continuou fazendo mais do mesmo, satisfeito em permanecer discreto, quase invisível. Evitar os noticiários, por sua vez, se tornava mais difícil. Nos primeiros anos de gestão à frente da coordenadoria dos presídios, administrando o entra e sai das penitenciárias, o sistema em expansão passou a testemunhar um grande aumento de rebeliões, num ritmo nunca visto até então. Em 1990, dois anos antes do Massacre do Carandiru, foram registrados dez casos em São Paulo, conforme levantamento feito por um dos autores deste livro.* Em 1997, após Lourival Gomes completar quatro anos à frente da Coespe, o total de rebeliões já se aproximava de cem. Para controlar esses tumultos, Gomes passou a mexer as peças de seu xadrez, transferindo as lideranças para desarticular o poder de grupos que se formavam nas unidades.

Funcionava da seguinte maneira: os presos se revoltavam e exigiam mudanças para outras unidades. Gomes transferia as lideranças e a rebelião se encerrava, para alívio do secretário e dos governos. As transferências, no entanto, em vez de

---

* Os dados estão na tese de doutorado de Camila Nunes Dias, defendida em 2011 e publicada em 2013 pela editora Saraiva: *PCC: Hegemonia nas prisões e monopólio da violência*.

desmobilizar o poder dos pequenos grupos, acabavam também ajudando a facção a divulgar sua ideologia nas unidades que estavam sendo criadas.

Depois de 1993, um único grupo começaria a avançar e dominar um número crescente de unidades. Para o secretário e seu braço direito, esse problema aparentemente não existia. A mobilização dos presos e sua capacidade de articulação eram vistas com desdém. Durante anos, o PCC seria descrito pelos dois chefes do sistema como algo sem importância, que eles podiam controlar sem a ajuda de ninguém. "[O PCC] É uma ficção. Uma bobagem. Estou absolutamente convencido disso. Sou secretário há quase dois anos e nunca vi qualquer manifestação desse grupo", afirmou Azevedo Marques, numa entrevista à *Folha de S.Paulo* em maio de 1997.

No dia 30 de dezembro daquele mesmo ano, numa rebelião no presídio em Sorocaba, dezessete agentes foram feitos reféns num dia de visita, junto com familiares. Faixas e bandeiras do PCC foram filmadas durante o tumulto, forçando o governo a responder sobre a facção à imprensa. Naquela época, os dezesseis itens do Estatuto do PCC, com o lema "Paz, Justiça e Liberdade", haviam sido publicados no *Diário Oficial do Estado* por deputados estaduais que queriam cobrar do governo transparência sobre a realidade do quadro prisional, marcado por uma explosão de rebeliões. Os burocratas dos presídios seguiram negando a existência da facção. O Departamento de Inquéritos Policiais da Capital (Dipo) instaurou uma sindicância para saber mais sobre o crime organizado nos presídios. A própria Justiça paulista não parecia mais acreditar no que diziam seus colegas do Executivo. Na primeira oitiva ao delegado, Lourival Gomes negou a existência do PCC. Um promotor de Justiça, Gabriel Inellas, diante de mais uma negativa, chegou a denunciar Gomes por falso testemunho, tamanha a obsessão em negar os fatos.

O ano de 1999 chegava ao fim com os presídios em polvorosa. As rebeliões haviam diminuído para cerca de setenta casos anuais, mas a instabilidade no sistema penitenciário seguia preocupante. Além das rebeliões, as fugas eram excessivas. Entre 1995 e 2000, segundo dados de uma Comissão Parlamentar de Inquérito do Sistema Prisional Paulista, 1,1 mil traficantes escaparam das prisões e delegacias de polícia, que não tinham estrutura física para manter os presos e testemunhavam fugas quase diárias. O sistema, contudo, não parava de crescer e já havia dobrado de tamanho, com 62 unidades e 55 mil presos. Para evitar mais estragos, o jeito foi trazer novos ares para a política penitenciária paulista, trocando o titular da secretaria.

O então governador Mario Covas decidiu mudar primeiro o chefe da pasta. Para o lugar de Azevedo Marques, chamou um outsider, o juiz Nagashi Furukawa, que ele havia conhecido seis anos antes em Bragança Paulista, no interior de São Paulo. Como magistrado, Nagashi tinha estimulado os moradores a se envolver na administração da cadeia da cidade. Era a primeira experiência de uma associação civil voltada para o cuidado dos presos, chamada Associação de Proteção e Assistência Carcerária. Nagashi acreditava que era preciso compartilhar com a sociedade o compromisso na "recuperação" dos presos. Covas gostou da postura humanista daquele descendente de japoneses, sem a cultura nem as certezas daqueles que estavam enfurnados na história do sistema. O novo secretário mudaria substancialmente a forma de administrar o dia a dia das prisões. Antes disso, precisaria medir forças com o coordenador da Coespe. Num livro de memórias, ele lembrou que, ao assumir o cargo, ouvia comentários maldosos nos corredores do sistema de que o secretário era uma "rainha da Inglaterra". Lourival Gomes, o coordenador e, portanto, supostamente subordinado ao secretário, seria o "primeiro-ministro" e se dizia o "único homem em São Paulo com condições de negociar uma rebelião". Logo de cara, dez dias depois de assumir, o poder e a determinação de Nagashi começaram a ser testados pelos presos e pela máquina burocrática da secretaria.

Uma primeira rebelião estourou na Penitenciária de Presidente Venceslau. Os rebelados haviam matado um preso na frente do juiz corregedor, Antonio José Machado Dias, com 180 estocadas de estilete. Exigiam a transferência para outras unidades. Segundo Nagashi, Lourival Gomes ligou para ele sugerindo que a exigência fosse atendida. Nagashi autorizou a transferência e a rebelião acabou. Dois dias depois, uma nova rebelião estourou em Presidente Bernardes. Cerca de trinta presos pediam transferência para Mato Grosso do Sul. Nagashi decidiu que dessa vez não cederia às pressões dos presos e da coordenadoria. Quanto mais cedesse, mais haveria rebeliões. O Grupo Armado de Táticas Especiais invadiu o presídio e dois rebelados morreram. O recado, contudo, tinha sido dado: não haveria mais negociações para transferências. "Era chantagem pura. Não se tratava de reivindicação justa ou pelo menos razoável", lembra o secretário, em seu livro de memórias.

Com a mudança nos rumos e a nova filosofia na chefia da secretaria, em abril de 2000 Lourival Gomes foi afastado do comando dos presídios, assim como diretores ligados à antiga Coespe, que seria descentralizada em cinco coordenadorias regionais. Entre 2000 e maio de 2006, desde que a secretaria havia sido criada, o estado de São Paulo estaria, pela primeira vez em anos, longe da influência decisiva de Gomes sobre a pasta. Acabava a era das pequenas rebeliões seguidas de transferências. O que não significava trégua no sistema. A relação entre presos e o governo apenas mudaria de formato. E pegaria a todos de surpresa. São Paulo ficaria marcado pelas duas maiores rebeliões da história dos presídios no mundo, e por uma série de atentados praticados pelos presos contra agentes do Estado. O PCC mostraria suas cartas e passaria a se tornar uma realidade no debate público. São Paulo não poderia mais tratar o PCC como invenção da imprensa.

***

A primeira megarrebelião no sistema prisional ocorreu no dia 18 de fevereiro de 2001 e atingiu 29 presídios do estado. Participaram do levante cerca de 30 mil presos. Como era dia de visita, perto de 10 mil familiares tornaram-se reféns. Os lemas do grupo, "Paz, Justiça e Liberdade" e "15.3.3" — números que representavam a ordem das letras iniciais da facção no alfabeto —, foram divulgados pelas emissoras de TV no Brasil e no mundo. Era o primeiro movimento desse tipo na história. Jornalistas, autoridades, população e acadêmicos foram pegos de surpresa. A articulação dos presos, que já era uma realidade, foi impulsionada pela introdução dos telefones celulares. A rebelião se tornou viável graças ao funcionamento das centrais telefônicas, que organizavam a comunicação entre os diversos aparelhos e davam condições para que a ordem dos presos fosse compartilhada rapidamente. As duas principais lideranças da facção à época, Geleião e Cesinha, estavam fora do estado, assim como Marcola, que começava a crescer na hierarquia do grupo. Sombra e Jonas Matheus, que na ausência dos líderes haviam assumido a condição de pilotos gerais do sistema, deram o salve geral após o aval dos chefões.

O motivo para a revolta havia sido a transferência de cinco presos da cúpula da facção, entre eles o próprio Sombra, para o anexo da Casa de Custódia de Taubaté, o Piranhão, cuja desativação era definida como "prioridade do Comando". O 14º artigo do estatuto afirmava que cabia aos integrantes do PCC "pressionar o Governador do Estado a desativar aquele Campo de Concentração anexo à Casa de Custódia e Tratamento de

Taubaté, de onde surgiu a semente e as raízes do comando, no meio de tantas lutas inglórias e a tantos sofrimentos atrozes".

Os cinco presos do PCC seriam transferidos para lá em razão de mortes praticadas contra integrantes de uma facção rival, conhecida como Seita Satânica, no Carandiru. Após a rebelião, dezesseis presos considerados inimigos do PCC estavam mortos. Um deles teve a cabeça decepada e espetada em uma vara de bambu.

Aparentemente, o governo foi duro com os rebelados e evitou negociar. Manteve a transferência indesejada e reagiu com força. Processou os cinco presos como coautores dos dezesseis assassinatos. Em maio de 2001, criou o Regime Disciplinar Diferenciado (RDD), na Penitenciária de Presidente Bernardes. No novo regime, os presos não teriam direito a visita íntima, acesso a TV, rádio ou jornal, ficariam isolados, seriam mais vigiados e não falariam no celular, teriam direito a duas horas de banho de sol por dia, contra as quatro ou cinco horas das outras cadeias paulistas. Era tudo o que o PCC tentava evitar. Ainda assim, a facção conseguiria se fortalecer e continuar se expandindo — com mais força depois da desmoralização imposta ao governo de São Paulo e da demonstração pública da sua existência. Apesar da reação do Estado, a histórica rebelião dos presos foi uma vitória política do PCC porque serviu para revelar a capacidade do grupo de agir em defesa do interesse dos encarcerados. O RDD acabaria se tornando um elemento de barganha entre o PCC e o governo de São Paulo, e não um dispositivo usado para enfraquecer ou desarticular a facção.

A Polícia Civil, finalmente, passaria a mergulhar nas investigações sobre o grupo com base nas escutas feitas pela Delegacia de Roubo a Banco, coordenadas pelo delegado Ruy Ferraz Fontes, que se tornaria a principal autoridade nas investigações que envolviam membros da facção. Em um ano, mais de cem criminosos ligados ao grupo foram presos. Já a Polícia Militar, com a ajuda de seu serviço reservado de investigação, os P2s, iniciaria uma ofensiva desordenada para enfrentar a facção, misturando inteligência e violência. Uma dessas iniciativas se organizaria em torno do Grupo de Repressão e Análise dos Delitos de Intolerância (Gradi), nome de fachada para o funcionamento de uma rede clandestina de inteligência que atuou entre julho de 2001 e abril de 2002. As atividades do Gradi foram comparadas às do velho Esquadrão da Morte, que no fim dos anos 1960 e começo dos anos 1970 tirava homens do presídio e desovava seus corpos nas estradas. No futuro, também seriam comparadas às da parceria do Ministério Público com a Rota. Nos trabalhos do Gradi, desafetos ou jurados de morte pelo PCC eram retirados de presídios para se infiltrar em quadrilhas e planejar crimes. Essas ações eram acompanhadas pelas autoridades e se transformavam em arapucas, provocando o extermínio dos infiltrados e dos criminosos. A liberação dos presos era feita com autorização da Justiça, que depois negaria saber que os presos eram soltos para simular crimes.

A ação mais espalhafatosa e criminosa do Gradi ocorreu no dia 5 de março de 2002 e causou a morte de doze suspeitos de ter ligações com o PCC. Os bandidos foram ludibriados a participar de um falso roubo de avião que poderia render 28 milhões de reais. O plano foi posto em prática por dois presos infiltrados e dois policiais militares disfarçados. O falso roubo ocorreria no aeroporto de Sorocaba. Na Castelinho, nome da rodovia que fica no caminho do aeroporto, o grupo foi interceptado por cem policiais que os aguardavam. Eles metralharam o ônibus e os dois carros onde estavam os criminosos. Todos morreram. Nenhum policial foi atingido. Os militares preferiram exterminar os criminosos a prendê-los. A descoberta das artimanhas criminosas das autoridades provocou escândalo público e deixou o governo acuado, mas os "excessos" pareciam se justificar diante da legitimidade do propósito, que era acabar com o PCC. A facção estaria se convertendo no grande mal a ser combatido, e para isso qualquer gesto se tornava válido e justificável.

Mesmo de forma voluntarista e descoordenada, as ofensivas contra o PCC continuavam. Dessa vez, a facção parecia sentir o golpe e se fragilizava com uma disputa violenta em torno da liderança. Sombra e Jonas Matheus, que organizaram o levante de 2001 a partir de São Paulo e eram considerados os nomes mais altos na hierarquia do grupo nas prisões paulistas, foram assassinados pelos próprios colegas nos meses que se seguiram. O PCC parecia entrar numa espiral que ameaçava a implosão do grupo. O primeiro a morrer foi Sombra, em julho, cinco meses após a megarrebelião. Numa manhã de sexta-feira, durante o banho de sol no Piranhão, em Taubaté, ele foi espancado por seis presos ao longo de cinco minutos e depois foi enforcado com um cordão de sapatos. A polícia afirmou que os acusados eram integrantes do PCC, mas dias depois a facção decretou luto no sistema penitenciário e lençóis foram estendidos nas grades das celas. As ações eram ambíguas, e quem olhava de fora não compreendia o que vinha ocorrendo entre as chefias.

Em novembro do mesmo ano, foi a vez de Jonas Matheus, um dos oito fundadores do PCC. Açougueiro de profissão, sabia manejar facas e tinha fama de ser mestre na degola. Jonas morreu a golpes de estilete na Penitenciária de Araraquara. Outro fundador seria assassinado três meses depois, em fevereiro de 2002. Misael Aparecido da Silva, um dos idealizadores do estatuto da facção, foi espancado e enforcado por cinco presos durante o banho de sol na Penitenciária II de Presidente Venceslau. Dias antes, dezessete presos haviam morrido em diferentes unidades num período de 72 horas. O movimento que vinha ocorrendo continuava obscuro. A impressão era de que o PCC estava por um fio. Marcola, Geleião e Cesinha, os três líderes principais, continuavam vivos, mas o grupo parecia desgovernado e sem rumo.

As disputas continuariam ao longo de todo o ano de 2002, resvalando para familiares dos presos. Em outubro, a ex-mulher de Marcola, Ana Olivatto, foi assassinada. Segundo relatos de integrantes do próprio Partido, o crime fora cometido a mando da esposa de Cesinha. Em uma das versões da polícia, Ana vinha colaborando com as autoridades para conter a onda de atentados planejada por Geleião e Cesinha, que incluía bombas na Bolsa de Valores. Ana morreu a tiros quando saía de casa, na periferia de Guarulhos. A força de Marcola na liderança do grupo começaria a ficar mais clara depois da morte de sua ex-mulher. Em novembro, Geleião e Cesinha, os dois nomes que vinham liderando o PCC, foram expulsos e jurados de morte. A morte dos fundadores, uma após a outra, havia deixado os dois isolados e abriu espaço para a ascensão de Marcola. Geleião, percebendo que estava com os dias contados, decidiu colaborar com as autoridades em troca de proteção para ele e sua mulher. Em depoimento ao Ministério Público e à polícia, descreveu como o PCC funcionava, como se financiava e quais eram as principais lideranças.

A sucessão de boas notícias para as autoridades levou o governo a cantar vitória antes do tempo. "O PCC é uma organização falida e desmantelada", afirmou em uma coletiva de imprensa, em novembro de 2002, o diretor do Departamento de Investigações sobre o Crime Organizado, Godofredo Bittencourt. "Presos do PCC choraram aqui porque estavam próximos de receber uma progressão de pena e vão ficar mais alguns anos na cadeia. Se o PCC tinha uma boca cheia de dentes, agora tem um dentinho ali e outro lá. Não morde mais ninguém."

Demorou apenas dois meses para Bittencourt morder a língua. O PCC não estava morrendo, mas se preparando para a nova fase que transformaria a facção. Os ladrões — sempre valorizados no mundo do crime paulista, chamados também de 157 — perderiam espaço. O crime organizado de São Paulo finalmente se voltaria para o tráfico de drogas, com quase duas décadas de atraso em relação às facções do Rio de Janeiro. O poder de figuras como Gegê do Mangue e Birosca, respectivamente traficantes no bairro da Vila Madalena e no município de Diadema, começaria a crescer. Marcola, que tinha feito fama no crime como ladrão de grande capacidade de planejamento, abandonaria os louros do passado para olhar para a frente. E o futuro estava associado ao grande potencial de lucro do mercado de drogas.

Sob a liderança de Marcola, o PCC logo mostraria seu cartão de visita num evento traumático que marcou a história de São Paulo. No começo da noite de 4 de março de 2003, o juiz corregedor de Presidente Prudente, Antonio José Machado Dias, foi executado com três tiros dentro de seu carro. Ele era considerado um magistrado rigoroso e já havia sido jurado de morte pelo PCC.

A morte de Machado Dias seria um recado macabro do crime para os magistrados que insistissem em ser duros com as lideranças da facção. Nunca os criminosos tinham sido tão ousados. A polícia identificou três autores do crime que, segundo a investigação, teriam agido a mando de Marcola — logo depois do assassinato, um bilhete foi mandado para ele dentro do presídio relatando o sucesso da operação. A nova liderança do PCC começaria a jogar com as autoridades, revelando seu lado estratégico. Marcola e seu grupo sabiam ser violentos quando preciso, mas também podiam agir de forma moderada e política, oferecendo vantagens ao governo. Acima de tudo, Marcola e seu grupo mostravam ter controle sobre a massa carcerária. Depois de eliminar um desafeto de peso, o grupo achou que era o momento de se recolher.

O sistema viveu um período inédito de calmaria. No ano de 2003, as rebeliões praticamente zeraram. Com as prisões pacificadas, o PCC passou alguns meses esquecido pela imprensa, mas manteve as articulações. Para a opinião pública, Nagashi Furukawa parecia ter assumido as rédeas do sistema. Contudo, a trégua não duraria muito tempo. Na segunda metade de 2005, as rebeliões voltaram a acontecer em grande número. Em junho de 2005, na Penitenciária I de Presidente Venceslau, cinco presos foram mortos, suas cabeças cortadas e exibidas como troféus. Marcola, que havia ficado no RDD entre dezembro de 2003 e julho de 2004, voltaria ao duro regime em abril de 2005.

Eram duas punições severas para o líder. A pacificação dos presídios, nos anos anteriores, de nada tinha adiantado. O Partido voltaria a usar a violência para pressionar o Estado. As rebeliões se intensificaram no começo de 2006, deixando o governo em alerta. Nas escutas captadas pelo sistema penitenciário, os presos discutiam uma nova megarrebelião para agosto daquele ano, véspera das eleições presidenciais. De acordo com as autoridades, o governador Geraldo Alckmin, supostamente odiado por ter criado o RDD, devia ser combatido. O vice, Cláudio Lembo, assumiu o governo em 31 de março daquele ano para Alckmin concorrer à presidência. A panela de pressão estava prestes a explodir.

Havia a possibilidade de uma rebelião estourar já naquele 14 de maio, domingo, Dia das Mães, conforme informações captadas pela secretaria. Lembo estava no cargo fazia pouco mais de um mês. Nagashi decidiu que não havia mais como esperar. Era preciso agir e neutralizar o PCC. A ideia era iniciar uma operação inédita e arriscada de transferência de 765 lideranças do PCC para a Penitenciária de Presidente Venceslau e Presidente Bernardes. Todos de uma só vez. No fim da tarde do dia 10 de maio, Lembo autorizou a ação. As transferências começaram às 16h30 do dia seguinte, quinta-feira, e demoraram dez horas até serem finalizadas. A partir das

2h30 da madrugada de sexta, os presos chegavam às suas celas. O salve geral para os ataques foi dado ainda na sexta-feira. Dessa vez, ao contrário do que tinha acontecido na primeira megarrebelião, os ataques seriam feitos também do lado de fora. Mais uma vez, autoridades, jornalistas, população e acadêmicos seriam pegos de surpresa.

Os atentados do PCC começaram na noite de sexta-feira. Até a tarde de sábado, trinta pessoas haviam morrido e 25 ficaram feridas, entre policiais, guardas civis e agentes penitenciários. De dentro de carros, disparos eram feitos contra delegacias e bases policiais, na capital e no interior. Ainda no sábado, 24 unidades prisionais começaram uma rebelião simultânea. No domingo, a situação piorou. O número de mortes decorrentes de atentados subiu para 72, e houve 27 feridos. As unidades rebeladas chegaram a 74, com cerca de trezentos reféns. A polícia afirma que morreram dezenove criminosos. Na segunda-feira, dia 15, mais de cinquenta ônibus foram incendiados. A cidade de São Paulo viveria momentos de pânico, com aulas suspensas em colégios e faculdades, bancos e comércios fechados. O Aeroporto de Congonhas precisaria ser esvaziado por suspeita de bomba. Antes de anoitecer, a cidade parou. Na hora do rush, era possível andar a pé nas avenidas principais, não havia carros nem ônibus nas ruas. Para alguns, aqueles ataques foram o "nosso Onze de Setembro".

Para conter a violência e o efeito dos ataques sobre as pretensões eleitorais do ex-governador Geraldo Alckmin, no domingo, dia 14 de maio, o governador Cláudio Lembo aceitou a oferta de uma advogada, Iracema Vasciaveo, ex-delegada que se apresentava como representante de uma ONG chamada Nova Ordem. Ela se oferecia para mediar uma conversa do governo com as lideranças do PCC para acabar com os ataques. Um avião foi fretado para que ela, um delegado e um representante da corregedoria dos presídios fossem a Presidente

Bernardes, onde estava Marcola. O líder do PCC autorizou um preso conhecido como LH a dizer que sua integridade física estava preservada. Era a senha para os ataques cessarem, o que demoraria ainda pelo menos 24 horas para ocorrer.

Os dias seguintes não foram menos dramáticos. Policiais militares partiram para a ofensiva e diversos assassinatos com suspeitas de execução sumária ocorreram em bairros pobres da cidade. Entre os dias 12 e 21 de maio, morreram 564 pessoas (59 agentes públicos e 505 civis).* Centenas de mortes foram apontadas como execuções praticadas por policiais disfarçados. Parentes das vítimas criaram um movimento, chamado Mães de Maio, para denunciar a violência policial ocorrida no período e as execuções sumárias de centenas de jovens pobres, moradores de periferias e favelas. A vingança se tornaria método recorrente nas disputas envolvendo policiais e criminosos, como ocorreu em 2012. A truculência seria tolerada porque a polícia estava em "guerra contra o crime". A população continuaria indefesa nesse fogo cruzado.

Duas semanas após os ataques, o bode expiatório de maio de 2006 foi apontado: o secretário Nagashi Furukawa seria afastado da Secretaria. Os rumos da Administração Penitenciária sofreriam uma nova guinada, voltando à antiga trajetória. Antonio Ferreira Pinto, que começou como adjunto na gestão de Mello Junqueira, retornaria como titular da pasta. Lourival Gomes ressurgiria para se tornar seu secretário adjunto. Fora do governo, Nagashi voltou a apontar a desarticulação nas políticas de segurança pública. Em entrevista a um dos autores deste livro, ele reconheceu a absoluta falta de comunicação entre a Segurança Pública e a Administração Penitenciária.

---

* Dados do estudo Análise dos Impactos dos Ataques do PCC em São Paulo em maio de 2006 feito em 2008 pelo Laboratório de Análise da Violência (LAV-Uerj).

Raramente conversava com o secretário da época, Saulo Castro de Abreu, apesar de ambos serem os responsáveis por lidar com o PCC. A facção havia integrado os lados de dentro e de fora dos muros, mas o governo continuava tratando essas realidades como fenômenos isolados. Ao longo de quatro anos, segundo Nagashi, ele e Saulo, mesmo compartilhando um problema grave, se encontraram em menos de trinta ocasiões.

Com Ferreira Pinto, os presídios desenvolveram um sistema de inteligência bastante ativo e os policiais civis foram para a geladeira, sob a suspeita de serem coniventes com o crime. O ex-procurador fortaleceu o papel do Ministério Público e da Polícia Militar no combate ao crime organizado. O racha e a troca de acusações entre as instituições se aprofundaram nos anos seguintes. Policiais civis foram acusados de extorquir o PCC. Suspeitas sobre os esquemas de transferências envolvendo os chefes das burocracias dos presídios voltaram a ser levantadas. A Polícia Militar, fortalecida, passou a compartilhar as escutas e a agir de forma destrambelhada, promovendo a série de execuções descrita no começo do capítulo. A parceria com o Ministério Público era comparada a ações de grupos de extermínio. Apesar de algumas perdas, o PCC, aproveitando as brechas e as disputas no governo, tornou-se mais unido do que nunca para ampliar a rede criminosa. Mais uma vez, o Partido do Crime conseguiu crescer, apesar das adversidades.

***

Os novos chefes dos presídios, Ferreira Pinto e Lourival Gomes, chegaram em 2006 para redefinir a estratégia de investigação e acompanhamento das lideranças do PCC no estado. Depois da transferência em massa feita por Nagashi, os principais nomes do Partido do Crime continuariam concentrados na mesma unidade prisional, a Penitenciária II de Presidente Venceslau, na região Oeste do estado de São Paulo. Os passos das lideranças poderiam ser acompanhados por meio de escutas telefônicas autorizadas pela Justiça. A existência de celulares nos presídios permitia às autoridades o mapeamento das ordens e estratégias dos criminosos. Os promotores de Presidente Prudente passariam a assumir o protagonismo nos trabalhos de inteligência sobre o grupo, com destaque para o promotor Lincoln Gakiya, que se tornaria o maior conhecedor dos movimentos da facção. Em compensação, a cúpula da rede criminosa teria um convívio mais próximo, a ponto de poder discutir nos pátios os rumos a seguir em São Paulo, no Brasil e na América Latina.

Nesse período, durante as escutas feitas pela Administração Penitenciária, além das informações sobre os planos do PCC, começaram a surgir informações que comprometiam as autoridades, principalmente conversas que envolviam negociatas entre integrantes da Polícia Civil e o crime. Um dos casos mais escandalosos foi o sequestro organizado por policiais civis de Rodrigo Olivatto de Morais, enteado do líder do PCC, Marcola, em março de 2005 na cidade de Suzano. Dois investigadores, que receberam 300 mil reais para soltar a vítima, foram condenados pelo crime. Um deles, o investigador Augusto Peña, foi preso com fitas de escutas para ser entregues a lideranças do PCC. Peña aceitou contar o que sabia e acusou o secretário adjunto de Segurança Pública da época, Lauro Malheiros, que era colega de governo de Ferreira Pinto, de participar de um amplo esquema de corrupção. Segundo a acusação, Malheiros vendia postos em delegacias envolvidas em esquemas de propina organizados pelos policiais. Também foram identificadas negociações entre policiais e o PCC para soltar membros presos em flagrante e para facilitar a realização de crimes. O caso foi fartamente coberto pela imprensa.

Com a reputação da Polícia Civil comprometida, em 2009, durante o governo de José Serra, Ferreira Pinto assumiu a Secretaria de Segurança Pública e pôde dar vazão a essa indignação que vinha acumulando desde 2006. De saída, levou o comando da Corregedoria da Polícia Civil para a Secretaria de Segurança, dando um recibo público de descrédito à instituição. Nomes importantes no combate ao PCC foram removidos de seus cargos. Muita roupa suja seria lavada e poucos sairiam ilesos. O fortalecimento dos promotores — que nos últimos anos vinham se sucedendo na chefia da Secretaria de Segurança Pública — e da PM daria o rumo da estratégia de combate ao crime. A Polícia Civil ficaria de lado, como se sobrasse na estrutura de segurança.

Uma das peças descartadas foi o delegado Ferraz Fontes, até então o número um da polícia no combate ao PCC. Quadro antigo e valorizado da corporação, Ferraz Fontes tinha se tornado delegado da Polícia Civil em 1988. Virou titular da Delegacia de Roubo a Bancos sete anos depois, em 1995, numa época em que a cidade registrava mais de cem casos mensais desse tipo de crime. Os ataques a agências bancárias tiveram uma diminuição nos anos seguintes, e o trabalho do delegado levou sua equipe a ser chamada para investigar os primeiros catorze resgates de presos nas carceragens das delegacias paulistas que foram atribuídos ao PCC nos anos 2000. Até então, a ação do PCC se restringia aos presídios. Com os resgates de presos acontecendo do lado de fora, o grupo passou a ser investigado pela primeira vez pelos civis. O PCC já tinha sete anos de existência.

Ferraz Fontes passou a trabalhar com o Ministério Público, e logo descobriram a existência de mais de trinta centrais telefônicas funcionando para o crime. Pessoas do lado de fora dos muros agiam como telefonistas e coordenavam as conversas coletivas entre celulares em quase todo o sistema penitenciário. Centenas de centrais funcionavam em todo o estado, revelando aos promotores e policiais o real desafio que a facção representava. Nessa época, novos softwares permitiram avanços na investigação por escutas telefônicas, e o funcionamento do PCC finalmente começou a ser desvendado com a ajuda do delegado e de promotores. Organogramas, faturamento, hierarquia e nomes ligados ao grupo se tornaram recorrentes na imprensa. Faltava, no entanto, uma parceria estreita com o sistema penitenciário, o que favorecia o desenvolvimento da facção.

A queda de Ferraz Fontes começou no mesmo ano de 2009, pouco depois de Ferreira Pinto assumir a Secretaria de Segurança. Os anos de combate ao PCC tinham causado desgaste na imagem do delegado. A primeira acusação contra ele apareceu em julho de 2006, dois meses depois dos ataques de maio, quando Marcola depôs na CPI do Tráfico de Armas, no Congresso Nacional, para falar sobre o episódio. O líder criminoso atacou Ferraz Fontes, que vinha contribuindo para que fossem dados os maiores golpes contra a facção. "Para o senhor ter uma noção, é tão corrupta a nossa polícia paulista que eu fui preso em 1999, acusado de ser um dos maiores assaltantes de banco do país, até, na época. Quinze milhões aqui, 10 milhões ali, não é? Então, como eu posso ter sido preso com tudo... com essa fama toda, eu ter ficado dois, três anos em liberdade e, no momento da minha prisão, fui preso com um carro importado, que valia uns 50, 60 mil reais, e simplesmente eu não assinei nada. Não fui indiciado em nada, em nada de nada de nada. É complicado, o senhor não acha?", disse Marcola aos deputados, afirmando que Ferraz Fontes, "da Roubo a Bancos", havia recebido o dinheiro.

A investigação não prosperou. A fonte da acusação, afinal, era mais do que suspeita. O preso tinha motivos para tentar desacreditar o policial que investigava o grupo. Além disso, quando

Marcola foi flagrado com o carro, não havia motivos para ser indiciado porque era foragido da Justiça. Desde então, o líder do PCC permaneceu na prisão. O fogo contra Ferraz Fontes, no entanto, passaria a vir de dentro do próprio governo quando Ferreira Pinto assumiu o comando da Secretaria de Segurança, em 2009. As escutas comprometedoras envolvendo a cúpula da Polícia Civil seriam usadas para justificar o fortalecimento da Rota e da Polícia Militar no combate ao grupo. O protagonismo dos militares dependeria do enfraquecimento de Ferraz Fontes, que passou a ser transferido para cargos de menor prestígio.

No começo de 2010, Ferraz Fontes assumiu o 69º Distrito Policial de São Mateus, na periferia leste da cidade, onde moravam integrantes da facção. Meses depois, no começo de 2011, trabalhando na periferia, o delegado identificou em escutas que policiais militares vinham extorquindo traficantes ligados ao PCC na região e comunicou à Justiça. Não demorou para que viesse um contragolpe. Em março de 2011, Ferraz Fontes viu publicado nos jornais que dois homens da facção armados tinham sido presos por policiais da Rota na porta do distrito policial onde ele trabalhava. As notícias informavam a suspeita de que os dois detidos armavam uma emboscada contra o delegado. "Tal estardalhaço soou como uma ameaça de morte, talvez, em razão da investigação que revelou a participação dos policiais militares nas extorsões dos pontos de varejo de venda de cocaína por parte dos militares na região", disse Ferraz Fontes, em depoimento que prestou ao Ministério Público Estadual em 2014, tentando se resguardar das acusações que sofria do secretário.

No mesmo depoimento, Ferraz Fontes foi questionado pelos promotores sobre os motivos que o levaram a sofrer perseguição do então secretário de Segurança. O delegado apresentou algumas hipóteses: a represália poderia estar ligada à interferência dos policiais civis nas investigações sobre o cotidiano dos presídios. Um dos casos que poderiam ter desagradado a Ferreira Pinto, segundo Ferraz Fontes, teria sido a prisão de 26 pessoas em posse de uma contabilidade da facção que relatava o fornecimento de duzentos quilos de cocaína para 44 unidades prisionais do estado no fim de 2006. O caso foi publicado pelos jornais ainda no mesmo ano. A venda de drogas nas prisões sempre foi uma fonte importante de ganhos do PCC, situação que punha em xeque as autoridades penitenciárias. Logo depois da divulgação desse caso, Ferreira Pinto e Ferraz Fontes se encontraram numa reunião no II Comando do Exército. Segundo o delegado, o secretário nem sequer o cumprimentou.

Outra hipótese estaria ligada a uma denúncia sobre o sistema penitenciário que teria ocorrido no ano seguinte, em 2007. Ferraz Fontes investigava o PCC quando diz ter ligado para o coordenador de Presídios da Região Oeste, José Reinaldo da Silva, para comunicar uma denúncia de que presos estavam pagando 50 mil reais para serem transferidos. O coordenador disse que a história não fazia sentido. Nada foi feito. Anos depois, segundo contou o delegado no depoimento ao Ministério Público, Eduardo Lapa, que havia sido condenado por sequestro, roubos, furtos e era considerado braço direito do PCC, confirmou as suspeitas após sua prisão. Lapa afirmou em depoimento que havia conseguido progredir de pena falsificando um antecedente de bom comportamento no sistema, para depois fugir durante uma saída provisória. O mesmo havia ocorrido com outras lideranças importantes do PCC.

A Polícia Federal descobriria mais tarde que Lapa, quando esteve na rua, foi um dos encarregados pelo PCC de obter o endereço de agentes públicos ligados a presídios federais. Três deles acabaram assassinados. As investigações do envolvimento de autoridades no esquema não prosperaram.

Com a saída de Ferreira Pinto da Secretaria de Segurança, os policiais civis voltaram a ter maior participação nas investigações contra a facção. As acusações parecem ter sido esquecidas, o que não significa que o Estado tenha se unido no combate ao crime organizado. Ferraz Fontes, que havia ficado três anos na geladeira, voltou a ganhar protagonismo nas investigações contra o grupo e assumiu a direção do Departamento de Narcóticos para enfrentar um negócio que se tornou estratégico para o financiamento do crime em São Paulo. O governo parecia bipolar. Tiraria Ferraz Fontes do ostracismo de um distrito da periferia para voltar a colocá-lo num dos postos mais importantes da Polícia Civil. A turma de Ferreira continuou representada pelo seu amigo e antigo braço direito Lourival Gomes, que assumiu a titularidade da Administração Penitenciária em 2009. Até o início de 2018, Gomes continuava no cargo.

Os dois lados seguem se estranhando, mas pelo menos pararam de se atacar politicamente. Já o PCC ganhou musculatura, mesmo com o governo paulista insistindo em sua política de negar a capacidade de articulação do crime no estado. Em 2011, cinco anos depois dos ataques, Antonio Ferreira Pinto ainda tentava diminuir a importância do grupo na cena criminal. "Na realidade existe um grupo de presos, grande parte do tráfico. Mas o PCC são no máximo trinta presos influentes que exercem algum poder de decisão e estão cumprindo pena em um só presídio, em Presidente Venceslau", disse ele em entrevista a um dos autores deste livro.

A gestão inovadora do PCC passaria a se financiar com o tráfico, uma das atividades criminais mais lucrativas do mundo. Entre 2008 e 2016, o faturamento da facção com a venda de drogas cresceria 300%, passando de 50 milhões para 200 milhões de reais. O número de filiados aumentaria, alcançando outros estados do Brasil. O Projeto Paraguai começa a se consolidar a partir de 2014. A morte de Jorge Rafaat mostra que o Partido não estava para brincadeira. Promotores e juízes reiteram o risco de testemunharmos a transformação da facção paulista num cartel internacional de drogas, impondo aos brasileiros desafios semelhantes aos dos colombianos e mexicanos.

***

Nos países em guerra, a figura de um inimigo ameaçador costuma aumentar a tolerância da população aos excessos dos governos. Não importa se comunista, terrorista, fundamentalista, essas imagens têm ajudado muitos governantes a conquistar apoio político, se aproveitando do medo dos seus eleitores, com um discurso de ódio em defesa da virulência. Nas cidades brasileiras, desde que os "bandidos" se tornaram o bode expiatório preferencial que impede as pessoas de viver em paz, inúmeras injustiças e violações foram praticadas em nome dessa guerra doméstica contra o crime.

Um dos casos mais absurdos ocorreu em maio de 2006 com Vera Lucia dos Santos, que passou a última década inserida em uma trama digna de filme de terror. Vera levava uma vida sem sobressaltos na cidade de Santos. Tinha carreira como manicure e cabeleireira, fazendo unhas, penteados e tingindo cabelos nos salões de beleza da região central. Vivia perto dos quatro filhos adultos e mantinha contato com os seis enteados e netos, que ela ajudava a criar. O marido, um eletricitário da Docas, empresa que atuava como operadora do Porto de Santos, havia morrido de derrame cinco anos antes, deixando uma pensão que permitia à família seguir tocando a vida.

A vida era dura, mas uma tragédia ocorrida no dia 15 de maio de 2006 mostrou que as coisas poderiam piorar numa escala inimaginável. Naquele fim de semana, policiais e agentes penitenciários tinham sido atacados e mortos por integrantes do PCC. Havia tensão nas ruas de Santos, mas nada que abalasse o clima festivo do apartamento de Vera, que compartilhava com a família uma alegre expectativa. No dia seguinte, 16 de maio, Ana Paula, sua caçula de vinte anos, grávida de nove meses, daria à luz Bianca na Santa Casa da cidade, a alguns quarteirões dali. A cesariana já havia sido marcada.

Durante a tarde, Vera, a filha e amigos assistiram aos filmes de vídeo que o genro, Eddie Joey de Oliveira, descendente de um marinheiro filipino, alugou na locadora. Perto das 19 horas, Ana Paula sentiu vontade de tomar uma vitamina. Sugeriu que ela e o companheiro fossem na padaria beber o suco e buscar o leite de sua outra filha, Ana Beatriz, que tinha pouco mais de um ano. O casal estava acompanhado do compadre, que seria padrinho de Bianca, e do cunhado.

Os quatro passaram na frente de um bar. Homens que tomavam cerveja saíram de lá, entraram em um carro e seguiram o grupo de perto. Também eram quatro. Os boatos sobre revanche da polícia e toques de recolher estavam fortes nos bairros com comércio de drogas dominados pelo PCC. O compadre do casal, ao ver um carro vindo lentamente atrás deles, ainda falou: "Vai ter geral". Joey o tranquilizou. "Não estamos devendo nada. Vamos para a padaria." Como os quatro não tinham ligação com o crime, não imaginaram que seriam importunados. Antes que eles chegassem, os homens saíram de dentro do carro com touca ninja. E atiraram. O compadre e o cunhado do casal conseguiram correr, fugindo das balas. Ana Paula achou que a barriga a salvaria e ficou. Joey não abandonou a mulher e a filha. "Sou trabalhador", chegou a dizer antes de tomar um tiro. Ana Paula entrou na frente e levou um disparo no braço. Caiu no chão. Ao se levantar, puxou a máscara do criminoso e o reconheceu. Joey começou a gritar o nome do assassino e a pedir que soltasse a mulher grávida. "Ela está grávida", dizia.

O assassino deu uma chave de braço em Ana Paula e colocou a arma em sua cabeça. Antes de disparar, disse: "Estava".

Joey se jogou sobre a mulher morta e tentou acordá-la. Foi metralhado pelas costas e também morreu. Uma mulher grávida e seu marido foram mortos no centro de Santos.

A chacina de uma família pobre da região das docas na véspera do nascimento de uma criança não foi o bastante para os assassinos. No dia seguinte, Vera organizou o velório. Ainda desnorteada com a tragédia, ouviu da vizinhança que não poderia velar os mortos. "Minha filha tinha família e vou fazer", decidiu Vera. A cerimônia foi realizada na mesma Santa Casa em que a neta nasceria. De repente, um carro de polícia estacionou em frente ao portão e passou a revistar os presentes, pedindo documentos. O carro foi embora. Sassá e Tico, dois amigos da família, se despediram e foram para casa. Uma hora depois, foram atingidos por disparos. Tico morreu tempos depois, em decorrência do ferimento, após ser preso sob acusação de tráfico de drogas. Sassá virou evangélico e continua em Santos.

Perder a família, ter os amigos perseguidos, ser obrigada a aceitar o massacre em silêncio para não morrer assassinada, encontrar diariamente os assassinos da família trabalhando na vizinhança... Vera precisava de respostas e lidava com o descaso da polícia. Ela ouviu testemunhas, que temiam contar a verdade para as autoridades. Fez o papel de investigadora, mas nunca deu nomes. Era preciso juntar forças, pedir ajuda.

Conheceu Débora Silva, que também teve o filho morto em Santos e a visitou em casa junto de outras mães. Elas se juntaram na cobrança por punição aos assassinos. Começava a se formar o Movimento Mães de Maio. O movimento ganhou visibilidade e exposição na imprensa. A resposta dos policiais aos ataques de maio de 2006 passou a ser discutida nos jornais e em debates públicos. As mães vinham de Santos a São Paulo pedir apoio e mobilizar atores para a luta. Em 2008, depois de uma série de entrevistas, ao voltar para a Baixada Vera teve a casa invadida por policiais, acusada de tráfico de drogas. Revistaram o imóvel, quebraram móveis, tiraram as roupas do armário. Vera estava em casa com uma amiga, o genro e um amigo do genro. Foram todos levados à delegacia.

No dia seguinte, Vera soube que a polícia a acusava de tráfico alegando que drogas haviam sido encontradas dentro do tanque de sua moto. Atordoada, negou. Os quatro acabaram presos e acusados de tráfico. O marido da amiga presa arrumou um advogado para tentar livrá-las. Vera soube depois que era um ex-policial, que acabou atrapalhando a defesa dela no caso e impediu que um defensor público a ajudasse. Débora e as Mães de Maio tentaram defendê-la, sem sucesso. Dois anos depois de perder a filha, a neta e o genro e ter iniciado um movimento que não conseguiu promover a punição dos autores do crime contra seus familiares, Vera foi condenada. Sua história de vida, sua conduta, as dívidas do Estado e da Justiça para com ela, o testemunho de pessoas que confirmavam sua honestidade, o histórico de suspeitas de flagrantes forjados pela polícia, as recorrentes violências praticadas por policiais contra famílias pobres em Santos, nada disso foi suficiente para comover a Justiça. Vera foi condenada por tráfico e passou três anos e dois meses na prisão.

"Antes de tudo isso acontecer comigo, eu acreditava na Justiça. Achava que só iam para a cadeia pessoas que eram culpadas de algum crime. Por isso me senti humilhada com a prisão. Sabia que um monte de gente ia achar que eu era culpada. Precisei conviver com isso, mesmo sem dever nada a ninguém", diz. Vera ficou na Penitenciária Feminina de Franco da Rocha por dois anos e seis meses. Quando conseguiu o semiaberto, foi para Piracicaba. Nesse período, ela se recusou a receber a visita dos familiares, que também foram proibidos de lhe enviar comida e produtos que a ajudassem a se manter no duro cotidiano da prisão. "Eu tinha medo que eles plantassem alguma droga ou outra coisa lá dentro e incriminassem minha família", conta.

Para passar o dia e conseguir dinheiro para comprar mercadorias do comércio no presídio, Vera fazia as unhas e os cabelos das presas na véspera dos dias de visita. Amigos, parentes, pais e filhos são os frequentadores mais recorrentes nos presídios femininos. Poucas presas recebem a visita do marido, pois os homens costumam abandonar a mulher nas prisões. Vera estava quase sempre sozinha. Saiu novamente mudada. Apesar de tantos motivos para desanimar, Vera seguia firme por causa da religião, que a ajudava a afastar os piores pensamentos quando a dor apertava. "Sou espírita", ela contou, em uma de suas últimas entrevistas, a um dos autores deste livro.

> Eu não acho que a Ana Paula, minha neta e meu genro morreram. Não é assim que eu vejo. Digo para mim mesma que eles foram viajar. E que um dia eu vou viajar também. Vamos nos encontrar em outro lugar e mataremos a saudade.

Vera morreu no dia 3 de maio de 2018, aos 59 anos. Foi encontrada deitada na cama de seu quarto, ao lado de fotos de sua filha Ana Paula.

5.
A consciência

A pacata cidade de Pirassununga é conhecida por fabricar uma das pingas mais populares do Brasil, a Caninha 51, e por ser a sede da escola de oficiais da Força Aérea Brasileira. Tem cerca de vinte edifícios na pequena mancha urbana que pode ser vista da rodovia Anhanguera, um dos eixos viários que ligam as cidades mais prósperas do interior de São Paulo. No dia 27 de março de 2007, a cerca de três quilômetros da Praça da Matriz, no bairro da Vila Esperança, Adriano, um pedreiro de 33 anos, foi morto a tiros. Seu assassinato, um dos doze ocorridos naquele ano na cidade, não foi o que mais surpreendeu as autoridades locais. Os desdobramentos do homicídio é que revelaram em detalhes o funcionamento de novas práticas do submundo do crime.

No dia em que foi morto, Adriano dava carona de moto a sua mulher e a uma amiga quando tentou passar pelo vão entre um quebra-molas e a calçada. Perdeu o equilíbrio e caiu no chão com as duas moças. Três jovens que estavam perto da cena deram risada e provocaram o motoqueiro, que lhes deu uma resposta atravessada. Um desses jovens, Fabrício, sacou o revólver e deu dois disparos na cabeça de Adriano, que morreu na hora. Junto com Fabrício estavam seu irmão, Fabio, e um amigo, Marcelo.

O crime a sangue-frio causou revolta nos vizinhos, e as autoridades policiais do distrito passaram a apurar o caso. Não houve tempo, porém, para prender o culpado. Dois dias depois do crime, em uma rápida apuração paralela, ele já havia sido capturado para responder a um tribunal de exceção organizado por integrantes do PCC. Seria mais um entre tantos debates que a facção começava a organizar no estado, e as conversas acabaram gravadas por acaso por policiais do Departamento de Narcóticos (Denarc), que investigavam um caso de tráfico de drogas. Foram registradas pelo menos 24 horas de diálogo dos criminosos, com 120 páginas de transcrição.

O jovem acusado de assassinato e seus dois amigos foram levados para uma chácara alugada na zona rural da cidade, assim como as duas moças que estavam na moto e testemunharam a cena. Também estavam presentes pelo menos cinco integrantes do PCC da região. Na chácara, os telefones foram ligados aos celulares dos representantes do PCC que estavam dentro de presídios paulistas. Eles seriam os juízes informais do caso durante a *"conference call"*. O pedido do julgamento tinha partido de Agnaldo, irmão da vítima, que já havia sido preso. Agnaldo queria a pena de morte para os três envolvidos no assassinato de Adriano. Os debates sobre a pena que deveria ser aplicada se estenderiam ao longo de dois dias.

Nas gravações feitas pela polícia durante o julgamento, um dos representantes do PCC, que estava na chácara e havia sido o responsável pela apuração do caso em Pirassununga, explicou aos demais a responsabilidade dos "juízes do caso": "A situação envolve vida. Nem que nóis tenha que ouvir aí dez vez, irmão. É situação de vida, ele [Fabrício] já errou. Nóis não pode errar em cima do erro deles, entendeu? Se nóis têm alguma dúvida aí, nóis vai ter que tirar elas, irmão". Um dos integrantes do grupo tinha a tarefa de anotar todos os testemunhos em um caderno, como um taquígrafo. "O falecido era um menino bom, pai de família, deixou três filhos", completa.

Depois do vaivém das falas das testemunhas e dos réus, que confirmaram a narrativa inicial sobre o crime, os três acusados admitiram o erro e pediram perdão. Fabio e Marcelo, que acompanhavam Fabrício na hora dos disparos, foram chamados ao telefone para receber a sentença, vinda do celular de dentro de uma cela do presídio: "Veja bem, cara. Aí, você vai ter uma oportunidade de vida, entendeu, cara?". Os dois cúmplices sobreviveriam, mas teriam que deixar o bairro e a cidade. Marcelo aceita a sentença: "Entendi". Outro preso complementa e faz um alerta para que não haja nenhuma retaliação: "Se ocorrer algum tipo de situação, tanto com a ex-mulher do menino que faleceu ou com qualquer pessoa que faz parte da família dele ou dela, nóis vai cobrar você radicalmente, entendeu, Marcelo?". Eles tranquilizam os integrantes do debate de que as pessoas que os acusaram não sofreriam retaliações.

Fabrício, o autor dos disparos, também foi chamado ao telefone para saber que morreria. "Você tem ciência do que cometeu, você tirou uma vida, até mesmo sem dar uma defesa pro mesmo, certo, Fabrício? Então, veja bem, Fabrício, a gente não admite isso em lugar nenhum, entendeu, cara?" Ele responde: "Certo, irmão". A ligação acaba. Fabrício larga o telefone, resignado. A conferência se encaminha para o final. "Beijão para todos os irmãos", despedem-se os juízes, antes de encerrar a sessão. Fabrício foi morto com cinco tiros à queima-roupa na noite de 3 de abril. Agnaldo, que solicitou o julgamento e a pena de morte, aplicou a sentença. Os debatedores determinaram que ele próprio deveria dar os disparos. "Procuramos em vários locais durante a noite para evitar o crime, mas acabamos achando o corpo já sem vida de manhã em uma pedreira", contou em agosto de 2016 o chefe dos investigadores do Distrito Policial de Pirassununga, Luiz Fernando Coradini, um experiente e bem informado oficial da cidade, que recebeu de um agricultor que passava pelo local a indicação sobre o paradeiro do corpo.

Os detalhes da conversa e os desdobramentos do debate que levou à morte de Fabrício revelavam como funcionava um dos mecanismos que o PCC vinha desenvolvendo e aplicando para definir padrões de comportamento no crime paulista. Outros casos foram acompanhados pela TV e nas páginas dos jornais. A imprensa passou a chamar esses eventos de "tribunal do crime", mas o termo nunca foi usado pelo PCC. O sistema de justiça, para aqueles que "estão no crime", costuma ser associado a valores negativos — prejudica os mais pobres, não concede direitos previstos em lei, produz injustiças.

Os "debates", mesmo que inspirados nos tribunais, criaram uma semântica própria a partir do dia a dia nas cadeias, que sempre buscou reforçar essa diferença. A coletividade criminal precisava estar representada no ritual. A "cobrança" aos desviantes só poderia ocorrer depois que os "irmãos" conversassem e avaliassem o quadro e as diferentes "visões" da acusação e da defesa. Assim, eles poderiam apurar "a verdade" e estabelecer as "consequências" que o acusado deveria assumir em razão do que fez. O objetivo principal dos debates é deliberar sobre "o que é o 'certo'" de acordo com os princípios reafirmados diariamente pelos irmãos através do que eles chamam de "conscientização". Não se trata de punir o criminoso, mas de defender essa moral coletiva compartilhada entre os "irmãos" e "cobrar" suas responsabilidades.

A regra que diferencia o certo do errado no crime não foi inventada pelo PCC. Sempre pairou na cena criminal paulista, replicada nas conversas e conhecida pelos seus integrantes. Pode parecer estranho e paradoxal, mas o criminoso costuma ser muito cobrado entre seus pares. "Vivo do lado certo da vida errada" e "corro pelo certo" são exemplos de frases muito repetidas na cena de São Paulo. O criminoso, ao abraçar "a vida errada", acaba não sendo cobrado pelos pares por assaltar uma velhinha e levar toda a aposentadoria dela na porta do banco. Isso cabe ao sistema de Justiça. Em compensação, precisa respeitar uma etiqueta no relacionamento com seus iguais no crime, com familiares e vizinhos. Porém, se o PCC não inventou a "ética do crime", sem dúvida o grupo paulista foi fundamental na sua disseminação nas prisões e quebradas de São Paulo. Além disso, construiu mecanismos de transmissão desses princípios, transformados em regras escritas: estatutos, salves, cartilhas. A "conscientização" é um processo fundamental para a reprodução desse "comportamento criminoso" que permite cobrar irmãos e companheiros.

Os exemplos são diversos. Denunciar terceiros à polícia ("caguetagem"), dormir com a mulher de um preso ou "ladrão" ("talaricagem"), atrapalhar a atividade de um concorrente ("vacilão"/"atrasa lado"), estuprar ("jack"), entre outros desvios, sempre foram ações fortemente criticadas e muitas vezes punidas com a vida. Princípios também importavam: humildade, lealdade e respeito são valorizados no crime e nas prisões. Frases como "ninguém é melhor do que ninguém" compõem o repertório dos envolvidos. Esse manual de normas e etiquetas criminais, no entanto, consensualmente defendido e propagado por anos, não podia ser aplicado. Não até o início dos anos 2000.

Em 1999, quando o estado de São Paulo havia chegado ao ponto mais elevado na curva de violência na história, Flamarion, autor de diversos homicídios e chacinas no bairro do Grajaú, na periferia sul de São Paulo, explicou em entrevista por que matava:

> Tem vários temas que levam o cara a merecer morrer, posso citar três, quatro ou dez motivos. Primeiro é o cara que atrasa o seu lado. Você está fazendo um movimento, daí chega um cara que não tem nada a ver e atravessa o seu lado, tipo, te cagueta. Segundo, às vezes, veja bem, nós somos tudo irmão,

tudo camarada, né? Chega alguém que não tem nada a ver, acusa um lado e afeta um mano nosso. Esse aí, acho que não tem perdão, acho que é justo matar, não é justo? Outro: chega alguém, mata um trabalhador. Igual o cara que chegou na padaria e matou um cara que mora no local há mais de vinte anos, construiu, deu emprego para a população, cê entendeu como é que é? Um cara que produziu, aí chega um de graça e pá-pá-pá, muito louco, senta o aço no cara. Acho que é justo matar. Sem chance para esse tipo de coisa.

Se essa moralidade criminosa já existia, não havia modo de garantir o respeito ao contrato porque não havia uma instituição que funcionasse acima dos grupos e dos indivíduos, capaz de fazer com que os integrantes do crime abrissem mão de seus interesses pessoais em nome das regras coletivas. Flamarion e seu grupo, por exemplo, tinham rivais na vizinhança, que pensavam a mesma coisa deles. Ambos enxergavam os outros como "sangue ruim" e "vermes". As vítimas eram culpadas pela própria morte, e esses discursos em defesa dos homicídios se replicavam entre os assassinos de diferentes quebradas.

Desde que a violência começou a crescer em São Paulo, o que se via eram homens armados matando uns aos outros, numa selva dividida entre "rivais" e "aliados". Os policiais militares, que atuavam no patrulhamento ostensivo dos territórios violentos, eram uma das partes a usar e a promover a violência nessa disputa, com suas justificativas de matar em defesa da cidade ou do cidadão de bem. O homicídio, em vez de problema, era apontado como solução, como ferramenta de controle. Mas diversos pequenos grupos eram levados a lançar mão desse mecanismo violento. Até o fim dos anos 1990, a cena criminal paulista era brutal, desordenada, imprevisível, o que contribuía para o estado de São Paulo ser um dos mais violentos do Brasil.

O PCC se fortaleceu na medida em que foi sendo reconhecido como a autoridade capaz de cumprir esse papel de agência reguladora do crime. O medo de ser punido e a ameaça feita pelas lideranças contra aqueles que desobedeciam aos "procedimentos" eram importantes. Mas pesou na mudança a percepção de que o PCC servia como lastro para o cumprimento de um contrato jamais respeitado no crime. Indivíduos e grupos criminosos abririam mão do uso da violência em benefício próprio, cedendo esse privilégio à organização, que ganha poder conforme se legitima como a autoridade em defesa das normas e da moralidade do crime paulista.

A forma de promover esses tribunais de exceção e os princípios a seguir foram se consolidando com o tempo, mas passaram a se tornar uma referência na mediação de conflitos dentro e fora das prisões quando as "situações" envolviam integrantes da cena criminal, seus parentes ou vizinhos. Dentro das prisões, esses debates, que já eram articulados pelos faxinas — aqueles com posição de liderança nos presídios por articular serviços como a limpeza das celas — e contavam com a participação de outros presos, passaram a ser mediados pelos "disciplinas" ou "sintonias". O livro de anotações de um disciplina de raio, função criada pelo PCC para defender "o que é certo no crime", ajuda a mostrar a complexidade da tarefa. Os problemas cotidianos das celas de um presídio em Santo André, em 2010, eram anotados em um caderninho ao lado das soluções tomadas para os conflitos. O termo "conscientizou" classificava a maioria dos embates resolvidos na base da conversa.

Em uma das páginas, por exemplo, o disciplina escreveu:

No X [cela] 9, o R. veio a passar que no dia de visita o paraíba veio o encontrar no gueto de visita. O R. não contente alterou a voz com o paraíba. Onde o paraíba veio a revidar da mesma forma. Trocaram um papo com a família e o paraíba quer mudar de cela. Conscientizou. Já no X 4, o Nariz veio passar que no dia de ontem estava jogando dominó com o Chico onde o Chico em desacato ali na hora veio chama-lo de mendigo onde ele se sentiu desrespeitado e pediu a mudança de cela do Chico. Trocou um papo.

Houve caso de um preso que ganhou uma camiseta nova no dia de visita. A camiseta sumiu e depois foi vista com outro preso. O preso suspeito de furto explica que a comprou do encarregado de lavar roupa na cela de onde a camiseta havia sido roubada. Como pena, o lavador de roupa perdeu a vaga de trabalho e "conscientizou".

As normas para os dias de visita são ainda mais rígidas. Não é permitido falar palavrão. As bermudas vestidas pelos presos precisam estar abaixo dos joelhos. "Pagar cofrinho" ao se agachar já foi motivo de repreensão. Todo esforço é feito para criar um ambiente de respeito para os familiares dos presos. As celas onde ocorre a visita íntima são organizadas e têm as paredes cobertas por lençol, que também servem para isolar as camas e manter a privacidade dos casais. Em alguns presídios, para evitar que o barulho dos amantes chegue ao ouvido dos presos ou outros casais, o rádio toca em volume alto. Nas celas sem rádio, uma panela é colocada embaixo de um chuveiro ligado.

Nos registros do caderninho do disciplina, um preso conta para ele que um colega se masturbou no dia de visita, falta gravíssima para a etiqueta carcerária. A "família" foi ouvir o preso que cometeu a falta. E deram uma "oportunidade" a ele antes da sentença, perguntando em quem o homem estava pensando no momento do ato solitário. "Na minha esposa", ele respondeu, sabiamente — e para sua sorte. Recebeu uma dura advertência, mas "conscientizou".

Os debates raramente são tão extensos como o caso anteriormente descrito. Recebem mais atenção as situações que envolvem estupros, "assassinatos sem aval", pedofilia e "roubo ao caixa do partido", casos que devem resultar em morte. Também são aplicadas surras, torturas ou conversas em ocorrências mais leves. No geral são as próprias vítimas que estabelecem a pena do agressor.

Um desses casos mais leves, relatado por uma liderança comunitária do Jaçanã, na Zona Norte de São Paulo, ocorreu em 2012. Essa liderança acompanhou a mediação feita pelo Partido para punir um jovem que deu uma bofetada na cara do vizinho. A agressão havia ocorrido porque o vizinho repreendeu um garoto que fumava maconha embaixo de sua janela. A conversa com o disciplina foi rápida. O autor da bofetada desrespeitosa teve que aceitar uma resposta proporcional ao erro. "O meu vizinho foi autorizado a dar dois tapas na cara do jovem, que aprendeu a lição", contou essa liderança.

Também pode acontecer de o solicitante não ser contemplado em suas expectativas, depois de análise dos integrantes do debate. Na Zona Leste paulistana, em 2016, educadores acompanharam o caso do pai de uma menina de onze anos que pediu mediação do PCC depois que sua filha havia transado com um jovem da região. Ele alegava estupro por causa da idade da menina, legalmente considerada uma criança. O disciplina da quebrada reuniu um grupo para ouvir os lados, apurar a verdade e decidir o que fazer. O jovem acusado levou com ele fotos insinuantes que a menina vinha mandando para ele no WhatsApp, tentando mostrar que houve consentimento e que ele não tinha forçado a relação sexual. Ele ainda argumentava que não sabia a idade da menina. Os juízes do crime avaliaram que o corpo dela já era bem formado, como o de uma mulher, e que ela o havia provocado. A pena para o jovem foi "deixar a quebrada". Já a menina foi proibida de sair à noite até os quinze anos. Para completo desgosto do pai, as fotos dela vazaram nas redes sociais.

Até mesmo casos de linchamento passaram a receber a mediação da facção. Em novembro de 2015, em Parada de Taipas, bairro pobre na região da serra da Cantareira, em São Paulo, dois jovens foram linchados sob acusação de assaltar pedestres no ponto de ônibus. Um morador derrubou o assaltante da moto e começou a dar pauladas na dupla, sendo rapidamente seguido por mais gente. Uma menina do bairro gravou a cena. O vídeo foi compartilhado pelo WhatsApp. Nas imagens, um dos meninos, que aparentava dezesseis anos, antes de morrer, chama pela mãe. O outro agoniza por um tempo na rua.

A cena chegou ao disciplina da região, que passou a apurar o caso. Não foi difícil identificar os participantes. A menina que gravou e repassou a cena no WhatsApp, segundo dois moradores de Taipas, teve o dedo cortado. Um dos meninos que faz piada com a agonia dos jovens linchados teve braços e pernas quebrados. A voz de um dos traficantes do bairro, responsável pela venda de drogas na quebrada, aparece no vídeo. Ele foi cobrado por omissão, mas fugiu do local. O filho desse traficante estava preso e era filiado ao PCC. A pressão sobre o filho fez o pai se entregar e receber uma surra pelo vacilo. "O pai acabou voltando pro bairro, se apresentou para os irmãos e tomou uma surra", contou a moradora.

O PCC produziu um Dicionário Disciplinar com 45 artigos para orientar as mediações feitas pelos sintonias. Como explicam no cabeçalho: "Esse dicionário é uma ferramenta de extrema importância na condução e na preparação de novos líderes. Deve-se analisar com muita prudência um item antes de aplicar, pois o intuito é facilitar as condições nas aplicações dos itens, conforme análise do Sintonia". No item II, eles explicam como o processo deve seguir antes da "cobrança" pelo erro. Cuidados precisam ser tomados para que a medida aplicada não fuja ao controle. Também existe diferença entre as "cobranças" solicitadas pela "população da quebrada" e aquelas relacionadas aos interesses da facção: "A cobrança disciplinar é aplicada após análise e o OK do Resumo, de ser verificado se toma remédio controlado, se tem cirurgia no corpo, se tem parente no crime, e se já foi cobrado alguma vez. A prioridade é que o prejudicado cobre, aí se ele tiver alguém próximo que se responsabilize em cobrar, a responsabilidade é dele. Quando envolve a organização a Disciplina da quebrada é responsável pela cobrança". A acusação precisa ser comprovada dentro de um prazo curto, como deixa claro o item 37, intitulado "Prazo para Provar": "É conduzido quando uma parte é acusada de algo e toma iniciativa de conduzir, [o prazo para provar contra o "irmão"] é de 15 dias e [contra o] companheiro é de 20 dias, após o vencimento se não for provado se caracteriza calúnia. Punição: exclusão e se o conduzido pedir cobrança a análise da sintonia".

***

A força do PCC não decorre apenas da capacidade de governar o crime, mas também do apelo de sua proposta: um mundo do crime pacificado, capaz de melhorar a vida de seus integrantes, de seus familiares e moradores dos bairros em que atuam. A obediência, nesse caso, não seria um simples processo imposto de cima para baixo à custa de uma estrutura de punição — com debates dentro e fora das prisões. O processo só funcionou porque o movimento veio de baixo para cima. Obedecer a essas autoridades formadas em torno do PCC e colaborar com elas passou a fazer sentido diante dos benefícios para quem vinha testemunhando violências brutais e cotidianas. Como a polícia e os agentes penitenciários seguiam incapazes de garantir a ordem e a lei nos bairros, o PCC foi se consolidando como mal necessário.

Em 2013, de acordo com os registros da própria facção que detalhavam os filiados presos e em liberdade, apreendidos pelo Ministério Público Estadual, o PCC tinha em São Paulo um total de 7,6 mil irmãos — 6 mil presos e 1,6 mil em liberdade. Esse total significava que, na época, pertenciam ao grupo o equivalente a apenas 2% da população dos presídios paulistas. Considerando os irmãos do lado de fora, essa proporção era ainda mais insignificante. Também havia dificuldades reais de comunicação interna e conflitos recorrentes entre seus integrantes. Como se deu, então, esse processo de empoderamento de uma gangue prisional que passou a governar e a mediar os conflitos da cena criminal paulista?

A história de como o PCC se aproveitou das brechas nas políticas de segurança pública implantadas em São Paulo, seus acertos, erros e omissões, ajuda a compreender como esse processo se deu. Uma nova crença e um novo discurso precisaram ser formatados na mente das pessoas que viviam essa cena. A união contra o sistema opressor e violento, desde o princípio, foi o mote principal da facção. O ódio à polícia era cultivado desde os anos 1970 por uma geração da periferia criada sem perspectivas de emprego e testemunha da truculência dos agentes de segurança no dia a dia.

Com o processo desordenado de ocupação das cidades, a violência foi uma ferramenta usada para tentar proteger a população urbana do crime e dos "bandidos". Esses novos personagens viraram bodes expiatórios das metrópoles a partir de estigmas associados ao endereço (periferia, favela, morro), classe social (pobre), cor da pele (negro), gênero (homem) e idade (menos de 25 anos). Nas cidades que cresciam aceleradamente pelas bordas, com loteamentos clandestinos, morros e favelas, o policiamento territorial ostensivo — que coube aos policiais militares — se tornou a estratégia principal do governo para proteger os moradores dos bairros mais ricos daqueles suspeitos que viviam nesses rincões urbanos.

Extermínio, confinamento em massa e segregação territorial se tornaram meios tolerados para a proteção contra os inimigos dos trabalhadores e "cidadãos de bem". Essa máquina de guerra também produziu injustiças, homicídios, desordem, imprevisibilidade, raiva e revolta nos grupos vistos com desconfiança pelo sistema — principalmente os jovens e pobres. O PCC foi um dos efeitos colaterais inesperados desse sistema. A facção assumiu a condição de representante dos inimigos, criando mecanismos de proteção e organização desse mundo ilegal. Em 1960, por exemplo, houve oficialmente um único óbito praticado pelas forças policiais. A investigação era a parte nobre do trabalho — a Guarda Civil e a Força Pública faziam o policiamento de rua. A prática do extermínio, contudo, já surgia como solução para o crescimento do crime. O Esquadrão da Morte, por exemplo, criado em 1968, que agiu sob a liderança do delegado Sergio Paranhos Fleury, atuava na informalidade. Os números não apareciam nos registros oficiais, mas estimativas indicam que cerca de duzentas pessoas foram mortas pelo Esquadrão ao longo de dois anos. Fleury, apesar das provas e testemunhos contra ele, em vez de ser punido, ascendeu na carreira durante a ditadura militar e foi peça-chave no combate à guerrilha urbana a partir de 1969.

Naquele ano, a transformação da Força Pública em Polícia Militar mudou a violência de patamar, assim como a forma de pensar e fazer policiamento. A investigação e a Polícia Civil foram gradativamente esvaziadas. O patrulhamento ostensivo se tornou o eixo estratégico de proteção das regiões centrais, produzindo truculência policial em bairros pobres. Em 1975, os casos de morte durante o policiamento subiram para 59 ocorrências. Esses números dizem respeito somente aos homicídios ocorridos supostamente durante ações oficiais da polícia, sem contar os extermínios extraoficiais.

As Rondas Ostensivas Tobias de Aguiar (Rota), criadas em outubro de 1970 para reprimir as ações guerrilheiras, depois se tornariam o terror das quebradas. A disposição para o combate e a letalidade elevada eram suas marcas principais. Da época em que foi criada até novembro de 1980, a Rota, uma unidade com 720 homens, matou 110 pessoas. A situação se agravaria ao longo dos anos 1980, quando o medo e a sensação de insegurança aumentaram. A Rota seguiria em combate. De janeiro a setembro de 1981, em nove meses, a Rota mataria 129 pessoas, mais do que todos os mortos em sua primeira década de existência.

A violência contra os grupos suspeitos passou a nortear muitas ações, inclusive dentro das comunidades pobres. O ódio ao crime e o medo produziam tentativas improvisadas de proteção. Nos anos 1980, as quebradas paulistas passaram a testemunhar a ação de justiceiros. Muitos deles eram migrantes das zonas rurais brasileiras, cansados dos pequenos assaltos em seus bairros. Eles passaram a matar para "limpar a área", apoiados por comerciantes e aplaudidos pela população local. Muitos agiam com a conivência da polícia. Em São Paulo, o mais famoso deles foi o temido Cabo Bruno, que atuou na periferia sul da região metropolitana e matou dezenas de pessoas. Um dos costumes desses vigilantes era pregar listas com nomes de "bandidos" jurados de morte nas padarias e mercadinhos desses bairros. A intenção era dar uma última chance a eles de fugir antes da execução.

Chico Pé de Pato, outro famoso justiceiro que atuava na Zona Leste bancado por comerciantes, recebeu apoio popular nos dias que se seguiram à sua prisão, em 1985. A população da região do Jardim das Oliveiras, onde ele atuava, foi protestar na frente do Fórum Criminal para pedir sua liberdade. A prática do vigilantismo, longe de ser um fenômeno isolado, se replicou na Grande São Paulo. Ao longo de toda a década de 1980, numa estimativa da polícia, os justiceiros mataram cerca de mil pessoas.

Mesmo depois da volta de governos democráticos e da Constituição de 1988, que criou controles para combater os excessos oficiais, essa estratégia de guerra contra o crime nos bairros pobres para proteger os locais mais urbanizados e ricos continuou a estimular a violência e os homicídios das polícias. Entre 1981 e 2005, as operações da PM em São Paulo produziram a morte de 14216 civis, uma média de 592 pessoas por ano. A absoluta maioria dos mortos morava nas periferias pobres de São Paulo.

Após a redemocratização, a Polícia Militar aumentou a carga horária de aulas de direitos humanos em seus cursos, o treinamento foi melhorado, houve avanços na gestão do patrulhamento territorial, com softwares novos e mais inteligentes, as corregedorias se fortaleceram. Mesmo assim, a violência oficial, praticada em supostos tiroteios, não parou de crescer. A razão é bastante clara: o modelo de segurança pública, baseado no patrulhamento territorial e nas incursões violentas e constantes aos bairros pobres, permaneceu intacto. Cabe a esses policiais, como eles próprios reconhecem, a arriscada tarefa de enxugar gelo.

O trabalho de inteligência e investigação, que permite compreender o funcionamento das quadrilhas e estruturas criminosas — receptação, distribuição, lavagem de dinheiro, identificação de contas bancárias, paraísos fiscais —, seguiu desvalorizado. O espírito de guerra contra o inimigo bandido continuava a dar sentido para as ações oficiais.

Os bairros pobres viram seus jovens morrer aos montes em ciclos incessantes de violência. Essas cenas conflagradas estimulavam jovens a se armar e fazer alianças para se proteger. Jovens vizinhos passavam a ser vistos como rivais. Um único homicídio produzia vinganças e rivalidades que duravam anos. Wolverine, colega de Flamarion e do grupo de matadores do Grajaú, autor de homicídios e chacinas, explicava, em 1999, que era praticamente impossível interromper esse ciclo:

Pra ele não me derrubar [matar], eu derrubo ele. A questão é essa. Por isso não acaba uma treta. Sempre vai ter. Se eu não derrubar o cara hoje, os caras vai me derrubar. E eu vou continuar derrubando, até um dia que eu fale assim, parou. Só se eu morrer. Aí mano, morreu e não tem como derrubar mais. Mas se eu morrer vão continuar derrubando. Os manos vai pra cima pra cobrir a minha treta também. Não acaba. Nunca acaba.

Essas pequenas rivalidades davam o padrão da violência em São Paulo: uma curva sempre em crescimento. Antes de 1960, os índices eram estáveis. A capital nunca havia ultrapassado mais de dez casos por 100 mil habitantes. Nos quarenta anos seguintes, contudo, diante da multiplicação dos pequenos conflitos entre homens armados — jovens ligados ao crime, justiceiros e policiais — as taxas de homicídios começaram uma escalada ininterrupta até se multiplicar por dez e chegar ao ponto mais alto em 1999.

Raiva da polícia, armas em abundância, ambição, desordem, inveja, maldade por todos os lados, imprevisibilidade, falta de perspectiva em relação ao futuro, esses problemas estavam concentrados nos bairros pobres, onde o mundo do crime começa a se consolidar como atividade de boa remuneração, status, adrenalina, virilidade, entre outros fatores. Em troca, quem faz parte desse mundo se arrisca a morrer jovem, a ser preso e a fragilizar os laços com amigos e parentes que não fazem parte dessa vida. É nesse ambiente que o PCC articula o discurso e pavimenta o caminho para aqueles que se rebelam contra esse sistema. "O crime precisa se unir. O crime fortalece o crime. Os inimigos são as polícias e o sistema." O Massacre do Carandiru, em 1992, foi a motivação derradeira para canalizar os esforços na mesma direção e conferir ao mundo do crime um governo paralelo capaz de proteger os criminosos. O mecanismo de controle dependeria fortemente do sistema prisional e de sua conexão intensa com as quebradas.

***

Desde a fundação do PCC, muito sangue foi derramado até que uma nova ordem fosse imposta. A conquista da hegemonia nas prisões fez parte da primeira fase de crescimento da facção. Foi preciso eliminar dissidências e convencer os demais presos — que entravam e saíam diariamente do sistema — que esse avanço era feito em nome das massas carcerárias.

Os líderes do novo grupo se esmeravam para mostrar força e poder aos colegas atrás dos muros. Além de proselitismo e retórica, muitas cabeças seriam cortadas e corações arrancados como forma de demonstrar força. Cesar Augusto Roriz, o Cesinha, era descrito como orador carismático e destemido ladrão de banco. Tinha fama de desequilibrado, capaz de espetar cabeças de inimigos em estacas. Ganhou o apelido de "Exuzinho", e seus crimes dentro da cadeia lhe renderam sete anos de isolamento em Taubaté. Outro integrante do comando inicial era Jonas Matheus, o ex-açougueiro e exímio decapitador a serviço do PCC nos anos 1990. José Márcio Felício, o Geleião, media 1,90 metro e pesava cerca de 130 quilos. Ele realizou o "assassinato fundador" do PCC no campeonato de futebol do Piranhão, em Taubaté: quebrou o pescoço de um adversário, agarrando a cabeça da vítima com as duas mãos e torcendo-a num gesto brusco.

Esse grupo de detentos se uniu com a pretensão de expandir sua influência nos novos presídios que estavam sendo construídos. O Carandiru, considerado "reduto de malandrões", termo pejorativo que se referia aos presos que humilhavam os mais novos, era um desafio importante. Em 1995, o grupo já havia matado lideranças de quadrilhas antigas e ganhado força no presídio. Aos poucos, regras novas seriam impostas. "Antes, as celas eram negociadas a quinhentos, oitocentos reais. Tinha cela com doze pedras [camas] onde morava dois. Quem tinha dinheiro, tinha tudo", lembra Eduardo, mandado para o Carandiru em 1998, acusado de diversos homicídios nos anos 1990. Eduardo ficou preso até 2012. Ele virou evangélico na prisão.

Tinha muita faca que os presos arrancavam das portas. Não podia ver um ferro que fazia uma tirinha. Domingo não podia matar ninguém. Só na segunda-feira, depois da visita. Era a Segunda sem Lei, resolvidas na "Rua 10". Os irmãos começaram a ver isso. Tava errado. De 1999 pra 2000 não podia mais vender cela. Depois parou de vender pedra pra dormir. Se fosse pego, entrava na madeira [apanhava] quem comprou e quem vendeu.

Era preciso que as novas regras chegassem aos novos presídios e às unidades do interior e litoral. As rebeliões seguidas de transferências ajudaram a acelerar o processo. Facas, serras e estiletes, chamados de "golias" ou "canetas", foram as armas mais usadas nas brigas entre os presos. As mortes, cheias de simbolismo, assustavam e impunham medo aos inimigos. Ao mesmo tempo, eram apresentadas como recurso em nome de novos tempos e valores, de uma vida melhor dentro da cadeia. Os que resistiam e não aderiam ao grupo, diziam os integrantes do PCC, eram mortos em nome de uma ordem que representava os interesses da massa carcerária. O PCC exibia corações e cabeças de inimigos para mostrar poder. A facção conseguia convencer, no entanto, que essa selvageria acontecia em nome do interesse coletivo.

"Eu cheguei [à prisão] na época da revolução. Não entrei no PCC por simpatia, mas por revolução. A história foi feia", explicou um ex-detento, Fernando, em uma conversa em agosto de 2016. Nascido na Zona Norte de São Paulo na década de 1970, Fernando cresceu em meio à violência e ao tráfico nos anos 1980 e 1990. Foi preso em 1997 e ficou quase cinco anos no sistema penitenciário, passando, de rebelião em rebelião, por oito presídios. Com o tempo, ganhou a confiança dos líderes do Primeiro Comando da Capital.

Antes do PCC, ele disse, dezenas de integrantes de facções diferentes conviviam nas mesmas celas. Segundo o ex-detento:

> Dormia todo mundo de olho aberto. Era muito ruim e desorganizado. Tinham os infiltrados que caguetavam para o diretor. Tinha o malandrão que comia a bunda dos humildes. Os caras chegavam da rua, novos, e eles faziam isso daí. O Comando parou com isso. Foi quando a gente conseguiu colocar a paz. Não foi só força, mas por lógica. Por que é que eu vou ficar tretando com você se a gente está na mesma situação? Não faz sentido.

A proibição da venda de pedras e celas fazia parte dessa política. A proibição do crack dentro dos presídios, que afetava o interesse de diversos vendedores de drogas, também foi aceita. A obediência à nova lei não estava associada apenas à ameaça da violência pelo PCC para quem descumprisse as regras, mas à compreensão de que interessava a todos a redução de conflitos resultantes do uso abusivo das drogas e das dívidas consequentes. Havia uma novidade política nos presídios e a autogestão dos presos começava a produzir resultados surpreendentes.

Como relata o médico Drauzio Varella, que passou 28 anos como voluntário de saúde no sistema penitenciário paulista, em seu livro *Carcereiros*, o segundo da trilogia sobre o sistema paulista, composta por *Estação Carandiru* e *Prisioneiras*:

> O crack [...], que infestava a cadeia nos anos 90, foi banido do sistema penitenciário de São Paulo por ordem da facção dominante. Tanta gente fumava crack que, quando um preso negava o uso, eu achava que devia ser mentira.

Nunca imaginei que essa droga seria varrida das prisões em meu tempo de vida, muito menos que os responsáveis pela proibição seriam justamente uma facção envolvida com o tráfico nas ruas, depois de concluir que o craqueiro conturbava a ordem imposta por eles nos presídios a ponto de lhes prejudicar os negócios.

Em 1997, um dos fundadores do PCC, Misael, criou um estatuto com dezesseis artigos tentando colocar no papel os princípios da facção. Anos antes, no começo da década, Misael teria se aproximado dos italianos Bruno e Marcelo Torsi, ligados à Camorra, uma das correntes da Máfia italiana, no Presídio de Taubaté. Nas conversas que trocaram, os italianos teriam indicado diretrizes para a facção se tornar algo diferente de uma simples quadrilha.

Contudo, uma década e meia antes, Misael já aparecia entre os presos vinculados às Comissões de Solidariedade. Durante o período de redemocratização, foram criadas comissões compostas por presos e funcionários das prisões — uma instância de representação reconhecida pelo Estado. Eram canais entre a população carcerária e as autoridades que denunciavam violações de direitos. Misael fez parte da comissão na Penitenciária do Estado entre 1984 e 1986. Ou seja, ele já expressava sensibilidade política e capacidade de articulação. As comissões sofreram toda forma de boicote dos setores conservadores e foram desarticuladas em poucos anos.[*]

---

[*] Essas questões foram o tema central do projeto de pesquisa *Das Comissões de Solidariedade ao Primeiro Comando da Capital (PCC): Disputas e conflitos em torno da organização de presos*, financiado pelo Conselho Nacional de Desenvolvimento Científico e Tecnológico (CNPq), coordenado por Camila Nunes Dias e que contou com a participação dos pesquisadores Fernando Salla, Marcos César Alvarez e Gustavo Higa, todos do Núcleo de Estudos da Violência da USP (NEV-USP).

O período entre a desarticulação das comissões, em 1986, e a criação do PCC, em 1993, foi de intensa violência do estado dentro e fora das prisões. Havia pelo menos um elo entre esses dois momentos: Misael. No entanto, como ensinavam os mafiosos, a ideologia não bastava. Era preciso organização. A lealdade e a contribuição dos associados eram a chave para uma organização sólida. Esses ideais foram colocados no papel no Primeiro Estatuto do PCC, escrito por Misael e depois publicado no *Diário Oficial do Estado* a pedido do deputado estadual Afanasio Jazadji, que tentava constranger o governo paulista, insistente em afirmar que a facção não existia.

Determinava o artigo 1: "Lealdade, respeito e solidariedade acima de tudo ao Partido". Já o artigo 7 mencionava a contribuição dos filiados: "Aquele que estiver em liberdade 'bem-estruturado' mas esquecer de contribuir com os irmãos na cadeia será condenado a morte sem perdão". A maior parte da primeira versão do estatuto valoriza a lealdade ao grupo e fala em nome da "massa carcerária". O documento foi importante ao despersonalizar a organização e consolidar a ideia de uma instituição do crime voltada para governar o submundo. Não importava a liderança da vez, pois uma constituição havia sido criada para o crime, cabendo à figura abstrata do PCC o resguardo dessas leis. As regras eram ditadas, copiadas em folhas de caderno e compartilhadas nos presídios. O ritual de batismo ganhou relevância. Não bastava ser do crime. Era preciso se converter à irmandade e contribuir com o caixa e a burocracia de apoio aos presos.

Ao ingressar, o novo integrante ouvia os dezesseis artigos e jurava segui-los. A história do PCC era contada e ex-integrantes mortos eram mencionados. Como na conversão religiosa, o irmão batizado no PCC abandonava a individualidade desregrada para abraçar uma vida em prol da coletividade criminosa. Pode parecer exagero, mas essa estrutura foi fundamental para que a instituição sobrevivesse à morte de suas lideranças. Dos oito líderes iniciais, apenas Geleião continua vivo, apesar de jurado de morte e de ser responsável pela criação de um grupo rival, o Terceiro Comando da Capital. Geleião tentou destruir o PCC em 2003 ao entregar os nomes e as táticas das lideranças à Justiça. Desde então, ficou relegado ao ostracismo, desmoralizado pela disseminação da informação — que só circulou após a sua expulsão do PCC — de que tinha uma condenação por estupro. Era jack e cagueta, portanto, sem moral no crime. Geleião é o "troféu número um", ou seja, ocupa o topo da lista dos ameaçados de morte pelo Partido, e desde então cumpre pena no seguro, junto daqueles execrados pelo mundo do crime.

O golpe e os rachas não foram suficientes para fragilizar a facção. Era como se a estrutura e a ideia criadas em torno do grupo já transcendessem o nome das lideranças individuais. Na segunda metade dos anos 2000, estimativas do Ministério Público paulista indicavam que a facção exercia o controle da rotina de 90% dos presídios. Quando Marcola e seu grupo assumiram a chefia do PCC, a partir de novembro de 2002, o grupo entrou em uma nova fase, e o mercado de drogas no Brasil se transformou de maneira significativa.

***

O grupo à frente do PCC e ao lado de Marcola faz parte da geração de criminosos paulistas que testemunhou violência policial, justiceiros, chacinas e o mata-mata entre "irmãos" durante as últimas décadas do século XX. O ano médio de nascimento de 175 integrantes da facção, denunciados em 2013 na maior investigação feita pelo Ministério Público Estadual, é 1978. Isso significa que a idade média dessas pessoas em 2018 é de quarenta anos, bastante elevada numa categoria que se define como "sobrevivente" a partir do aniversário de 25 anos.

Parte importante da cúpula do grupo viveu o ambiente tumultuado dos anos 1980 e 1990 e compreende a importância da pacificação para os negócios criminais e para o cumprimento da pena.

Marcola nasceu em Osasco, em janeiro de 1968, filho de um protético boliviano e de uma dona de casa. Em 2018, tornou-se um quinquagenário. Ele e seu irmão mais novo, Alejandro Juvenal Herbas Camacho Júnior, passaram a infância no Brás, mas se mudaram para a Zona Leste em 1977, depois da morte da mãe. Eles foram criados pelos tios, que não tinham filhos e pegavam no pé dos garotos. Marcola, aquele que se tornaria a grande cabeça por trás do PCC, repetiu de ano três vezes e desistiu de estudar na sétima série. Chegou a trabalhar como office boy, mas gostava da vida na rua, de onde veio o apelido, associado ao uso da cola de sapateiro. Sua primeira prisão ocorreu em 1986, depois de um assalto frustrado a um banco na Zona Leste com Cesinha e outros três assaltantes. Foi mandado para a Casa de Detenção.

Mesmo não sendo um dos fundadores da facção, sua amizade com Cesinha o aproximou dos cabeças. Era também um estrategista, responsável por um dos principais assaltos praticados pelos integrantes do PCC: quando estava na rua, em 1998, articulou minuciosamente o roubo de 15 milhões de reais de uma transportadora de valores. Suas divergências com as antigas lideranças se tornaram públicas depois do assassinato de sua ex-mulher, a advogada Ana Olivatto, em outubro de 2002. Cesinha e Geleião vinham promovendo atentados a bomba e defendendo o confronto direto com o Estado. Marcola era contra essa estratégia e conseguiu isolar os dois depois do crime. Eles foram expulsos do Partido e jurados de morte. Tudo indica, no entanto, que sua trajetória ao topo demandou paciência e articulação, já que várias lideranças precisaram morrer entre 2001 e 2002 antes que o caminho ficasse livre.

Marcola então criou um novo modelo de negócio capaz de fortalecer o PCC. A alternativa óbvia era cair de cabeça no tráfico de drogas.

O objetivo central da facção continuaria o mesmo: trabalhar politicamente para o bem da massa carcerária e do crime, de seus parentes e vizinhos. A mudança seria na maneira de financiar a burocracia que trabalhava para a organização. Em vez da cobrança de mensalidades — que alguns chegaram a apontar como extorsivas e opressoras —, o dinheiro principal viria da venda de drogas. A contribuição seria paga apenas pelos irmãos em liberdade. O PCC também passaria a oferecer drogas aos varejistas das quebradas, aproveitando para angariar clientes dispostos a "ficar bem" com a facção. A massa carcerária, aqueles que não faziam parte das fileiras da organização, estava dispensada de contribuir. A única exigência era obedecer às normas impostas pelo PCC dentro da prisão.

A diplomacia viria em primeiro lugar, mas a violência ainda seria um elemento importante contra quem não se submetesse aos interesses do Partido. Foi o caso de Gulu, o principal traficante da Baixada Santista e obstáculo às pretensões de Marcola de transformar o modelo de venda de drogas no estado. Em julho de 2005, em um intervalo de duas horas, Gulu e cinco pessoas próximas a ele foram mortos em três presídios diferentes. No mesmo horário, o irmão de Gulu foi assassinado nas ruas da Baixada. Vinte pessoas ligadas ao antigo chefe morreriam nos dias seguintes. Os donos das bocas de fumo do Litoral Sul passavam então a aceitar as novas regras da facção.

O processo de diplomacia e porrete foi semelhante em outros locais, onde tiranias armadas foram cooptadas ou dizimadas. Wolverine e Flamarion, entrevistados por um dos autores deste livro em 1999, foram assassinados em 2006 e 2007 por pessoas ligadas ao PCC. Os assassinatos começaram a ser articulados numa tarde de março de 2006. Wolverine estava com amigos num bar do Grajaú quando um celular tocou — o autor da ligação convocava o grupo para "debater". Eles eram acusados de matar um parente de traficantes ligados ao PCC. "Se tiver que debater, não tem problema. Eu vou", Wolverine respondeu, de acordo com um sobrevivente posteriormente interrogado no inquérito.

Wolverine e outros quatro amigos foram juntos ao debate para evitar retaliações. Mas a precaução de nada adiantou. No local, havia sido armada a chamada "casa de caboclo": cerca de vinte pessoas esperavam pela banca do Grajaú, com armamento pesado. Rendidos, cinco deles foram colocados dentro de um carro, entre eles Wolverine. Em seguida, foram queimados vivos. Um ano depois, em março de 2007, foi a vez de Flamarion. Era ele o sobrevivente que contribuíra com a polícia nas investigações sobre a chacina e revelara a participação dos integrantes do PCC. Flamarion foi morto a tiros na frente do filho de seis anos.

Para estruturar o tráfico de drogas dentro e fora dos presídios, os integrantes do PCC foram obrigados a lidar com planilhas, contabilidade, tesoureiros descentralizados, estratégias de comunicação, advogados, entre outros cuidados comuns a uma grande empresa. O poder também se tornou mais horizontal e descentralizado, dando autonomia para as pontas. Os três escalões, antigamente formados por chefes, pilotos e soldados, foram divididos por células de comando, as tais sintonias. O PCC se tornou uma rede de parceiros sintonizados pelos mesmos princípios de ética criminosa, estruturado para tornar o crime uma alternativa de vida mais lucrativa e previsível e ainda capaz de funcionar como um sindicato, garantindo alguma segurança, proteção e apoio aos filiados e a suas famílias. A facção vinha conseguindo condições para viabilizar uma carreira no crime, muitas vezes dando o aporte inicial necessário para isso através de empréstimos de dinheiro, armas ou mercadorias (drogas) em consignação. Essa articulação era pacientemente explicada aos demais. Em 2011, por exemplo, um integrante do PCC escreveu aos colegas uma carta, esclarecendo como deveriam agir as diferentes células espalhadas pelo Brasil:

> *Quero que você fale com os responsaveis da cebola* [mensalidade] *e que eles mandem um resumo dos inadimplentes, de cada quebrada para que tenhamos um entendimento, uma forma simples e obejetiva, exemplos;*
> *zona leste*
> *153 irmãos*
> *140 pagantes — 120 ok — 20 inadimplentes, fulano x / beltrano y / ciclano w*
> *creio que tenha entendido, qualquer duvida pode perguntar.*
> *veja bem, como foi feito a divisão dos setores, cada setor vai puxar o seu caixa e todos vão te mandar o caixa fechado, mas só numeros e os destinos do arame* [dinheiro]*, eles vão fechar tudo até o dia 28 de cada mês, e vão te passar tudo e você fara o fechamento geral.*
> *caso você precise pagar qualquer caminhada e falte arame, pois só tera ido pra você a cebola, ajuda interna, você pega em outro setor, pois as ajudas não podem atrasar.*
> *nós faremos uma planilha igual a que você faz todo mês, mas separado por setores, vou te mandar um modelo como exemplo, mas creio que já teve um entendimento*
> *o fechamento mensal, ficará maior, mas os outros irmãos terão um entendimento melhor.*
> *obviamente, você é responsavel pelo arame que passa na tua mão, mas os outros você só vai montar a planilha e isto ficara claro na planilha.*

estou te enviando de volta uma planilha de empréstimo, a ultima que me enviou, veja que a soma do total da uma diferença de 20 mil, é bom arrumar alguém com um conhecimento de computação e usar os recurso corretos, veja que até as colunas estão bagunçadas.

andei pesquisando sobre criptografia, e hoje a forma mais segura de se comunicar é através do skype, em qualquer smartphone é possivel instalar, o programa você baixa na net e o telefone é em torno de 500 reais cada um, mesmo assim não se pode ficar falando a vontade.

pesquisa isto, qualquer coisa me avise que tenho quem sabe fazer tudo isso, e pode te ensinar, mas é simples, estou te mandando uma materia a respeito disto que mandei pegar na net.

meus irmãos, está já esta bem cumprida, então vou finalizando, mas gostaria de perguntar sobre está empresa de ônibus, se é você que tem contato ou se é algum outro irmão.

fiquem em paz, se cuidem, da um abraço no pastel e em todos e me responda, agora vou ficar no teu pé... rsrsrsrs

A carta evidencia uma mescla de amadorismo e organização, com os integrantes se esforçando para aprender na prática como deve ser feito. A correspondência mostra como não existe um gênio por trás da articulação, mas um esforço coletivo de aprender com os erros. A prisão de tesoureiros que centralizavam as contas, ao longo da história do PCC, já gerou prejuízos e produziu provas contra a facção. O grupo optou por descentralizar a contabilidade. Os balanços se tornaram mais complexos para reduzir perdas e segredos revelados a cada apreensão. Em 2014 já existiam pelo menos treze setores contábeis autônomos, que tinham independência no registro das receitas e despesas dos territórios e setores da facção.

A consolidação desse ambiente com regras e padrões definidos aumentou a credibilidade dos integrantes da rede mediada pelo PCC, diversificando as parcerias. Com isso, a venda de drogas passou a ser via consignação, o que facilitou a vida dos vendedores varejistas. Por esse modelo, o comprador recebe a mercadoria e pode pagar depois de vendê-la ao consumidor final. O atacadista envia o produto antecipadamente e se torna uma espécie de financiador do comércio. Para a engrenagem rodar de forma harmônica, contudo, prazos e dívidas devem ser respeitados. Aos disciplinas da facção cabe acompanhar o cumprimento do acordo e a eventual punição aos atrasados, que podem ser suspensos ou expulsos do grupo, ficando com o nome sujo na praça. A facção também funciona como avalista da integridade comercial de seus filiados e simpatizantes. A depender da situação e do credor, o PCC pode cobrir a dívida do filiado. A análise também é feita pelo disciplina, que avalia se o calote ocorreu por questões circunstanciais — doença, acidente, apreensão por parte da polícia — ou por irresponsabilidade do devedor.

Esse mecanismo impulsionou o lucro dos envolvidos, que puderam deixar de lado a violência e lançar mão da diplomacia. Parte do dinheiro arrecadado é depositada em contas de empresas-fantasmas, repassada a corretoras de câmbio e mandada para o exterior. Postos de gasolina, imóveis, concessionárias de automóveis e construção civil são setores adotados para a lavagem de dinheiro. Empresas de lotação costumam associar-se ao negócio, mas não estão necessariamente vinculadas à facção. Apesar da receita crescente com o tráfico, as mensalidades e rifas são fontes importantes, cobradas com rigor. Os integrantes que atrasam mensalidades recebem suspensão de noventa dias antes de ser expulsos caso não paguem as dívidas.

O PCC também guarda dinheiro e armas em buracos de casas alugadas para esse propósito, chamadas de minerais. Eles emprestam armas e dinheiro para a prática de crimes, atuando como um banco de microcrédito para traficantes e ladrões. Salves com ordens e orientações aos integrantes da facção são emitidos de modo a estruturar a organização, como este no começo de 2011:

> *A sintonia geral de rua comunica a todos os seus integrantes interna e externa, que graças a dedicação de muitos dos seus integrantes, a partir desta data 02/2011 será implantado dentro da organização um setor de apoio aos irmãos que vierem necessitar de um auxílio bélico e apoio financeiro para o auxílio aluguel e outras maiores necessidades emergenciais. Este setor se caracteriza como sendo banco de apoio aos irmãos. O objetivo central deste novo trabalho será unicamente fortalecer os irmãos que estão totalmente descabelados saindo da prisão ou também aqueles irmãos que se encontram na liberdade em período inferior a seis meses.*

Os irmãos do PCC, portanto, ao se filiarem, estão sujeitos a atuar na burocracia responsável pela disciplina, arrecadação e prestação de serviços. Mesmo contribuindo nesse trabalho burocrático, cada participante pode desenvolver atividades criminais autônomas, desde que não prejudique os negócios da facção e se mantenha em dia com a mensalidade. Isso significa a existência de um caixa que movimenta as receitas da facção e que vem crescendo no decorrer dos anos. Segundo um levantamento do Ministério Público paulista, esse total passou de cerca de 50 milhões de reais por ano em 2008 para 200 milhões de reais em 2016, um crescimento de 300%.

A filiação permite acesso à ampla rede de contatos do PCC e funciona como selo de responsabilidade no crime — um bem valioso nesse mercado cheio de incertezas. O movimento dos negócios pessoais dos "irmãos" foi acompanhado pelo Conselho de Controle de Atividades Financeiras (Coaf), entre 2006 e 2012. Os resultados aparecem nas contas dos integrantes da facção. Em sete anos, a movimentação das contas de seiscentas pessoas ligadas ao PCC registrou um montante de 2,8 bilhões de reais, o que representa uma média de 400 milhões de reais por ano — ou quase 700 mil reais por pessoa.

Esses recursos aquecem a economia do estado e dos bairros pobres, já que parte do dinheiro precisa ser lavada em nome de empresas de fachada. A baixa capacidade das polícias em rastrear essa movimentação leva o dinheiro do crime em volume cada vez maior à economia legal. Como a prioridade continua sendo o patrulhamento territorial ostensivo e o enxugamento de gelo na guerra cotidiana da Polícia Militar, o lucro do comércio ilegal continua praticamente desconhecido das autoridades. Os efeitos, contudo, já são percebidos pelos policiais que atuam nas ruas.

Um policial que trabalhava na Zona Norte de São Paulo contou, em 2016:

> Hoje você não encontra mais bandido do PCC desempregado. Ele trabalha num lava-rápido, numa loja, numa empresa de transporte, carro usado. O cara tem carteira assinada. Se o cara é preso tem auxílio-reclusão, auxílio do Estado (oferecido em caso de prisão para quem tem carteira assinada). Ele está registrado numa empresa de fachada para lavar dinheiro. Quando o cara é preso, vai a julgamento, ele diz "sou trabalhador". A gente tá vendo isso hoje na rua. O cara é bandido profissional, não é mais amador.

***

A aposta no patrulhamento territorial e nas prisões em flagrante cria uma engrenagem de punição que favorece lideranças criminais encarceradas. A Polícia Militar de São Paulo avançou na gestão de patrulhamento com novos softwares e padrões de atendimento pelo 190 e aumentou sua capacidade de efetuar a prisão em flagrante. Em 2002, por exemplo, prendeu dessa forma mais de 92 mil pessoas. Quinze anos depois, em 2017, as prisões em flagrante já ultrapassavam 150 mil. A probabilidade de praticar um crime e ser pego pela polícia faz parte do cálculo dos criminosos, que apelidaram o sistema penitenciário de "faculdade". Como o PCC controla as regras entre os muros de 90% das unidades prisionais paulistas, os presídios se tornaram locais estratégicos para a cobrança dos desviantes. Obedecer às leis do lado de fora se torna uma espécie de "seguro-prisão", que permite ao preso "tirar sua pena" com mais tranquilidade.

A partir de determinado ponto, em vez de reduzir o crime, o aumento do número de presos produziu esse efeito colateral: o fortalecimento das lideranças prisionais. A velocidade da engrenagem do aprisionamento em São Paulo pode ser medida pelo próprio número de matrícula dos presos. A primeira prisão de Marcola ocorreu em 1986. Quando ele ingressou no sistema, recebeu o número de matrícula número 45465. Em 2018, a matrícula dos novos presos já ultrapassa a casa do milhão. Mesmo quando fica pouco tempo atrás das grades, o indivíduo é estigmatizado como egresso, e usualmente passa por dificuldades para conseguir emprego e teme as revistas policiais.

Além de oferecer alternativa do lado de fora, os discursos do PCC focaram o papel do crime na resistência a um "sistema opressor" que humilha e oprime os pobres. A estratégia passou a ser trabalhada com mais força depois dos ataques de 2006, ano de eleição presidencial. A tática de confronto em larga escala contra o Estado foi deixada de lado diante da resposta do governo estadual e dos policiais militares. A punição nas prisões endureceu e centenas de pessoas foram mortas em bairros de periferia. Em muitos casos, como relatado anteriormente, moradores apontaram a ação de grupos de extermínio da polícia. O PCC passou então a difundir sua ideologia sobre os propósitos políticos da facção. Um dos encarregados desse trabalho foi Valdeci da Costa, Ci ou Notebook, liderança do PCC que em junho de 2006 teve apreendidas 45 mil cópias de um panfleto com o título "Grito dos Oprimidos Encarcerados". O panfleto defendia as rebeliões e os ataques do PCC:

> *Sociedade brasileira, donos da opinião pública, vocês sabem criticar os já oprimidos, mas não procuram saber as razões pelas quais eles se rebelam contra seus algozes.* [...] *Somos presos oprimidos pagando por algum tipo de erro cometido perante à sociedade, alguns nem mesmo erraram, mas sofrem as injustiças do ser humano. Mas pior do que os nossos erros é ver diversos homens públicos do nosso Brasil, que milhões de vocês votam, roubando a nação.* [...] *Então, tanto de um lado como de outro, existem erros, mas o mais fraco paga pelo mais forte. O partido do PSDB, pensando na sua trilha política, só tem uma direção: passar por cima de tudo para alcançar a sua meta, que é o poder do Governo de São Paulo. Sempre nos usando de alguma forma e assim forçando os presos do sistema carcerário a soltarem os seus gritos de oprimidos que saem sem direito à defesa.* [...] *Tudo o que o correu não foram rebeliões, nem baderna e sim revolução de todos os presos, para que sejam revistos nossos direitos de internos e seres humanos. Se houve erros, assumimos e pagaremos por eles. Mas tem sido a única forma de sermos vistos ou causar debates referentes a nós.*

Ci era acusado de comandar o assassinato do vereador Paulo Sérgio Batista, do PSDB, o Paulinho da Lanchonete, na cidade de Mairinque, interior de São Paulo, em maio de 2006. "O primeiro ataque que teve xeque-mate é [...] referente a político aí, partiu de nóis, irmão... não foi escolhido à toa, entendeu? Presidente da Câmara e do PSDB mesmo, entendeu?", ele disse a um comparsa, numa escuta captada pela polícia.

Em busca de legitimidade para as ondas de ataques em São Paulo, a facção se apropriou do jargão das comunidades eclesiais de base e demais movimentos sociais que atuaram nas periferias de São Paulo nos anos 1970 e 1980 e que já denunciavam a opressão do sistema naquela época. O *Minimanual do guerrilheiro urbano*, de Carlos Marighella, publicado em junho de 1969 pela Ação Libertadora Nacional (ALN), também serve de referência ao PCC. O manual defende o "uso dos meios de comunicação de massa para desmoralizar o governo". No passado, em 15 de agosto de 1969, doze guerrilheiros ligados à ALN tomaram os transmissores da Rádio Nacional para transmitir um discurso de Marighella contra a ditadura e a favor de um governo popular. No dia 13 de agosto de 2006, 37 anos depois, um manifesto do PCC foi lido na Rede Globo como exigência para a libertação do repórter Guilherme Portanova, sequestrado um dia antes ao lado do cinegrafista da emissora. À 0h28 de domingo, o repórter Cesar Tralli entrou no ar em rede nacional num plantão de três minutos e 36 segundos. Informava a condição imposta pelo PCC: a veiculação da íntegra de um manifesto produzido pela facção com reivindicações a respeito do sistema carcerário.

A Globo só não veiculou alguns trechos do DVD em que eram mostradas armas pesadas, como fuzis, pistolas e bananas de dinamite. No filme, aparece um homem jovem, com uma touca ninja e um blusão azul, lendo um texto. Durante a leitura, ele faz algumas confusões como trocar a palavra "iluminismo" (referência ao movimento iluminista do século XVIII) por "ilusionismo". Ao fundo, aparece a frase pichada "PCC luta pela injustiça carcerária Paz e Justiça". No manifesto, ele critica o rigor das punições e as condições dos presídios:

Como integrante do Primeiro Comando da Capital venho pelo único meio encontrado por nós para transmitir um comunicado para a sociedade e os governantes. A introdução do Regime Disciplinar Diferenciado, pela Lei 10.792 de 2003, no interior da fase de execução penal, inverte a lógica da execução penal. [...] O Regime Disciplinar Diferenciado agride o primado da ressocialização do sentenciado, vigente na consciência mundial, desde o ilusionismo e pedra angular do sistema penitenciário nacional, inspirado na escola da nova defesa social. [...] Queremos um sistema carcerário com condições humanas, não um sistema falido desumano no qual sofremos inúmeras humilhações e espancamentos. Não estamos pedindo nada mais do que está dentro da lei. [...] Pedimos aos representantes da lei que se faça um mutirão judicial, pois existem muitos sentenciados com situação processual favorável, dentro do princípio da dignidade humana. O sistema penal brasileiro é na verdade um verdadeiro depósito humano, onde lá se jogam os seres humanos como se fossem animais. O RDD é inconstitucional. O Estado Democrático de Direito tem a obrigação e o dever de dar o mínimo de condições de sobrevivência para os sentenciados. Queremos que a lei seja cumprida na sua totalidade. Não queremos obter nenhuma vantagem, apenas não queremos e não podemos sermos massacrados e oprimidos. Queremos que as providências sejam tomadas, pois não vamos aceitar e ficarmos de braços cruzados pelo que está acontecendo no sistema carcerário. Deixamos bem claro que nossa luta é com os governantes e policiais, e que não mexam com nossas famílias que não mexeremos com as de vocês. A luta é nós e vocês.

O jornalista Cesar Tralli reaparece para dizer que o vídeo foi enviado pelos sequestradores. A vítima foi liberada durante a noite. Meses depois, a Polícia Civil identificou como autores do sequestro os integrantes de uma ONG de reeducação de presos chamada Nova Ordem, composta por três ex-policiais civis e um federal, usada pelo PCC para lavar dinheiro. Era a mesma ONG que na crise de 2006 havia ajudado o governo paulista, por intermédio da advogada e ex-delegada Iracema Vasciaveo, a intermediar o acordo com Marcola para o fim dos ataques a policiais.

O convívio entre Marcola e o guerrilheiro Maurício Norambuena, preso em São Paulo em fevereiro de 2002 depois de comandar o sequestro do publicitário Washington Olivetto, é uma hipótese para o avanço do discurso político da facção. Norambuena era líder da Frente Patriótica Manuel Rodrigues, grupo armado do Chile contra a ditadura de Augusto Pinochet. Ambos conviveram por pelo menos um ano, entre 2002 e 2003 — primeiro no Piranhão, em Taubaté, e depois no Presídio de Presidente Bernardes.

As lideranças criminais em São Paulo se aproveitavam dos abusos contra a massa carcerária para dar legitimidade aos discursos do PCC. Como se fosse a última chance de salvação. O Estado agia com ambiguidade: tolerava o poder da facção nos presídios, mesmo não admitindo seu crescimento, e tentava combater sem sucesso a facção do lado de fora. A falta de notícias sobre o assunto depois de 2012 — a saída de Ferreira Pinto da Secretaria de Segurança deu início a um novo período de relativa tranquilidade — ajudava na sensação de que a situação melhorava. O número de homicídios seguia caindo e a superpopulação prisional paulista não produzia rebeliões nem fugas. Apenas a violência policial continuava batendo recordes — o que, para o senso comum, não era problema, mas solução. As lideranças encarceradas do PCC serviam aos interesses do governo e ao mesmo tempo tocavam o projeto de expansão para o resto do Brasil e da América Latina, que continuava a todo o vapor.

Descobrir o que estava ocorrendo e discutir de forma crítica a paz em São Paulo era um desafio diante da falta de transparência do Estado e da lei do silêncio nos bairros onde o PCC é mais forte. Para pesquisadores e jornalistas, essa interdição produzia impasses. Como mostrar que a situação era diferente daquela que o governo queria vender? Como fugir das fontes oficiais? Em maio de 2014, quando um dos autores deste livro escrevia o blog SP no Divã, no site do jornal *O Estado de S. Paulo*, diante da reclamação de presos e familiares sobre as péssimas condições nos presídios, os presos foram convocados a enviar cartas e contar o que acontecia lá dentro. "Homens e mulheres que estão presos. Mandem suas cartas para decifrarmos a caixa-preta das prisões" era o título do post. O objetivo era discutir as condições dos presídios e a necessidade de transparência na administração do sistema penitenciário.

Primeiro chegaram quarenta cartas, a maioria de Tremembé I. Os presos reclamaram das revistas humilhantes a parentes, da falta de água, médicos, dentistas, trabalho, educação, do pouco espaço nas celas. Dois meses depois, vieram 76 cartas, a maioria de Presidente Venceslau II, onde se concentravam as lideranças da facção. As mensagens se restringiam a denunciar os abusos contra direitos de parentes e presos. Os autores mandavam nomes e números no sistema. Como os remetentes eram de Venceslau II, contudo, houve dúvida sobre a publicação. Muitas cartas continham trechos repetidos, o que indicava a existência de um direcionamento sobre o que escrever. O autor do blog decidiu pela publicação, considerando a falta de transparência do governo sobre o que acontecia nos presídios.

Dois anos depois, veio a público que o PCC passou a mandar cartas para outras pessoas e entidades como estratégia para denunciar os problemas vividos pelos presos. Valdeci da Costa, o Ci, preso em 2006, estava por trás dessa ofensiva política. Ele foi solto em 2015 e vinha mantendo contato com pessoas de movimentos sociais, entidades de direitos humanos, grupos de hip-hop, políticos, policiais, entidades cristãs e estudantes de direito para defender os direitos dos presos. Ci também tinha a missão estratégica de organizar uma estrutura de advogados para o Partido — a célula chamada de Sintonia dos Gravatas. Ele foi monitorado quando estava em liberdade. As escutas subsidiaram, em novembro de 2016, a Operação Ethos, que levou a denúncia de quarenta advogados por suposta associação com o crime. Também foi denunciado o então vice-presidente do Conselho Estadual de Defesa dos Direitos da Pessoa Humana, Luiz Carlos Santos.

A ideia do PCC era se aproximar de entidades ligadas à defesa dos direitos humanos e dos presos. Isso acabaria reforçando a artilharia daqueles que associam a defesa dos direitos humanos ao apoio a bandidos e dando munição para a perseguição política e criminalização dessas entidades. Tiro pela culatra? Talvez. Ainda assim, grande parte das denúncias formuladas pelo PCC não se descolava das violações de direitos gravíssimas e historicamente denunciadas, sem sucesso, por diversos movimentos e entidades. Ou seja, a princípio, as denúncias formuladas através do PCC tinham respaldo em fatos, descritos em documentos oficiais e inspeções prisionais, além de terem sido exaustivamente narrados por pessoas encarceradas. Nesse sentido, haveria razão para desacreditar as denúncias unicamente em razão da suspeita de que estariam sendo articuladas pelo PCC e difundidas através dos canais possíveis e legítimos?

Em junho de 2015, o rapper Kaskão, do grupo Trilha Sonora do Gueto, escreveu um rap e gravou um videoclipe com base nas cartas dos presos de Presidente Venceslau II chamado "W2 Proibida". Kaskão cumpriu pena em regime fechado entre 1991 e 1999. Ao sair, cursou direito numa faculdade privada e tornou-se um nome importante do hip-hop de São Paulo.

O vídeo e a música, além de tratar das denúncias contidas nas cartas, apresentava a visão de mundo da facção, com trechos do manifesto do PCC na Globo, em 2006, com a defesa da organização e a crítica aos políticos, que chamavam de "facção legalizada disfarçada de poder".

Não adianta reprimir, o 15 retaliar, nossa luta é em prol de mostrar para o mundão, quem é criminoso na história e quem é facção. Se é PT, PCC se é PSDB, se é Marcola, Beira--Mar, Alckmin ou se é você que paga seu imposto, trabalha feito louco pra no fim se aposentar e morrer ganhando pouco, seu dinheiro dos impostos que foi gasto por aqui, eles usam pra maldade depositam nesse GIR., Grupo de Intervenção Rápida na covardia que não tira a touca ninja, pra viver no outro dia. Não adianta ocultar, nem tentar oprimir, nós tem gente espalhada em todo o canto por aí, assim assim, você que tá no mundão, esse é o Salve da nossa facção.

Os nomes de diversos integrantes do PCC são citados na letra, e o vídeo acaba com as imagens de Martin Luther King, Malcolm X, Che Guevara e Nelson Mandela.

Numa conversa na Zona Sul, em 2016, depois da divulgação do vídeo, em cima de uma laje, Kaskão explicou que defendia a ideologia do crime, mas não os crimes propriamente ditos. O grupo discutia a criação de um partido, que se chamaria URS — União Revolucionária Social. "Partido não, porque esse nome já está queimado", disse. Uma página foi criada nas redes sociais e candidatos foram lançados. "Oprimidos no Comando" era um dos lemas.

Diante da ofensiva política do PCC, autoridades aproveitaram para criminalizar a defesa dos direitos humanos. O discurso da guerra, como se a sociedade estivesse dividida entre lados inimigos, ia ganhando força. Um episódio emblemático que envolve o desembargador Ivan Sartori, do Tribunal de Justiça de São Paulo, serviu como símbolo desse período. Em setembro de 2016, quando o Massacre do Carandiru completava 24 anos, ele absolveu os 74 policiais militares condenados no Tribunal do Júri pela participação na morte de 111 presos em outubro de 1992. O massacre, como já foi dito aqui, foi um dos motes da facção para arregimentar presos. Nos dias seguintes, foram publicadas inúmeras críticas à decisão do desembargador — numa delas, foi mostrada uma sentença de Sartori negando liberdade a um homem acusado de furtar cinco salames. O homem alegava fome, mas o desembargador afirmou que deixá-lo em liberdade implicava riscos para a sociedade.

Diante da repercussão, o desembargador acusou a imprensa e entidades de direitos humanos de estar ao lado do inimigo — os bandidos. Em um post, Sartori escreveu: "Diante da cobertura tendenciosa da imprensa sobre o caso Carandirú [sic], fico me perguntando se não há dinheiro do crime organizado financiando parte dela, assim como boa parte das autodenominadas organizações de direitos humanos". O fantasma do Massacre do Carandiru continuava a assombrar. A visão da guerra, que levou a máquina do Estado a se voltar contra o inimigo, continuaria a funcionar. Seria preciso uma tragédia de grandes dimensões para que o PCC e o sistema de segurança voltassem a ser vistos de forma crítica. Era o começo de 2017. Cabeças foram cortadas e corações arrancados pelo Brasil. O PCC mais uma vez era protagonista desses eventos. A facção havia se espalhado pelo país, deixando de ser um problema paulista. Talvez fosse tarde demais para se prevenir.

6.
A fronteira

No mercado de drogas brasileiro, o traficante carioca Luiz Fernando da Costa, famoso pela alcunha de Fernandinho Beira-Mar, pode ser considerado um empreendedor ousado e visionário. Nascido na Favela Beira-Mar, em Duque de Caxias, no Rio de Janeiro, ele conseguiu, em menos de uma década, sair do cargo de vapor — vendendo drogas no varejo — para se tornar um dos principais distribuidores atacadistas do continente: um empresário da droga. Com carisma, lábia, senso de oportunidade e disposição para a violência, traços de sua personalidade que o ajudaram a chegar longe, deixou os morros e favelas fluminenses para alcançar as fronteiras e zonas de plantio no Paraguai e na Colômbia.

Antes de seguir carreira no crime, Beira-Mar chegou a flertar com a vida de "cidadão de bem". Fez a prova para entrar no curso de sargento da Aeronáutica, mas não passou. Em 1986, aos dezoito anos, serviu no Exército. Tudo indica que o poder, as armas e os conflitos exerciam sobre ele certo fascínio, como se quisesse participar de uma guerra. Ainda soldado, foi afastado após ser flagrado pela polícia roubando uma loja em Caxias. Depois de ficar dois anos preso, ganhou a liberdade para começar a brilhar no crime. Sem chances para guerrear em defesa da lei, bandeou-se para o "outro lado".

Começou como vapor depois que saiu da prisão, mas rapidamente assumiu a chefia do tráfico da comunidade onde nasceu, prestando serviços assistencialistas para parte da população com o lucro da droga. Fez bons contatos com atacadistas e passou a fornecer para outras comunidades ligadas ao Comando Vermelho. Em 1996, quando foi preso novamente, dessa vez em Belo Horizonte, onde vivia disfarçado como empresário, já era um dos grandes nomes da facção, com bens estimados em 10 milhões de reais, distribuindo drogas para outras comunidades, como Borel, Rocinha, Chapéu Mangueira e a Favela do Vidigal. Um ano depois, em agosto de 1997, fugiu da prisão em Minas Gerais. Foragido, Beira-Mar começaria a chacoalhar a cena de drogas no Brasil e alcançaria as fronteiras, abrindo brechas depois trilhadas pelo PCC. "A minha opção pelo Paraguai foi para não morrer, porque, no momento, eu era o alvo número um", explicou em uma entrevista para a televisão em 2016, falando das celas da Penitenciária Federal de Porto Velho, em Rondônia.

Um dos atacadistas que ajudaram Beira-Mar a subir na vida do crime era outro traficante inquieto, que veio de baixo, com disposição para se arriscar Brasil adentro — e afora. O matuto Leonardo Dias Mendonça tinha sido garimpeiro no Pará e em Roraima, e conseguiu contatos para distribuir drogas da Colômbia por rotas no meio da selva amazônica. Tornou-se parceiro de Desiré Delano Bouterse, ditador do Suriname, país de onde as drogas partiam para a Europa e os Estados Unidos, ampliando seu poder. Era um dos principais matutos a enviar cocaína para os morros do Rio nos anos 1990, quando se tornou parceiro de Beira-Mar. Seria o intermediário que depois o apresentaria aos guerrilheiros das Forças Armadas Revolucionárias da Colômbia (Farc). Dias Mendonça foi preso em 2002. Possuía, na época, uma fortuna estimada em 70 milhões de dólares.

Aproveitando os contatos quentes no crime, Beira-Mar decidiu se aventurar nas fronteiras do Brasil. Sua trajetória acabou pavimentando o caminho para os jovens que viviam se matando nos mercados varejistas. Bastaria um pouco de esforço e bons contatos para que eles pudessem assumir o atacado, uma etapa muito mais rentável e menos arriscada do negócio de drogas. Era o começo da revolução no crime, quando os "linhas de frente", integrantes da base da pirâmide criminal, passariam a aproveitar as oportunidades para escalar degraus até chegar às cabeças, acessando os canais atacadistas e o mercado de armas do mundo globalizado.

No Rio de Janeiro, os criminosos começaram a se organizar em função do potencial de lucros oferecido pelo mercado ilegal de drogas. Em 1979, a Falange Vermelha (que daria origem ao Comando Vermelho) já havia inovado ao se organizar dentro do Presídio de Ilha Grande em defesa do direito dos presos, sob o lema "Paz, Justiça e Liberdade", anos depois copiado pelo PCC. Quase na mesma época em que a organização nascia, o comércio de cocaína começava a se internacionalizar a partir dos cartéis colombianos. O corredor de exportação da droga passava pelo Rio e por São Paulo, o que facilitava a formação da rede que abasteceria o varejo desses grandes centros. Fora das prisões, o CV aproveitou a oportunidade para negociar cocaína e estruturar seus negócios. O tráfico era considerado uma atividade mais segura e lucrativa do que os assaltos a banco. Afinal, em tese, eram vendedores e seriam procurados e festejados por clientes em busca de pó.

Mas antes era preciso tomar conta dos pontos de venda. Entre os anos de 1983 e 1986, o CV passou a dominar as bocas de fumo tradicionais dos morros do Rio, administradas por pequenos traficantes das favelas que trabalhavam principalmente com a venda de maconha. Os matutos que transitavam pelas rotas de cocaína também importavam armas, permitindo ao grupo preparar uma ofensiva que mudaria o mercado varejista de drogas do Rio. Em 1985, o CV já detinha 70% de todos os pontos varejistas da cidade. Além do uso da violência armada para dominar as bocas, os integrantes do CV emprestavam armas e dinheiro para aliciar simpatizantes, financiando o primeiro carregamento de cocaína dos novos funcionários, que assumiam os pontos sob a bandeira coletiva da facção.

A ideologia inicial voltada ao sistema carcerário ficaria no passado, como parte da história a ser narrada sobre a origem da facção. O CV passaria a concentrar esforços na distribuição do varejo nos morros e na tensa relação com as comunidades e o Estado, ausente nessas regiões — a não ser nas incursões armadas e truculentas da polícia, que apavoravam a população local, e no "arrego", propina que os traficantes do varejo nunca deixaram de pagar a policiais corruptos para não atrapalharem seus negócios. No modelo de negócio das facções nos morros, a relação de poder era vertical, à maneira de tiranias armadas com amplo aparato de força. Aqueles que ingressavam no tráfico viravam funcionários e prestavam contas ao superior. A receita das vendas era centralizada; os integrantes do grupo recebiam comissões variáveis de acordo com as vendas; quando ocupavam postos relacionados à segurança, recebiam salários fixos. Parte do lucro era reinvestida na compra de mercadorias e armamentos.

A opção pelo tráfico de drogas trouxe à organização capital de giro e lucros suficientemente elevados para garantir a expansão. Na estrutura de poder dos morros, existia o chefe, considerado muitas vezes "o dono da comunidade". Havia patrulhas organizadas que defendiam o território, e os maiores negócios reuniam quinhentos homens trabalhando para o tráfico em um mesmo morro. Abaixo do dono, intermediário dos fornecedores internacionais, a estrutura do negócio tinha um gerente-geral, que coordenava o trabalho dos "gerentes da maconha", "gerentes da cocaína" e dos "soldados", encarregados da segurança. Esses "gerentes de mercadorias" distribuíam para os "gerentes das pequenas bocas", para os quais trabalhava o "vapor", que, por sua vez, distribuía diretamente ao varejo.

A geografia dos morros favorece a segurança das lideranças. Os "olheiros" e os "fogueteiros", jovens ligados ao tráfico, observam do alto a movimentação na parte de baixo e anunciam eventuais invasões da polícia; também faltam nos morros estradas de acesso que permitam a circulação de viaturas, e as casas são dispostas entre becos e vielas estreitas, verdadeiros labirintos e esconderijos.

Os donos do morro também acumulavam poder por meio da relação clientelista com a comunidade, pagando remédios, auxiliando em empréstimos financeiros, compras de botijões de gás, entre outros pequenos favores. As coisas pareciam caminhar bem, mas, a partir de 1986, o CV começou a se fragmentar internamente, e as disputas pelo controle de territórios tornaram-se mais comuns e violentas. O crescimento dos conflitos durante a segunda fase do tráfico deflagrou a crise. Traficantes mais jovens disputavam o território dos mais velhos. Em meados da década de 1990, outras facções haviam sido criadas, como Amigos dos Amigos, Comando Vermelho Jovem e Terceiro Comando. Essa subcultura militarizada dentro das favelas, com grupos fortemente armados em combate constante, forjaram as cenas que marcariam o imaginário sobre o crime no Rio de Janeiro nos anos que viriam. Agravavam o quadro as incursões policiais violentas nos morros e a corrupção já amplamente disseminada nas polícias, fonte de intenso fogo cruzado que deixava a população indefesa e sem ter a quem recorrer.

Nesse contexto violento, Fernandinho Beira-Mar cresceu e se destacou na organização. Depois da fuga, em 1997, o traficante seguiu da capital mineira para o Rio de Janeiro e, logo depois, para a fronteira entre Mato Grosso do Sul e Paraguai, passando rapidamente por Pedro Juan Caballero, para depois fixar-se na região das cidades gêmeas Capitán Bado, em território paraguaio, e Coronel Sapucaia, no Brasil.

***

Beira-Mar provocou mudanças decisivas na configuração dessa rede quando assumiu posições de destaque no atacado da cocaína para o Brasil e para o exterior. O varejo continuaria mais ou menos parecido. Pela primeira vez, porém, um braço importante de uma facção brasileira se estenderia até as fronteiras para assumir as rédeas do processo de produção e distribuição. Beira-Mar percebeu que poderia aumentar seus lucros ao eliminar os numerosos intermediários e atravessadores entre os produtores da região andina, selva amazônica ou chaco paraguaio e os morros do Rio de Janeiro e da Baixada Fluminense.

Capitán Bado, cidade escolhida por Beira-Mar para fixar residência ao fugir do Brasil, está localizada no departamento de Amambay e é dotada de terras férteis. É considerada a capital mundial da maconha em razão da densidade de pés da *Cannabis sativa* por quilômetro quadrado. No ranking da produção mundial da planta, o Paraguai perde apenas para o Marrocos, onde é usada na produção do haxixe. Da maconha consumida no Brasil, 80% vêm do Paraguai e outros 20% são produzidos na região Nordeste, entre Pernambuco, Bahia, Piauí e Maranhão.

A região das cidades gêmeas Coronel Sapucaia-Capitán Bado está entre as mais violentas do mundo. Em 2008, a cidade brasileira apresentava uma espantosa taxa de 107 assassinatos por 100 mil habitantes — índice que caiu pela metade entre os anos de 2012 e 2014. Assim como em outras cidades da fronteira entre Paraguai e Brasil, é difícil estabelecer onde a violência começa ou termina, se no lado brasileiro ou no paraguaio. Conforme registrado na sentença de condenação de

Beira-Mar, escrita pelo juiz Odilon de Oliveira em 2014, em Coronel Sapucaia-Capitán Bado "matava-se lá e desovava-se cá, e vice-versa".

Ao chegar foragido a Coronel Sapucaia-Capitán Bado, Beira-Mar foi acolhido pelo então chefão da fronteira, João Morel, conhecido como "Rei da Maconha", com quem estabeleceria uma rede de cooperação criminosa capaz de alçá-lo a um novo patamar no tráfico internacional. João Morel era chefe de um clã familiar formado pelo irmão Israel Morel, a irmã Lucila Morel e vários de seus filhos, entre eles Mauro, Ramón, Gustavo e Lidiane. Havia décadas, a família controlava o contrabando na região e abastecia de maconha e cocaína o mercado brasileiro, especialmente os morros fluminenses. No relatório da CPI do Narcotráfico de 2000, a família Morel foi apontada como a maior distribuidora de maconha na fronteira de Mato Grosso do Sul com o Paraguai. João Morel era, portanto, um típico "narcotraficante" da fronteira.

Procurado pela polícia brasileira e paraguaia, Beira-Mar fugiu para a Colômbia em 1999. Deixara na fronteira, tomando conta dos negócios, Marcelinho Niterói, seu braço direito. Precisou passar uma temporada na selva colombiana, em uma região com plantações e laboratórios para o refino de cocaína. Em abril de 2001, Beira-Mar foi preso na Colômbia, em Barranco Minas, Vichada, região controlada pela Frente 16 das Farc — divisão na época comandada por Tomás Medina Caracas, o Negro Acácio, acusado de representar a guerrilha na exportação de cocaína no atacado e na contabilidade dos recursos provenientes. Na ocasião da prisão de Beira-Mar, em 2001, Negro Acácio conseguiu fugir, mas foi morto pelo Exército colombiano em 2007.

Meses antes de ser preso, porém, Beira-Mar deu início a uma guerra que deixou dezenas de mortos e reconfigurou as relações de poder na fronteira entre Brasil e Paraguai. Após desentendimentos e desconfianças, num enredo até hoje mal explicado, Beira-Mar, mesmo escondido na Colômbia, ordenou a morte de dois filhos de João Morel, os também traficantes Mauro Cristóbal Morel Filho e Ramón Cristóbal Morel. Eles foram executados a tiros numa emboscada na zona rural de Capitán Bado, com o segurança que os acompanhava, em 13 de janeiro de 2001. Uma semana depois, em 21 de janeiro, o patriarca do clã, João Morel, foi assassinado com dezenas de facadas em uma cela da Penitenciária de Segurança Máxima de Campo Grande, onde cumpria pena por tráfico de drogas desde março do ano anterior.

Tudo indica que o estopim da guerra foram depoimentos de membros do clã Morel à CPI do Narcotráfico somados às prisões dos homens de confiança de Beira-Mar, Marcelinho Niterói, em maio de 2000, e Jayme Amato Filho, em 30 de dezembro do mesmo ano. Beira-Mar manteve a certeza da traição dos seus antigos aliados, mesmo sabendo que, nos depoimentos à CPI, os integrantes da família Morel tinham negado qualquer relação com o traficante fluminense. A guerra iniciada por Beira-Mar no início de 2001 ainda teria outros capítulos sangrentos.

Na época da sua prisão, quando prestou depoimento ao governo da Colômbia, Beira-Mar contou que comprava até duzentas toneladas por ano de cocaína dos guerrilheiros das Farc, a quem pagava cerca de 10 milhões de reais por mês, chegando a abastecer 70% do mercado brasileiro. Disse também que chegou a fornecer mais de 10 mil armas aos guerrilheiros. Em uma agenda apreendida na ocasião de sua prisão estavam registrados nomes e apelidos de supostos traficantes: Jayme (seu braço direito), Bagual, Pitoco, Gringo, Gordo, Devagar — uma lista de colaboradores, fornecedores, parceiros ou funcionários da quadrilha de Beira-Mar. A agenda continha ainda registros dos custos de fretes de aeronaves e pagamentos de pilotos, aluguel de hangares nos locais de partida ou chegada, além das coordenadas geográficas de planos de voo que saíam da Colômbia, Peru, Bolívia ou Paraguai com destino ao Brasil (especialmente a cidades de Mato Grosso do Sul, Mato Grosso e do interior de São Paulo).

Na mesma agenda havia detalhes dos esquemas para envio da droga dos países produtores ao Brasil, como despesas, materiais, participação de cada integrante do grupo com os valores devidos, distribuição dos entorpecentes, valores relativos à manutenção das aeronaves, prazo para pagamento, divisão dos possíveis prejuízos, custo dos fretes e lucro. Há uma relação de nomes para os quais a cocaína seria distribuída e uma relação de pessoas que supostamente receberiam pelos serviços prestados. O total de nomes, quantidades e valores relacionados não criava uma teia complexa, mas sugeria o envolvimento de pelo menos uma dezena de pessoas numa remessa de drogas da Colômbia. O lucro dessa operação, por exemplo, teria sido de 313 mil dólares, ainda segundo os registros que o traficante reconheceu como seus.

Além das drogas, outro produto que apareceu nos registros de Beira-Mar foram as armas. Uma imensa diversidade de tipos e em grandes quantidades: numa das remessas o registro é de cinquenta pistolas enviadas; noutra, de duas espingardas; em outro registro são 5 mil "vitaminas", ou seja, munição; na descrição de outra remessa, são mais trezentas pistolas e 25 mil "vitaminas"; essa relação inclui, ainda, quase quatrocentos fuzis de vários tipos (entre eles, AK-47, AR-15, FAL, M-16, Ruger); cinco granadas, dez quilos de C4 com detonador e 45 caixas de espingardas. Coincidência ou não, os dados apontavam para o crescimento de crimes na região de Capitán Bado a partir de 1997, ano da chegada de Beira-Mar à fronteira. As apreensões de maconha pela Polícia Federal, por exemplo, passaram de 4,5 toneladas em 1995 para 7,5 toneladas em 1997 e 17,8 no ano seguinte. Além disso, os dados sobre assassinatos na região indicavam um salto impressionante em 1997: 101 homicídios, contra 31 em 1996 e 21 em 1998.

O impacto das atividades de Beira-Mar sobre a região de Coronel Sapucaia também pode ser percebido nos fluxos financeiros que movimentaram o comércio da cidade de pouco mais de 12 mil habitantes. Diversos estabelecimentos comerciais registraram cifras altíssimas a partir da chegada de Beira--Mar e fecharam as portas logo após o início da investigação da Polícia Federal e a fuga do traficante para a Colômbia, em 2000. Lojas de pneus, mercados e panificadoras eram alguns desses estabelecimentos. Estima-se que 12 milhões de reais foram movimentados por Beira-Mar em Coronel Sapucaia em 1999 e 2000. Até mesmo a agência local do Banco do Brasil, acusada de favorecer transações com o dinheiro decorrente do tráfico de drogas, deixou de ser considerada rentável após a fuga do traficante e também fechou as portas. Documentos registram envios de quase meio milhão de dólares para paraísos fiscais através do Banestado.

Após a guerra travada com a família Morel e a prisão de Beira-Mar, Carlos Arias Cabral, o Líder Cabral, conhecido traficante paraguaio que atuava junto ao clã Morel, entrou em confronto com a quadrilha do traficante do Rio de Janeiro. Ele se organizava para assumir o lugar de seu antigo aliado e derrubar o brasileiro, mas não contava com a disposição do rival para o confronto. A disputa iniciada por Beira-Mar um ano antes apresentaria um novo capítulo em 9 de janeiro de 2002, dia em que a luxuosa sede da propriedade de Líder Cabral, em Capitán Bado, foi invadida por vinte homens armados. Cabral conseguiu fugir pulando o muro da casa, mas, em uma das maiores chacinas da história da fronteira, onze pessoas foram metralhadas e mortas, entre elas a esposa do traficante e o seu filho de apenas três anos.

O massacre ocorrido em Capitán Bado só foi possível pela cumplicidade e colaboração ativa que Beira-Mar conseguiu comprar de agentes da extinta Divisão Antinarcóticos (Dinar) paraguaia, pagos até então para dar proteção a Cabral. Antes, naquele mesmo mês de janeiro, agentes aliados a Cabral avisaram-no de que haveria uma batida policial em sua residência. Seguindo a sugestão desses policiais corruptos, ele reduziu a segurança da fortaleza na data acordada, buscando evitar algum flagrante. No dia 9, os policiais de fato apareceram em sua casa; contudo, não estavam sozinhos. Divididos e organizados em grupos, invadiram a fortaleza do Líder pela porta da frente, e pela porta dos fundos entraram os aliados de Beira-Mar armados com fuzis AR-15 e M-16, metralhadoras Uzi e granadas. O filho de Cabral morreu com um tiro de fuzil.

Após o massacre, o traficante paraguaio ainda reuniu forças para um revide. Nas semanas que se seguiram, mais de vinte pessoas foram assassinadas. Propriedades rurais suspeitas de pertencer a colaboradores de Beira-Mar foram incendiadas. Cabral, contudo, acabou fugindo da região e se instalando na cidade de Andresito, na Argentina, próxima à tríplice fronteira com Brasil e Paraguai. De lá, Cabral continuou traficando maconha para o Brasil e ia, com frequência, às cidades paranaenses de Capanema e Planalto. Até que, em julho de 2010, acabou preso em meio à Operação Liderança, desencadeada pela Polícia Federal brasileira com o apoio da Senad paraguaia. Líder Cabral até hoje está preso no Brasil e cumpre pena no Paraná.

Em entrevista à revista *IstoÉ*, Cabral disse que a entrega da sua cabeça à quadrilha de Beira-Mar, pela alta cúpula da Dinar, custou 650 mil reais. Descreveu em detalhes como o dinheiro foi entregue por Ramon Duret, o Casimiro, homem de confiança de Douglas Ribeiro Cunha, na sede da Dinar em Pedro Juan Caballero. Aliás, é fundamental ressaltar que Douglas, homem de confiança de Beira-Mar e responsável por coordenar o massacre na fortaleza de Líder Cabral, era foragido de um presídio de Ribeirão Preto e, já à época, membro do PCC.

Por todos os seus contornos, é possível situar o massacre de Capitán Bado como um divisor de águas nas relações criminais na fronteira, que abriria as portas para uma nova e mais profunda reconfiguração do poder na região. Naquele contexto de corrupção policial no Paraguai, com níveis altíssimos de organização e violência, o conflito começou a ganhar um novo desenho. De um lado, um grupo de criminosos vinculados aos narcotraficantes tradicionais da fronteira; de outro, o grupo coordenado e liderado por criminosos provenientes da região Sudeste do Brasil, especialmente do Rio de Janeiro e de São Paulo. Nesse momento se fortalecia a parceria estratégica entre as duas maiores facções brasileiras: PCC e CV.

Os anos que se seguiram foram decisivos para o fortalecimento do PCC nas fronteiras. A detenção de Beira-Mar e seu sucessivo isolamento nas prisões brasileiras, ao lado dos conflitos com os grupos de traficantes tradicionais na fronteira — como a família Morel e Líder Cabral —, acabaram por enfraquecer substancialmente a capacidade desses grupos de controlar aqueles territórios. Teve início uma corrida para ocupar as rotas e o espaço deixados no mercado, assim como surgiram oportunidades para novos arranjos nas redes criminais. A ocupação desse vácuo de poder envolveu disputas mais ou menos violentas entre diversos atores, quadrilhas e grupos. Mas, a partir do início da década de 2000, o PCC assumiu o protagonismo na cena criminal fronteiriça. A presença de Douglas no massacre de Capitán Bado seria a primeira notícia a respeito de um membro do PCC na fronteira. No episódio de 2002, Douglas liderou uma ação cujo principal beneficiário ainda era a quadrilha de Beira-Mar. A partir de 2003, contudo, o cenário mudaria. Quando o traficante carioca foi mandado para o Regime Disciplinar Diferenciado de Presidente

Bernardes, construído no ano anterior, ele passou a compartilhar a prisão com lideranças do PCC, que logo saberiam como tirar proveito da situação.

A hegemonia dentro do sistema penitenciário de São Paulo, conquistada no começo dos anos 2000, foi fundamental para a ampliação e o fortalecimento da rede de distribuição dos paulistas. Os grandes nomes do tráfico de drogas iriam aderir pouco a pouco às propostas do PCC, à medida que eram presos e submetidos a um sistema já completamente controlado pela cúpula, o sistema prisional.

Luciano Geraldo Daniel, o Tio Patinhas, preso em 2003, estreitou seus laços com a facção dentro do sistema. Antes de sua "temporada" nos presídios paulistas, era apontado como um dos principais traficantes internacionais do Brasil, condição conquistada depois de estabelecer bons contatos com integrantes dos cartéis colombianos de Cali e de Medellín. Passou a investir em fazendas para estocar e refinar a droga, construindo laboratórios que transformavam a pasta-base em produto para o consumidor final. Teve parte de seus bens leiloados, em uma ação que arrecadou 6 milhões de reais, além de ter doado um helicóptero à Polícia Federal e fazendas à reforma agrária: com mais de mil cabeças de gado, essas fazendas eram usadas para o refino da droga. Fugiu do presídio em 2013, durante uma saída temporária da Páscoa, e ficou três meses na rua. Preso novamente, foi mandado para a Penitenciária II de Presidente Venceslau, junto às principais lideranças do Partido.

Os presídios ajudam a aliciar mão de obra barata para a facção, mas esse domínio também empurra para a rede do Partido os grandes empresários da droga, que passam a acatar as regras de mercado do PCC. O libanês Joseph Nasrallah, considerado um dos principais exportadores de drogas para a Europa nos anos 2000, veio para o Brasil no fim dos anos 1990 fugindo da perseguição em seu país. Quando foi detido, em janeiro de

2007, Nasrallah foi destaque na imprensa: tinha construído uma mansão em Valinhos com colunas folhadas a ouro e uma banheira de hidromassagem avaliada em 60 mil dólares, entre outros exotismos. Dois anos antes, em 2005, quando já era monitorado pela Polícia Federal, tentou aplicar uma surra em um italiano que lhe devia uma fortuna em drogas e havia sido preso em Guarulhos. Precisou pedir autorização aos disciplinas do PCC, que ajudaram a pressionar o italiano a saldar a dívida com o libanês. Quando Nasrallah foi para o sistema penitenciário, seria mais um grande nome a integrar a rede de simpatizantes do PCC.* A parceria era o caminho natural mesmo para os grandes. A alternativa seria bater de frente com o Partido, o que, com o passar do tempo, se tornaria uma briga praticamente suicida, mesmo para os até então intocáveis traficantes da rede, como testemunharia Jorge Rafaat Toumani, o Rei da Fronteira, executado nas ruas de Pedro Juan Caballero.

Dentro do sistema dominado, restava a eles a única opção de se associar aos irmãos como garantia de segurança durante o cumprimento da pena e para dar continuidade aos negócios do lado de fora. Conforme os peixes grandes saíam de cena, a rede construída pelo PCC dentro das prisões firmava novas parcerias com esses traficantes que ingressavam nos presídios, ampliando a complexidade e o poder de mercado do grupo. Mas, desse ponto até a construção da Sintonia dos Estados e Países, setor do PCC responsável pela gestão dos negócios da facção nos estados brasileiros, à exceção de São Paulo, e nos países onde estão presentes (Paraguai e Bolívia, principalmente), foi preciso trilhar um longo e conflituoso caminho, pavimentado por discursos e narrativas que

---

* A história é contada em detalhes no livro *Cocaína — a rota caipira*, de Allan de Abreu (Record, 2017).

propunham a paz, mas, paradoxalmente, tinham na guerra uma via sempre possível. Diferentemente dos esquemas criminosos de membros do CV, como os do próprio Fernandinho Beira-Mar, o PCC passou a organizar uma rede de distribuição própria, "institucional". Os esquemas individuais de traficantes parceiros do PCC, ou daqueles que se associavam tardiamente ao Partido, inseridos em redes diversas, continuaram atuando de forma mais ou menos autônoma. A diferença é que eles passariam a também atuar em colaboração eventual nos negócios do PCC. Os paulistas inovaram radicalmente ao organizar uma rede nacional e internacional de criminosos parceiros, cujo centro de controle permanecia no interior das prisões paulistas e funcionava de forma paralela aos empreendimentos individuais de seus integrantes. Muitos desses criminosos tinham simultaneamente os próprios esquemas de remessas de drogas; outros, ao contrário, foram enviados ao Paraguai ou às regiões fronteiriças exclusivamente como funcionários do PCC, inclusive, com remuneração fixa na forma de salário.

De uma forma ou de outra, com as sucessivas entradas e saídas da prisão, essa rede foi se tornando mais densa e mais extensa, articulando novos integrantes em territórios cada vez mais amplos e negócios cada vez mais ambiciosos. Não tardaria para o domínio do Paraguai se tornar prioridade para a cúpula do PCC em São Paulo e para que os planos em nome desse objetivo fossem cuidadosamente elaborados.

***

Localizado praticamente no centro da América do Sul, numa das fronteiras mais explosivas do continente, o estado de Mato Grosso do Sul está em uma posição geográfica estratégica. Fica no meio do caminho entre plantadores e produtores de drogas nos países vizinhos e a imensa variedade de fornecedores, atacadistas de diversas dimensões, que vendem maconha, pasta-base de cocaína e seus derivados em pó ou em pedra para mercados espalhados por todo o território nacional e para postos além-mar na Europa, Ásia, África e Oceania. Rotas importantes foram consolidadas a partir da região, que também serve de corredor para o ingresso de contrabando de eletrônicos, cigarros, medicamentos e armas vindos principalmente do Paraguai.

São mais de setecentos quilômetros de fronteira seca e mais de oitocentos quilômetros de fronteiras feitas por rios com o Paraguai e a Bolívia. Do lado sudoeste, a cidade de Ponta Porã faz divisa com Pedro Juan Caballero. As duas cidades são separadas apenas pelos canteiros da avenida Internacional, que pode facilmente ser percorrida a pé.

Desbravadores de Pedro Juan Caballero têm papel histórico na abertura de rotas de tráfico e contrabando para o Brasil. A cidade se tornou produtora de maconha ainda nos anos 1950, conforme a cultura do café, setor que puxava a economia, entrava em decadência. A maconha passou a ser plantada mais intensamente sobretudo após os anos 1960, empregando a mão de obra ociosa no plantio e na colheita da erva. Quando a produção da cocaína se expandiu, nos anos 1970, a partir da Bolívia, os intermediários locais foram hábeis na abertura de caminhos e possibilidades para a mercadoria chegar ao Brasil.

Um pouco mais ao sul, uma praça separa os municípios de Coronel Sapucaia e Capitán Bado, e ali se situa outra rota que fez história, principalmente na distribuição da maconha plantada nas fazendas da região. Pouco mais acima, na parte norte do estado, a fronteira boliviana aparece como alternativa. Corumbá é um ponto especialmente vulnerável por ser o vetor de chegada de estradas como a *carretera* Haderman, que liga a

Bolívia de leste a oeste, cortando as fazendas de folhas de coca e os laboratórios de refino. Como se não bastasse, do lado leste, Mato Grosso do Sul faz divisa com o interior de São Paulo, que se tornou o corredor de entrada da droga para o maior mercado consumidor do Brasil e para o Porto de Santos, de onde é transportada para o mercado externo.

A ponte entre a produção estrangeira e o mercado de consumo é articulada nas regiões de fronteira, como as de Mato Grosso do Sul, Paraná, Mato Grosso e Amazonas. Ainda nos anos 1970, quando os cartéis colombianos assumiram a coordenação da produção e distribuição de cocaína em larga escala pelo mundo, os brasileiros começaram a desbravar as primeiras rotas e a organizar seus esquemas de transporte, com mercadorias levadas por mulas estrada afora, evoluindo para aviões em pistas clandestinas, além do uso extensivo de caminhões e carros adaptados para esconder as mercadorias ilícitas.

As principais rotas de entrada de cocaína no Brasil cresceram nos anos 1980 para abastecer o mercado externo na Europa, via Porto de Santos. Contribuiu para isso o imenso potencial dos mercados consumidores nacionais, como São Paulo e Rio de Janeiro, que também se esbaldaram com o consumo da droga. Uma nova cena criminal se desenvolveu a partir do tráfico de drogas, logo transformado na principal fonte de capital para o financiamento de atividades ilegais. Nos primeiros contatos entre produtores e distribuidores, ainda no começo dos anos 1980, as fronteiras se caracterizavam como local de livre-comércio, com oportunidades abertas para todos com capital e disposição para se aventurar no negócio das drogas. Forneciam tanto para desiludidos com o garimpo na região amazônica — caso de Leonardo Dias Mendonça, que abastecia o Rio de Janeiro — quanto para pequenos desbravadores paulistas ou empresários da região da fronteira, que levavam a mercadoria de Mato Grosso e Mato Grosso do Sul para a capital paulista e para o Porto de Santos, fortalecendo a chamada "Rota Caipira".

A evolução do fluxo de drogas por essa rede beneficiou-se das parcerias com pilotos de aviões bimotores e com a construção de pistas clandestinas nos arredores das fronteiras. Para que a droga chegue às grandes cidades é necessário um empreendedor com capital para comprar a mercadoria dos produtores e viabilizar a logística de transporte e armazenamento. Também é preciso conhecer pilotos dispostos a arriscar a vida e a liberdade em voos pouco previsíveis, e mapear ou investir na construção de pistas de pouso clandestinas. Por fim, há ainda que garantir o transporte terrestre, o armazenamento da mercadoria em lugares insuspeitos e os contatos com intermediários — no Brasil ou no exterior — para a distribuição no varejo. A droga pode ainda ser transportada por estradas e rios, o que ocorre principalmente na região amazônica, exigindo logísticas alternativas.

A funcionalidade da rede, como em todos os setores comerciais, lícitos ou ilícitos, está baseada na interdependência. Um produtor competente fortalece o distribuidor, e vice-versa. O sucesso de um favorece o outro, num jogo em que todos podem ganhar. No entanto, ao contrário do que ocorre nos setores de mercadorias legais, no negócio das drogas, quando uma das partes trapaceia ou não cumpre o contrato, não se pode buscar a mediação da Justiça para cobrar o devedor. A disposição para o uso da violência, a aquisição de armamento pesado e a demonstração de força tornam-se, assim, elementos importantes nessa competição. São muitos os envolvidos na cena criminal que conectou Brasil e Paraguai nas últimas décadas. Esses grupos atuavam de forma coordenada ou em aberta e violentíssima concorrência. Há diversos agrupamentos locais, formados por famílias da região de fronteira, com portadores de dupla nacionalidade, que atuam tanto na economia da droga quanto na economia lícita.

Nos últimos anos, alguns nomes se destacaram no abastecimento das grandes cidades brasileiras e na exportação da droga. Eles cresceram à sombra da lei como empreendedores independentes, sem ligação com organizações criminosas. É o caso do paranaense Ivan Carlos Mendes Mesquita, mentor de um esquema que envolveu bimotores no Paraguai para transportar cocaína boliviana e colombiana para o Brasil. Ivan possuía fazendas na fronteira, nas cidades paraguaias de Pedro Juan Caballero, Capitán Bado e Amambay, e quando foi preso, em 2004, era já um senhor de 57 anos, idade quase inalcançável para aqueles na linha de frente do crime. Ele foi flagrado em um avião com 265 quilos de cocaína pura, na companhia de um ex-vice-prefeito de Ponta Porã. Foi extraditado para os Estados Unidos, acusado de trocar armas por drogas com os narcoguerrilheiros das Farc. Negociou delação premiada com os americanos, mas descumpriu o acordo quando voltou ao Brasil, em 2009, e despareceu do radar das autoridades.

Os traficantes atacadistas dedicam-se às atividades de produção, refino, intermediação, transporte e distribuição em larga escala de maconha e cocaína. Também articulam o financiamento das atividades ou a lavagem do dinheiro proveniente do comércio ilícito. Em geral, são vistos como "pessoas de bem", empresários, fazendeiros ou comerciantes bem-sucedidos e bem relacionados social e politicamente. Não raro circulam com autoridades políticas, policiais e até com membros das instituições de Justiça — de um lado e de outro da fronteira. Nos últimos trinta anos, esses narcotraficantes estabeleceram relações comerciais com grupos brasileiros como PCC e CV. Houve cooperação, mas também conflitos violentos, que demandaram intensa movimentação local para rearticular as conexões que permitem o escoamento das mercadorias dos países produtores até o mercado consumidor.

A situação mudava de figura quando a droga chegava às bocas de fumo das cidades para ser vendida no varejo. A condição do traficante varejista sempre foi a mais vulnerável da rede. Os conflitos podiam ser fratricidas e individuais, como no varejo paulista, ou contra policiais, justiceiros e grupos de jovens rivais do bairro, traficantes ou não, como nas guerras hierarquizadas nos morros cariocas. É essa parcela inferior, formada por um pequeno exército de vendedores, mão de obra barata, despreparada e armada, que concentra a maior parte da violência da extensa rede de tráfico de drogas.

A chegada do PCC às fronteiras, na esteira de Fernandinho Beira-Mar, marca essa nova etapa das relações empresariais do crime. O PCC transforma o cenário ao avançar como grupo disposto a organizar a cena criminal e atuar como agência reguladora da atividade. A proposta de agir com diplomacia e costurar uma ampla rede de parceiros, por mais que fizesse parte do discurso, produziria inevitáveis embates com gente que ganhava dinheiro fazia anos na região, caso de Jorge Rafaat.

"A fronteira é um lugar perigoso, um lugar dominado por narcotraficantes. Um lugar de guerra", afirmou Celsinho, outro membro da Sintonia Final dos Estados e Países do PCC. A afirmação de Celsinho, em entrevista a um dos autores deste livro, foi colhida numa penitenciária localizada na área da fronteira sul-mato-grossense, onde cumpre pena por tráfico internacional de drogas, homicídio qualificado, posse ilegal de armas e formação de quadrilha. Antes disso, passou quase dez anos preso no Paraguai, onde cumpriu pena por tráfico de drogas após ser detido pela polícia com mais de cem quilos de cocaína pura escondidos num fundo falso de uma caminhonete em meados dos anos 2000. Em 2014, foi extraditado para o

Brasil. Aqui, já tinha passagens por prisões de São Paulo e Minas Gerais desde o fim da década de 1990.

Celsinho, em 2005, foi acusado de planejar a morte do então juiz titular da vara federal em Ponta Porã, Odilon de Oliveira, e também de ser um dos mandantes do atentado ao senador paraguaio pelo Partido Liberal Radical Autêntico (PLRA) Robert Acevedo, em abril de 2010. Nesse episódio, o senador foi alvejado por dois tiros, e dois de seus seguranças foram assassinados em Pedro Juan Caballero. Ao descrever a tensão nas fronteiras, Celsinho sabe do que fala. Natural de Ponta Porã, sua trajetória pessoal e criminal está vinculada aos negócios ilícitos da região, o que o credenciou como peça-chave nas pretensões do PCC. Não deixa de ser irônico que uma pessoa com a extensa ficha criminal de Celsinho defina a fronteira como local "perigoso". Ele próprio, violento e temido, ficou conhecido por sua atuação como pistoleiro contratado por grandes narcotraficantes. Não demorou para que formasse um verdadeiro exército do qual era o comandante. Da pistolagem para o tráfico de drogas, foi uma transição "natural". O pistoleiro montou os próprios negócios, a própria rede de distribuição de drogas, da qual a cidade de Betim, em Minas Gerais, era um dos principais destinos.

A instabilidade que caracteriza essas relações comerciais, em que uma nova guerra está sempre na iminência de eclodir, nunca agradou às lideranças do PCC. Como o tráfico de drogas, há muito tempo, se tornou o carro-chefe econômico da facção, a instabilidade e a disputa regular entre os diversos grupos na fronteira passaram a ser um grande incômodo. Conforme afirma Celsinho, a fronteira "não tem disciplina, ela ainda precisa evoluir". A facção não tem economizado esforços para reduzir intermediários e controlar as diversas etapas da produção e comércio da cocaína e da maconha. Empreendidos pelo PCC nos últimos anos, esses esforços têm aumentado as tensões e desorganizado as dinâmicas criminais cristalizadas nas regiões de fronteiras. Apesar dos riscos e da instabilidade, essas regiões eram o destino inevitável da facção, que, depois de organizar o mercado criminal paulista, podia ter ambições ainda maiores, influenciando o crime no Brasil e no continente, dialogando com as grandes organizações criminosas do mundo. Mais uma ironia nessa história toda, talvez a maior de todas: de dentro das prisões, criadas para confinar e conter o crime, o PCC seguia firme no caminho de alcançar os quatro cantos do mundo.

***

Conforme o avanço do PCC pelas fronteiras evoluía, era possível identificar mudanças no mercado de drogas brasileiro. Um dos reflexos da expansão dessa rede de vendas aparecia nas cenas de consumo das cidades. Levantamentos feitos pelo Escritório das Nações Unidas sobre Drogas e Crime (UNODC) identificaram o aumento do consumo da cocaína no Brasil, transformando o mercado nacional num ponto fora da curva em relação ao restante do mundo. Enquanto o consumo da droga vem registrando quedas sucessivas em nações da Europa, nos Estados Unidos e no Canadá — fenômeno acompanhado pela tendência de queda na produção na Colômbia —, o mercado consumidor na América do Sul, puxado pelo Brasil, teve aumento de mais de 50% entre 2010 e 2012. As estimativas mostram que cerca de 1,75% da população adulta brasileira é atualmente consumidora da droga, em pó ou em pedra. O consumo de crack também se consolidou nacionalmente. A pedra já provoca problemas em 98% das 3950 cidades do Brasil mapeadas no estudo coordenado pela Confederação Nacional dos Municípios. Os efeitos são sentidos principalmente nos bairros mais pobres dos estados brasileiros.

A ilegalidade da mercadoria comercializada e os riscos envolvidos na operação possibilitam lucros exorbitantes, entre os mais altos do mundo, para aqueles dispostos a arriscar a vida e a liberdade. As pessoas dispostas a se aventurar no ramo, portanto, aceitam a aposta porque a bolada que vem em troca é uma enormidade. É sempre difícil estimar os valores envolvidos nesse mercado. Segundo a UNODC, a receita mundial do comércio de entorpecentes no mundo gira em torno de 300 bilhões de dólares por ano. O Brasil ficaria com cerca de 5% a 10% desse montante. Cálculos feitos em 2016 pela Consultoria Legislativa da Câmara dos Deputados mostraram que o mercado consumidor de drogas brasileiro produzia uma receita anual em torno de 14,5 bilhões de reais, dinheiro empregado na compra de armamentos e financiamento de outros crimes, além de articular a resistência contra o Estado democrático e a opressão violenta sobre comunidades pobres. Se considerada a venda para mercados externos, o total de recursos cresce ainda mais. A questão é que as drogas não são produzidas no Brasil. Precisam ser importadas.

A cocaína, por exemplo, tem o processo de produção iniciado com o cultivo da folha de coca, planta ambientada ao clima de altitude da cordilheira dos Andes, no Peru e na Bolívia, que passou a ser processada e distribuída pelos empreendedores colombianos. As fazendas de folha de coca na Bolívia, Colômbia e Peru precisam, numa primeira etapa, transformar a matéria-prima em pasta de coca e pasta-base. Segundo dados colhidos e estimados na Operação Trapézio da Polícia Federal, em 2014, um arbusto da planta produz pouco mais de 125 gramas de folhas de coca. Cada 120 quilos de folhas de coca viram um quilo de pasta-base, o que significa que são necessários 960 arbustos para produzir essa quantidade do produto. O passo seguinte, a transformação de pasta-base em cloridato de cocaína — o pó destinado ao consumo final, que ainda pode ser misturado a materiais baratos para dar volume —, demanda mais conhecimento. Um pequeno laboratório precisa ser montado para refino e manuseamento de produtos. Primeiro são adicionados metano, amônia e ureia. Em seguida, o produto é dissolvido em éter, filtrado e misturado ao ácido clorídrico e à acetona. O processo de refino pode se dar em pequenos laboratórios nas áreas produtoras ou nos arredores dos centros consumidores, o que oferece aos atacadistas a possibilidade de pesar custos e benefícios antes de optar pelo manuseio da droga.

A mercadoria pode ser transportada na forma de pasta-base, para o refino em laboratórios nacionais, aumentando assim os lucros — e riscos — do traficante, ou como cloridrato de cocaína, para ser misturada com produtos mais baratos e aumentar a venda no varejo. O beneficiamento, ou seja, a mistura de outros componentes, de 1,2 quilo de pasta-base pode resultar em um quilo de pó com 90% de pureza. O maior desafio nessa indústria é o transporte dos centros produtores para os grandes mercados consumidores.

Um dos maiores empreendedores na história do tráfico, o colombiano Pablo Escobar se destacou como pioneiro na articulação das diversas pontas desse processo produtivo. Sua meta era melhorar a oferta para o mercado consumidor norte-americano. Liderando o Cartel de Medellín entre meados de 1970 e o começo dos anos 1990, Escobar começou a mudar a história da distribuição de drogas no mundo. Ele comprava a mercadoria da Bolívia e do Peru, como os demais. Contudo, em vez de mandar a droga para os Estados Unidos por mulas, acabou se associando a pilotos de avião e transformou para sempre a escala de distribuição de cocaína e outras drogas. O narcotraficante colombiano depois criou a própria rede de transporte, com aviões, navios e até mesmo submarinos para fazer a mercadoria chegar ao consumidor final. No auge da atuação do Cartel de Medellín, a Colômbia mandava mensalmente para os Estados Unidos cerca de 70 a 80 toneladas de cocaína. Segundo estimativas da época, o quilo da droga saía dos centros produtores ao custo de mil dólares, para ser vendido nas ruas americanas por 50 mil dólares. Um comprador americano que gastasse 5 milhões de dólares para levar cinco toneladas de pó para seu país poderia obter 250 milhões de dólares.

Para abastecer o mercado, a partir da década de 1990, os colombianos passaram a investir também em fazendas produtoras na selva, principalmente nos territórios dominados pelas guerrilhas, como as Farc. O acesso aos canais de distribuição da droga, contudo, continuou sendo a principal fonte de poder e dinheiro. Mais do que a capacidade de produzir, o grande trunfo nesse mercado é a habilidade de construir canais para inundar os mercados finais com um produto proibido. Tanto que o amplo domínio de todas as fases da cadeia de produção pelos colombianos não impediu a ascensão dos cartéis do México, que tiraram proveito de sua posição estratégica na fronteira com os Estados Unidos, o maior mercado consumidor de drogas no planeta. Pelo menos sete grandes cartéis mexicanos passaram a disputar esse mercado, que foi liderado pelo Cartel de Sinaloa, de Joaquín "El Chapo" Guzmán, o traficante mais famoso do mundo. A extradição de El Chapo para os Estados Unidos em janeiro de 2017 abriu novas disputas dos cartéis mexicanos pelas trilhas com destino aos mercados estrangeiros.

O PCC percebeu que o caminho do dinheiro envolvia a pavimentação dessas rotas de abastecimentos para o mercado nacional e externo. Existem diversas rotas em que a cocaína proveniente da Colômbia, do Peru ou da Bolívia atravessa a região amazônica e embarca para a América Central ou para a África a partir de portos e aeroportos localizados nas regiões Norte e Nordeste do Brasil. Apesar da variedade de alternativas, uma quantidade significativa da droga oriunda da região andina ingressa no Brasil através do Paraguai, entreposto de fundamental importância para os carregamentos de pasta-base ou cloridrato que tenham o Brasil como mercado consumidor ou como rota e porta de saída da droga destinada à Europa ou à África, exportada a partir das regiões Sul e Sudeste.

A localização estratégica e a fragilidade da fiscalização, associadas diretamente à corrupção policial e de autoridades políticas e judiciais, fizeram do Paraguai o destino de brasileiros foragidos da Justiça, muitos dos quais fincaram raízes no país vizinho, sendo que vários construíram impérios com o comércio de maconha, cocaína e armas.

Nesse tabuleiro nacional e internacional do mercado de drogas, a movimentação do PCC produziu efeitos diversos, apesar de interligados. No caso de São Paulo, o maior estado consumidor de drogas do Brasil e onde estão os principais traficantes nacionais e internacionais, a violência, surpreendentemente, despencou, alcançando as menores taxas da história. São inegáveis os méritos nas políticas de segurança pública e da sociedade civil paulista em controlar a violência desse comércio, que ganhou características semelhantes ao de países desenvolvidos, onde o consumo é elevado, mas não produz violência. Em compensação, também são indiscutíveis as fragilidades dessa política. Afinal, a pacificação dependeu da capacidade do PCC em construir um discurso de união do crime e organizar o interesse dos empreendedores de drogas numa mesma direção.

Em São Paulo, a facção conseguiu funcionar como agência reguladora do mercado de drogas, costurando uma ampla rede de parceiros que passou a conviver conforme as novas regras do crime, estabelecidas por salves e estatutos, na qual o homicídio só ocorreria com o aval do grupo. O mecanismo de punição dos desviantes ganhou credibilidade e eficiência graças ao amplo domínio no sistema prisional e à conquista do atacado das drogas, que ampliou a hegemonia em São Paulo. O PCC tornou-se o grande mediador de conflitos num ambiente antes povoado por pequenos grupos regidos pela lei do mais forte. A pacificação, dessa maneira, agradou ao crime e às autoridades porque reduziu rebeliões e homicídios — apesar da superpopulação carcerária e da falta de vagas no sistema —, ao mesmo tempo que contribuiu para a expansão do faturamento dos criminosos ligados a essa rede.*

A simbiose improvável de interesses foi fundamental para que os paulistas alcançassem esse equilíbrio longevo no mercado de drogas local.

No resto do Brasil, a situação foi bem diferente. As aventuras do PCC nas fronteiras e sua expansão pelos estados, longe de promover uma união nacional dos criminosos, acirraram as disputas entre grupos varejistas e lideranças prisionais. Um dos sintomas desses conflitos foi o crescimento dos

---

* O debate em torno da redução dos homicídios em São Paulo é extenso. No geral, os estudiosos concordam que existiram vários fatores que contribuíram para a redução, como mudança na pirâmide etária da população, maior rigor no controle de armas, mais eficiência nos trabalhos policiais, entre outros. Desde o início da última década numerosos trabalhos acadêmicos, especialmente na antropologia e na sociologia, com base em metodologias de natureza qualitativa, apontam a importância do papel do PCC para reorganizar o mundo do crime a partir dos presídios paulistas e assim ajudar na queda das taxas de homicídios em São Paulo. Nos últimos anos, diversos trabalhos no campo da economia e da ciência política também se esforçaram, em diferentes direções — inclusive com a construção de modelo econométrico —, para encontrar variáveis que pudessem ou não corroborar o que as pesquisas qualitativas já apontavam.

homicídios nas localidades onde o PCC tentava se firmar. A facção paulista foi protagonista do desequilíbrio que aumentou a violência e promoveu disputas a bala pelo poder em mercados locais. Entre 2004 e 2014, as taxas de homicídios mais do que dobraram no Rio Grande do Norte, Maranhão, Ceará e Sergipe. No Pará e no Amazonas, o índice quase dobrou. Esses estados figuravam entre os menos violentos do Brasil nos anos 1980 e 1990.

Gangues regionais foram formadas e passaram a se articular no sistema carcerário antes de se espalhar pelas quebradas. Houve alianças com gangues parceiras, o que trouxe armamentos mais pesados para o cotidiano desses lugares. O crime passaria a lidar com acordos constantes para definir aliados e rivais. O racha do PCC com o CV produziu novos arranjos entre os grupos, o que aumentou a instabilidade nos estados. Isso teve efeito no cotidiano das cidades, assustando moradores antes livres desses problemas, principalmente no Norte e no Nordeste.

O quadro colocou o país em uma posição incômoda, com mais de 60 mil mortes violentas por ano, a maior taxa entre todas as nações do mundo. Esse crescimento ocorreu mesmo com a melhora em indicadores sociais importantes, como educação, renda e desigualdade. Os governos locais foram pegos de surpresa diante dessa realidade. Despreparados, usaram os mesmos remédios de sempre, aplicados sem sucesso na tentativa de controlar a violência. Policiais militares foram novamente enxugar gelo nos territórios suspeitos para encher as prisões de seus estados, numa reedição de guerras contra traficantes. Depois de prisões e mortes, dado o lucro estratosférico do setor, sempre havia outra quadrilha para ocupar o lugar vago. Inteligência e estratégia para diminuir o poder de fogo e frear a capacidade de investimento desses grupos, táticas de sucesso de polícias em todo o mundo, ainda deixam a desejar no Brasil. As autoridades preferiram abusar da violência e do voluntarismo do policiamento ostensivo, como se fosse outra gangue rival, apenas um pouco mais armada e poderosa. Em vez de garantir o Estado de direito, apenas aceleraram a engrenagem de homicídios.

7.
A expansão

O projeto expansionista do PCC começou a ser elaborado logo depois que o grupo se tornou uma realidade no interior dos presídios de São Paulo. No fim dos anos 1990, quando as lideranças do PCC passaram a ser retiradas dos presídios paulistas para compartilhar as celas com presos de outros estados, os principais nomes do grupo já vinham discutindo a possibilidade de montar uma organização nacional do crime. Nessa época, o PCC ainda tinha uma estrutura organizacional de tipo piramidal e era comandado pelos autodenominados "generais", como Geleião, Cesinha e Misael. A formação de uma liga nacional era, acima de tudo, uma ambição de cunho político, e não econômico. Como os generais estavam cumprindo pena pelo Brasil afora, precisavam ampliar seu apoio e proteção além do estado de São Paulo, propagando o mote de união dos presos. Em vários documentos — estatutos, cartas, salves —, as lideranças do Partido do Crime paulista manifestavam o sonho de construir uma "união nacional do crime". Para tanto, seria primordial se unir ao então aliado carioca, o Comando Vermelho. Era o que indicava uma carta enviada a Cesinha (Exuzinho), preso no Rio de Janeiro, no começo de 2002:

Cela forte de Wescelau II — 12.02.2002
[Para] *Irmão Exuzinho*

Já que estamos em aliança com o Comando Vermelho, você não acha que já é chegada a hora de um mega-evento nacional com objetivos claros e definidos? Um mega-movimento com reivindicações que vão beneficiar todos os presos do Brasil, com certeza vamos obter o apoio de todos, mesmos aqueles que são neutros e a metade dos presos do Brasil vão ser beneficiados e vão sair para a rua com uma dívida de consciência para com o PCC e CV.

Vamos colocar a sociedade em xeque e dividi-la ao meio, uma metade vai nos apoiar e uma outra metade conservadora vai nos criticar, o importante é nós fazermos a sociedade se autoquestionar, forçá-la a tomar uma decisão de que algo tem que ser mudado para melhor em relação aos presidiários do país e que só o PCC tem propostas coerentes com os anseios da massa carcerária do país. [...]

Irmãos, estamos em época de eleição [as eleições presidenciais ocorreriam em outubro de 2002], *os Deputados da oposição vão nos apoiar e vão demolir os Governos Estaduais que só pensam em reprimir em vez de reeducar os presos. Eles vão nos apoiar porque a nossa causa é justa e as reivindicações são justas e eles vão querer que nossos familiares votem neles, que na certa votarão.*

Quanto à pessoa que vai nos representar diante da mídia, cara a cara com o Presidente da República em cadeia nacional de televisão, a gente indica o Julinho [provavelmente, trata-se de Julinho Carambola, ainda hoje integrante da Sintonia Geral Final do PCC e que, à época, estava ascendendo dentro da organização], *que é o nosso porta-voz e o secretário-geral do Comando, ele está super treinado para essa missão e te garanto que ele fecha com chave de ouro.*

Aí no Rio os meninos do Comando Vermelho devem contar com o professor Willian [William da Silva Lima, fundador do CV e autor do livro *Quatrocentos contra um*], *correto?*

O que você acha do Julinho debater com as autoridades na qualidade de comando político do PCC — Partido da Comunidade Carcerária — vinculado ao PCC — Primeiro Comando da Capital? Porque o PCC — Partido da Comunidade Carcerária — já vai demolir aquela falsa imagem que a sociedade, o governo e a imprensa de direita criaram de nós, de Partido do Crime, que só luta pelos interesses somente do crime. Porque a sociedade já criou na mente que o PCC é um grupo de monstros, assassinos e psicopatas [...]

Vamos precisar de dinheiro para financiar a passagem de avião para os nossos intermediários levarem as nossas mensagens escritas até as demais penitenciárias do Brasil que o Comando domina, que são: Bahia, Ceará, Amazonas, Rio Grande do Sul, Mato Grosso do Sul, Santa Catarina, Acre, Paraná, Porto Velho etc Brasília também e, o Comando Vermelho, quanto Estados domina?

O nosso advogado de confiança é o Dr. Anselmo [Anselmo Neves Maia, advogado que em 2001 planejara ser candidato a uma vaga na Câmara dos Deputados para representar os interesses da população carcerária, mas que foi preso em maio de 2002, acusado de fazer parte do PCC], *que já puxou cadeia e sabe que se falhar morre, mas ele sozinho não vai ser fácil, temos que arrumar uns avião para levar daquele jeito as mensagens para os diversos estados do Brasil, o que me diz?* [...]

A chave é só agentes funcionários como reféns e na rua temos que acionar os soldados do Partido em coligação com os soldados do Comando Vermelho para seqüestrarem uns dias antes do "peguei" [rebelião] *nas prisões, eles pegarem alguns deputados e senadores do partido do Governo* [...] *e que apóiam o Governo* [...] *também pegarem uns jornalistas e repórteres da* [...] *para obrigarem a divulgar as nossas reivindicações e as nossas acusações contra o Sistema. A* [...] *faz o jogo do Governo e só divulga o que o Governo pede para ser divulgado, é por isso que os repórteres da [...] têm que ser seqüestrados.*

Esse apoio radical lá de fora é de vital importância para o sucesso da missão aqui dentro, porque sem esse apoio de fora o Governo pode mandar sufocar nós aqui dentro [...]. Irmão, as reivindicações é um mega-movimento nacional, deve ser de alto nível nacional.[...]

Irmão, o que acha de nóis dois ligar o GL [provavelmente Geleião] *e o* PSCO [provavelmente Marcão Psicopata] *pra eles se prepará, mas sem alarmar a todos e quando todo o sistema do Brasil tiver nessa mesma sintonia e lá fora agente tiver uns 2 dep.federal ou senador [...] nas mãos, nós damos nosso grito de guerra: Paz, justiça e liberdade por todo o globo da Terra.* [...]

Irmão, o Governador do Estado de São Paulo fala que o PCC *está morto mas ele nem sonha imagina o quanto estamos vivos e atuantes.* [...]

Foi Deus quem te colocou na galeria do CV *pra nós colocar na prática essa aliança que sempre tivemos no coração e no papel mas agora temos que fazer algo para abalar a nação, uma Revolução. Essa Revolução que está em nosso coração, temos que partir para a ação.* [...]

Cesinha, assim como Geleião, estava preso no Complexo de Bangu, enquanto Misael cumpria um período de isolamento no recém-criado Regime Disciplinar Diferenciado na Penitenciária II de Presidente Venceslau — à época, foi improvisado um espaço na unidade prisional para o cumprimento desse regime, já que a penitenciária específica para isso, o Centro de Readaptação Penitenciária de Presidente Bernardes, só seria inaugurada no ano seguinte.

A longa carta, parcialmente transcrita, redigida por Misael e endereçada a Cesinha, trazia ainda oito reivindicações que seriam feitas no grande evento nacional proposto: direito ao voto para o preso; a realização de um mutirão jurídico para identificar presos com direito à progressão de regime e à liberdade condicional; retorno ao estado de origem de presos que cumprem pena em outros estados; fim da Lei de Crimes Hediondos; o retorno do direito ao número de visitas tal como era antes de 2001; a desativação do Anexo da Casa de Custódia de Taubaté e de Avaré; a formação de uma comissão permanente constituída com membros da sociedade civil para verificar situações irregulares nas prisões; anistia aos presos que cumprem mais de quinze anos de prisão em regime fechado e que nunca tenham obtido nenhum benefício.

O tom político da proposta de mobilização e de enfrentamento ao "sistema" — com o sequestro de autoridades políticas simultaneamente às rebeliões prisionais — era coerente com a forma de atuação do PCC nessa época. A resposta do Estado ao problema das facções envolvia a transferência das lideranças para outros estados. Na carta, Misael sugere aproveitar essa oportunidade da aproximação com os cariocas para pôr em prática a aliança que já existia no papel desde o nascimento do PCC.

De acordo com esses planos, na sua primeira fase, a nacionalização do "crime" seria alcançada através da coligação com o CV, e seus objetivos eram políticos, baseados na pedra fundamental que dá origem ao PCC e gira em torno da questão carcerária, sobretudo a luta contra os abusos, arbitrariedades e injustiças do sistema prisional. A união dos presos seria condição necessária para essas conquistas. A parceria ideológica entre PCC e CV, contudo, nunca ocorreu. Tampouco o megaevento nacional no qual a opressão carcerária seria denunciada. No dia 19 de fevereiro de 2002, uma semana depois de ter escrito a carta e dias após sair do isolamento, Misael foi cercado por cinco presos que chegaram pelas suas costas durante o banho de sol na penitenciária paulista. Um cordão foi passado pelo seu pescoço, ele foi derrubado no chão e espancado. Os algozes bateram repetidas vezes com um rodo na sua cabeça. Em poucos minutos, o fundador do PCC foi morto por traumatismo craniano e estrangulamento.

A ordem para o assassinato de Misael teria vindo justamente da cúpula da organização que ele fundara e da qual fora um dos principais líderes durante nove anos. Organização na qual Misael depositava seus sonhos e esperanças de ser a porta-voz dos direitos dos presos, representante da população carcerária, instrumento de luta política, busca por justiça, enfrentamento ao sistema e ameaça aos poderosos. Era só o começo da disputa fratricida pelo comando do PCC, que provocaria uma profunda reorganização em sua estrutura, forma de funcionamento e objetivos. Dali em diante, os projetos de nacionalização do Partido se distanciariam dos objetivos revolucionários planejados por Misael e se tornariam parte de um projeto econômico dotado de viés ideológico importante, mas diferente daquele expresso na carta escrita pelo fundador do PCC. A equação entre o econômico e o político, duas dimensões complementares na atuação da facção, nunca foi bem resolvida.

A carta de Misael para Cesinha destaca a importância da política de transferências responsável por alocar, lado a lado, lideranças do PCC e das duas maiores facções do Rio de Janeiro, o Comando Vermelho e a Amigos dos Amigos (ADA). Cesinha estava na ala do CV; Geleião, na ala da ADA. Essa aproximação foi importante na conformação da relação do grupo paulista com as facções cariocas. Ainda assim, o PCC nunca comprou a guerra entre as várias facções existentes no Rio de Janeiro. O CV foi um parceiro comercial e aliado para ajudar na convivência nas cadeias e nos territórios de controle dos dois grupos. Mas a ADA e o Terceiro Comando (depois batizado Terceiro Comando Puro), rivais do CV, nunca foram inimigos do PCC. Essa ambiguidade ou isenção que o PCC manteve na relação com os cariocas foi importante no desenvolvimento posterior dessas conexões, assim como para a estratégia dos paulistas de não disputar os territórios fluminenses.

Geleião é explícito a esse respeito em seu depoimento à CPI do Tráfico de Armas em maio de 2005:

> [...] eu deixei bem claro: nós não tínhamos nada a ver com a guerra do Comando Vermelho e o Terceiro Comando. O PCC não se meteria nessa guerra, e eles também não teriam que opinar contra nós em nada, que na época eles tentaram fazer uma pressão, porque acharia que eu tinha de mudar pra galeria do Comando Vermelho, porque o Terceiro Comando era o inimigo. Aí eu falei: "Não, quem manda em mim sou eu, [*eu fico*] no Terceiro Comando".

Embora a carta de Misael mencione estados onde o PCC teria controle sobre as prisões, naquele período era incipiente a presença da facção fora de São Paulo, assim como era questionável sua capacidade de mobilização, exceção feita a dois estados: Paraná e Mato Grosso do Sul. No caso do Paraná, os ideais do PCC começaram a ser disseminados nas prisões a partir de 1998. Entre 1998 e 2002, a estratégia do governo paulista para desarticular o grupo de presos, que promovia uma rebelião atrás da outra em São Paulo, era transferir as lideranças para outros estados. Nesse processo, os fundadores e principais expoentes do PCC até então, Geleião, Cesinha e Misael, entre idas e vindas para vários estados, foram para a Penitenciária Central do Estado (PCE) — a maior unidade prisional do Paraná, localizada em Piraquara, região metropolitana de Curitiba.

A presença das lideranças do PCC no Paraná e a influência sobre a massa carcerária ficaram evidentes na rebelião ocorrida na PCE em junho de 2001. Na ocasião, três presos e um agente penitenciário foram mortos. A rebelião teve duração de quase seis dias e marcou profundamente o sistema prisional paranaense, sendo propulsora, por exemplo, da presença fixa da Polícia Militar dentro daquele estabelecimento prisional. Quase uma semana após o início da conflagração, seus líderes, Geleião, Cesinha e outros 21 presos, tiveram a demanda por transferência para outros estados atendida pelo ministro da Justiça, José Gregori, que também garantiu a integridade física dos presos no trajeto. As transferências ocorreram de acordo com a solicitação dos próprios rebelados, em tese enviados de volta aos respectivos estados de origem: treze presos tiveram como destino os cárceres do estado de São Paulo; quatro seguiram para Santa Catarina; outros quatro foram para Mato Grosso do Sul; um para o Pará; e um para o Amazonas.

As transferências e rebeliões ajudaram o PCC a espalhar sua ideologia pelos presídios. Em depoimento à CPI do Tráfico de Armas em 2005, Geleião confirma ter plantado a semente do PCC no Paraná, batizando presos paranaenses durante o período em que passou por lá. O grupo Primeiro Comando do Paraná (PCP) seria o braço do PCC em território paranaense e atuaria em sintonia com o grupo paulista. De fato, no início de sua expansão para fora do solo paulista, o PCC chegou a adotar, em alguns lugares, a sigla com as letras que se referiam ao estado — caso do PCP. Ainda no fim da década de 1990, no período de peregrinação das lideranças da facção pelo Brasil, o estado de Mato Grosso do Sul também abrigou os principais nomes do PCC — Geleião, Cesinha, Misael e outros. Também ali houve êxito na disseminação do Partido, levada a cabo após a estratégia do governo paulista de fazer permuta de presos. De forma semelhante ao que ocorreu no Paraná, em Mato Grosso do Sul os presos que apresentariam as ideias, o discurso e a organização do PCC paulista adotaram a sigla do estado à sua nomenclatura, fundando o Primeiro Comando do Mato Grosso do Sul (PCMS).

No decorrer do processo de consolidação do PCC nesses estados, contudo, houve uma ruptura. Os comandos fundados como braços do PCC fora de São Paulo acabaram por demandar autonomia em relação à matriz. Como a declaração de independência não havia sido combinada, os grupos entraram em conflito e se tornaram inimigos. É possível afirmar que, em 2006, quando presos de Mato Grosso do Sul e Paraná se rebelaram em solidariedade aos "ataques de maio de 2006" organizados pelo PCC em São Paulo, o PCC já se afirmava nesses estados a partir de sua nomenclatura original, em oposição aos respectivos grupos locais. O certo é que tanto o PCP quanto o PCMS deixariam de existir. Seus integrantes foram mortos ou "rasgaram a camisa", ou seja, abandonaram a facção anterior e aderiram ao PCC.

A mudança de estratégia foi expressa na segunda versão do estatuto do PCC, documento que circulou em 2011, ano em que a facção completou dezoito anos de existência. O item 12 desse documento deixa claro:

> O Comando não tem limite territorial, todos os integrantes que forem batizados são componentes do Primeiro Comando da Capital, independente da cidade, estado ou país, todos devem seguir a nossa disciplina e hierarquia do nosso estatuto.

A presença do PCC em Mato Grosso do Sul e no Paraná esteve diretamente atrelada às estratégias de transferência das lideranças. Mais uma vez, a facção cresceria a partir das brechas e erros do governo paulista. Assim o PCC se afirmaria como grupo majoritário justamente em dois estados cujas fronteiras constituem as principais portas de entrada de drogas ilícitas em território brasileiro, especialmente as destinadas às regiões metropolitanas do Sudeste, o principal mercado dessas substâncias. A presença mais ostensiva do PCC ocorreu em cidades estratégicas, destacando-se os municípios próximos à tríplice fronteira do Paraná e as cidades sul-mato-grossenses Ponta Porã, Bela Vista, Coronel Sapucaia e Corumbá. A presença no Paraná e em Mato Grosso do Sul garantiu ao PCC vantagens em relação a traficantes dos demais estados brasileiros, determinando a posição privilegiada assumida pelo grupo paulista. O acesso aos centros de produção e distribuição de maconha e pasta-base de cocaína permitiu ao PCC firmar posição no mercado atacadista nacional, tornando-se o principal distribuidor para o mercado brasileiro em quase todas as regiões do país. A influência nessas regiões impulsionou o processo de nacionalização do PCC, que se intensificaria anos depois.

Entre 2005 e 2006, depoimentos na CPI do Tráfico de Armas confirmavam que o PCC estava se tornando uma preocupação para além do território paulista. Àquela altura, já excluído e jurado de morte pela nova cúpula, Geleião confirma de maneira categórica a presença do PCC no Paraná e em Mato Grosso do Sul. Em razão da insistência de alguns parlamentares, o depoente responde pontualmente sobre a situação em outros estados:

[Deputado] Por exemplo, Pernambuco?
[Depoente Geleião] Pernambuco, não tenho notícia. É mais fantasia.
[Deputado] Mato Grosso. Rio Grande do Sul, nada?
[Depoente Geleião] É. Rio Grande do Sul, Florianópolis...
[Deputado] Também?
[Depoente Geleião] É, porque tem muito integrante. Na rebelião do...
[Deputado] Minas Gerais?
[Depoente Geleião] Minas Gerais, têm alguns perdidos por lá, sim.
[Deputado] Bahia?

[Depoente Geleião] Bahia tem, porque teve o finado Wander Eduardo, o Wanderjão. Ele esteve uma temporada lá e batizou alguém lá.
[Deputado] Certo. No Norte tem alguém? Por exemplo, Pará?
[Depoente Geleião] Não.
[Deputado] Amazonas?
[Depoente Geleião] Para lá, não.

O PCC, como se nota, só chegou aos estados do Norte e Nordeste com mais força num momento posterior. Na mesma CPI e na mesma data do depoimento do ex-líder do PCC, o delegado Ruy Ferraz Fontes, na época responsável pela Delegacia de Roubo a Bancos, da Polícia Civil paulista, também falou sobre o PCC.

[Deputado] [...] Agora, eu só queria saber isso: quais são os outros estados em que se estendeu isso [o PCC]?
[Delegado] Os que eu tenho comprovação: Bahia, Mato Grosso do Sul, Rio de Janeiro, São Paulo e Paraná.

Como narra Geleião, as ideias do PCC chegaram ao estado de Santa Catarina ainda em 2001, levadas por ele mesmo. Em terras catarinenses, diferentemente do que ocorreu com os estados de Mato Grosso do Sul e Paraná, onde as lideranças do PCC permaneceram por meses, passando de cadeia em cadeia, o general ficou poucos dias, menos de uma semana. Não houve tempo para criar uma filial ali. Mesmo assim, o estado não ficaria incólume, tamanha a capacidade de liderança, persuasão e comunicação desses presos. Além disso, a ideia de união dos detentos contra o "sistema opressor" era sedutora e rapidamente comprada por aqueles que compartilhavam a mesma situação.

As sementes lançadas pelas ex-lideranças do PCC germinariam e reconfigurariam os cárceres do estado. A violência policial, as torturas sistemáticas dentro das prisões e a política de encarceramento massivo estimulavam os presos a se organizar e reagir. O Primeiro Grupo Catarinense (PGC), a principal resistência local, tinha estrutura, regras e procedimentos similares aos do PCC. Foi criado em 2003 na Ala Máxima da Penitenciária de Florianópolis, mas foi na transferência desses presos para o então inaugurado Complexo Penitenciário do Estado, em São Pedro de Alcântara, que encontraria condições para se expandir, fazendo dessa unidade prisional o seu reduto. Da mesma forma que ocorrera no Paraná e em Mato Grosso do Sul, em Santa Catarina nascia um grupo similar e influenciado pelo PCC, com autonomia financeira e decisória, embora mantivesse uma relação de cooperação e de parcerias comerciais com o seu inspirador paulista. Essa relação começaria a se tensionar em 2009.

A partir do lema "Paz, Justiça e Liberdade", as lideranças do PCC avançavam ao convencer parte da massa carcerária a se organizar contra o sistema. A difusão do discurso era facilitada pela situação calamitosa das prisões, que proporcionava a base material para a ancoragem do apelo ideológico formulado pelos fundadores. Os propagadores dessas ideias eram lideranças com carisma e capacidade de comunicação. Nesse primeiro momento, o crescimento do PCC tinha um componente marcadamente ideológico e político. O fortalecimento buscava criar mecanismos de defesa na guerra que o Estado havia declarado contra eles. Muitos dos traços característicos desse primeiro momento da expansão do PCC para além de São Paulo desaparecem ou são completamente reformulados na sequência desse processo, especialmente após 2006.

***

A nacionalização do PCC foi bastante complexa. Até porque não se trata de um único processo, mas de processos distintos, com lógicas e dinâmicas próprias. Há a expansão dentro dos cárceres e, concomitantemente, a expansão fora das prisões. Cada uma carrega especificidades, embora essas duas dinâmicas — dentro e fora das prisões — se complementem e se reforcem mutuamente. Outro processo através do qual se deu a expansão dos grupos organizados dos estados do Sudeste para as demais regiões do Brasil, principalmente Norte e Nordeste, foi a migração de indivíduos vinculados a esses grupos. Muitos deles, especialmente do PCC, atuavam em quadrilhas vinculadas a grandes roubos — bancos, carros-fortes, cargas. Várias dessas quadrilhas passaram a buscar refúgio em localidades desprotegidas, com menor capacidade de responder à contundência de crimes ousados, que podiam envolver o uso de armas de fogo de alto calibre e altos rendimentos. Outras ações eram caracterizadas por sofisticado planejamento tático, organização, invisibilidade, silêncio e ausência de qualquer ação violenta. Era o início de um processo de migração criminal dos centros urbanos para as regiões mais distantes.

Nesse ponto, o assalto aos cofres do Banco Central do Brasil em Fortaleza, em agosto de 2005, foi emblemático. Era o maior ataque a uma instituição financeira já ocorrido no Brasil: na época, foram furtados aproximadamente 165 milhões de reais, valor que em 2018, corrigido de acordo com o Índice Geral de Preços do Mercado, corresponderia a 328 milhões de reais. Foi uma ação literalmente cinematográfica — virou filme que teve estreia em 2011 —, caracterizada pelo planejamento meticuloso e pela sofisticada organização. As investigações da Polícia Federal indicam pelo menos três meses de preparo e execução de obras (a principal delas, um túnel de quatro metros de profundidade, cerca de oitenta metros de extensão e setenta centímetros de diâmetro) cujo custo estimado foi de 400 mil reais.

Como o furto ocorreu quando o banco estava fechado (dias 5 e 6 de agosto), o crime só foi descoberto 44 horas depois, tempo mais do que suficiente para a fuga. Aparentemente, a quadrilha se dispersou em várias direções, seguindo para São Paulo, Goiás, Piauí e Pará. Em 2015, haviam sido denunciadas 133 pessoas. Vários acusados foram presos, mas grande parte já terminou de cumprir a pena ou fugiu, alguns nunca foram encontrados e outros foram mortos. De acordo com o delegado Antonio Celso, que conduziu as investigações, diversos acusados que acabaram presos relataram extorsões e sequestros envolvendo advogados, outras quadrilhas e até mesmo policiais. Foi o caso de Luiz Fernando Ribeiro, apontado como um dos mentores e financiadores do crime. Ele foi sequestrado e morto mesmo após o pagamento do resgate por sua família, no valor de 2 milhões de reais, na cidade mineira de Camanducaia. A circunstância da morte de Fê, que era vinculado ao PCC e atuava no tráfico na região do Capão Redondo, extremo sul de São Paulo, foi esclarecida pouco tempo depois. Um policial civil de São Paulo teria sido o responsável pelo crime.

Segundo as investigações, na quadrilha que participou do furto havia vários ex-presidiários de São Paulo que adquiriram *know-how* de escavação de túneis para fugas da prisão. Muitos eram ligados ao PCC. Foi criado um consórcio criminoso que reunia pessoas com capacidade financeira — políticos e engenheiros entre eles — e habilidade técnica para planejar e executar a ação. Esse evento marcou um novo patamar de organização e ousadia nos ataques às instituições financeiras.

Além dos furtos bilionários e sofisticados cuja execução demandava inteligência, planejamento, gestão, organização e financiamento, a segunda metade dos anos 2000 conheceu outras formas de ataque. Sedes de empresas de guarda e transporte de valores, carros-fortes e caixas eletrônicos tornaram-se alvo de quadrilhas especializadas cuja atuação ultrapassou as grandes cidades, migrando para regiões, estados e localidades afastadas dos centros comerciais e industriais. O "novo cangaço" faz parte dessa modalidade, e caracteriza-se pelo uso intensivo de armas, participação de pelo menos dez pessoas no bando, escolha de cidades distantes de centros urbanos e ataques simultâneos a instituições financeiras e a bases da polícia. Em diversos casos, há o sitiamento da cidade, com fechamento de acessos, ruas e locais estratégicos, seja para a chegada da polícia, seja para a fuga da quadrilha. Esses ataques podiam envolver o sequestro de familiares e funcionários das instituições financeiras e o uso de explosivos.

Marcola fora precursor de ações planejadas que viraram modelo dentro do PCC. Em julho de 1998, coordenou em São Paulo, em parceria com seu irmão, Alejandro Juvenal Herbas Camacho, o Júnior, o roubo de 15 milhões de reais (em valores da época) da Transprev — empresa de transporte de valores na capital. Uma equipe de criminosos ajudou no levantamento detalhado das operações e cotidiano da empresa, auxiliada por um ex-funcionário da área de segurança. Os endereços dos vigilantes e de seus chefes foram registrados. No dia do crime, os ladrões invadiram o apartamento do coordenador de segurança da empresa e sequestraram sua família. Em seguida, levaram-no para a sede da Transprev, garantindo a entrada dos demais criminosos. Para convencer os demais vigilantes a não reagir, a quadrilha mostrou a eles fotos de familiares tiradas dias antes. O roubo foi executado sem tiros. As investigações da polícia identificaram o procedimento da ação, que no ano seguinte levaria à prisão de Marcola. Júnior foi morar em Fortaleza depois de fugir do Carandiru, em 2001, onde viveu disfarçado de empresário. Continuou em liberdade até 2006 e teve um papel importante na articulação do furto ao Banco Central.

Os assaltantes se profissionalizavam e passavam a escolher os alvos para diminuir os riscos e aumentar os ganhos. Os roubos também eram importantes para acumular o capital depois investido na compra de drogas. Os caixas eletrônicos 24 horas, expostos nas ruas, sem segurança e cheios de dinheiro, tornaram-se a bola da vez. Os ataques com explosivo se intensificaram em cidades pequenas e médias a partir de 2010. As ocorrências se disseminaram por todas as regiões, notadamente nas áreas distantes dos centros urbanos. Piauí, Ceará, Bahia, Sergipe, Paraíba, Pernambuco, Alagoas, Mato Grosso, Mato Grosso do Sul, Pará, São Paulo, Paraná, Rio Grande do Norte, Minas Gerais. Em todos esses estados ocorreram ações entre 2010 e 2018. O problema se tornou tão preocupante que no início de 2018 a Polícia Civil mineira anunciou a criação de uma delegacia especializada no combate ao "novo cangaço" em Minas Gerais.

De acordo com policiais, as diversas modalidades de ataques a instituições financeiras são praticadas por quadrilhas altamente especializadas que migram de um local para outro. Muitas de suas lideranças são provenientes de São Paulo e vinculadas ao PCC. Os líderes detêm expertise para planejar e executar a ação, dispõem de uma rede para recrutar o número de pessoas que a empreitada exigir e, especialmente, obter, manusear e distribuir o pesado armamento geralmente utilizado nas ações. A necessidade de armas de grosso calibre ou explosivos — fuzis, metralhadoras, dinamites, granadas — e a capacidade técnica requerida para utilizá-las tornam a participação nessas ações restrita a poucos indivíduos e delimita claramente os contornos das quadrilhas. Evidentemente, as redes constituídas entre esses indivíduos são um espaço de socialização dos conhecimentos técnicos e estratégicos necessários para a empreitada criminosa. Não é qualquer um que participa de uma ação do "novo cangaço"; não é qualquer pessoa que explode um caixa eletrônico com sucesso; muito menos que arromba o cofre central de uma empresa de transporte de valores ou um carro-forte. As polícias trabalham a partir da premissa de que são poucas quadrilhas, lideradas por indivíduos bastante conhecidos, as responsáveis pelos ataques a banco nas cinco regiões do país. A multiplicação do capital dos roubos é garantida pelo tráfico de drogas, que também se diversificou. Basta usar o capital roubado para comprar mercadoria e depois trabalhar para embolsar os lucros estratosféricos proporcionados por esse comércio ilegal.

Os ataques às instituições financeiras eram um desdobramento da rede que se interligava e permitia a convergência de diferentes modalidades de crime. A inteligência centralizada do PCC e sua capacidade de se conectar com várias cidades do Brasil permitiam ao grupo escolher estrategicamente os alvos indefesos e identificar os parceiros adequados. Os bancos supervigiados de São Paulo e a chegada rápida da polícia na capital empurravam as ações para outros estados e para o interior paulista. Novas parcerias e contatos eram feitos. O capital para investimento no tráfico chegava mais facilmente com planejamento. A inteligência e o conhecimento acumulados pelo crime paulista se tornariam modelo de ação para outros grupos. A nova rede ligaria as pontas no mundo do crime, integrando "vidas-lokas" dos mais variados sotaques.

***

A partir de meados dos anos 2000, as dinâmicas de expansão se diversificaram e assumiram um componente marcadamente econômico. O delegado Ruy Ferraz Fontes, em depoimento à CPI do Tráfico de Armas em 2005, apresentou uma versão para a mudança ocorrida no âmbito do PCC:

[Delegado] Quando ele [Cesinha] foi transferido para o Rio [RJ] que ele levou a ideia para o Rio. [...] Quando a gente ouviu o Chapolim [traficante vinculado ao CV, considerado braço direito de Fernandinho Beira-Mar, que foi grampeado por policiais paulistas e ficou preso em Bangu na mesma galeria que o então líder do PCC, Cesinha], de meio-dia às seis, ele falava assim: "olha, você cobra a maconha" — ele falava para o gerente do tráfico dele que estava na rua — "você cobra a maconha a 2 reais, porque aqui custa tanto. Você tem que pagar tanto de cesta básica, você tem que pagar tanto pelo não sei quanto, o quilo da maconha tem que custar tanto". Era empresarial. O PCC, não. O PCC era idealista: "não, temos que salvar nossas famílias". A conversa deles, aquilo que ele transmitia para os demais indivíduos da massa carcerária era outra coisa, não era dinheiro, não era empresa. "Temos que nos unir para nos proteger." É assim. Eles começam o cumprimento deles [...] "Irmão, você é irmão do partido? Então, irmão, beijinho no seu coração." Todos eles falam isso. O José Márcio [Geleião] pode falar disso melhor que eu. Eles não tinham o caráter empresarial. Eles ganharam o caráter empresarial no Rio de Janeiro, quando eles conheceram o Chapolim. Eles viam como o Chapolim organizava o tráfico de entorpecente lá, como ele fazia para conseguir descobrir o quanto custava o entorpecente, se ele ia dar lucro ou não na venda, e trouxeram para São Paulo. Isso não existia. Era extremamente idealista e de caráter ideológico a existência do PCC. E ele nasceu porque achavam que os presos de 1993 estavam sendo injustiçados no Presídio de Segurança Máxima de Taubaté [...]. Era essa a concepção do PCC. Hoje não é mais. Hoje ela é empresarial. Ele quer saber quanto é que está ganhando os pontos de entorpecentes, se o crime rendeu alguma coisa ou não, quanto é que estão depositando no caixa do PCC e como é que esse dinheiro circula [...].

A nova mentalidade do crime chegava para provocar abalos nas regiões Norte, Nordeste, Centro-Oeste e Sul. As atividades criminais, mesmo as minoritárias, passariam a ser executadas por homens armados, dispostos a ganhar dinheiro, seduzindo os jovens locais a embarcar na aventura. Com a profissionalização do varejo da droga e o incremento do acesso a armas de fogo em áreas até então livres desses problemas, a violência começou a se multiplicar. O problema se agravaria com a migração dos bandos atuantes nos ataques às instituições financeiras. As polícias e os grupos de extermínio ingressaram nessa festa macabra; sem contar as prisões, logo transformadas na central de planejamento. O conflito imaginário, criado para justificar a truculência e o desrespeito dos direitos por parte das autoridades, lentamente assumia contornos reais.

Para o PCC, conforme apontou o delegado paulista, o tráfico de drogas tornou-se uma atividade econômica decisiva para o financiamento das operações e impulsionou a migração de seus membros para desbravar contatos com potenciais parceiros, como representantes comerciais numa empresa próspera. As redes, antes costuradas a partir dos presídios, foram se estendendo pouco a pouco. A facção passaria a funcionar como agência reguladora do mercado de drogas. Também assumiria o protagonismo no atacado e no varejo da mercadoria, tanto como "pessoa jurídica", negociando em nome do partido, como pela ação dos diversos filiados, que empreenderiam como "pessoas físicas". Em outubro de 2011, o projeto de ampliação da presença do Partido do Crime no comércio de drogas foi delineado e transmitido por uma liderança do PCC através de um salve:

[...] *vou aproveitar para expor a vocês um projeto que após a aprovação de todos, pretendo inicia-lo* [...].

O progresso sofrerá uma mudança enorme, hoje nada mais somos do que fornecedores dos irmãos que em grande parte só participa por obrigação, mas se queremos crescer, não podemos nos limitar a isto, teremos que mudar algumas coisas, as quais vou expor agora e por partes;

FM´s [refere-se às bocas de fumo, onde são vendidas as drogas no varejo]: *estamos carecas de saber que é um dos melhores invetimentos, é um lucro enorme e duradouro, queremos na medida do possível comprar mais lojas de porte médio e grande e só* [em] *favelas, mas se hoje estamos em todo o território nacional, devemos expandir nossas lojas a estas regiões também, como uma teia de aranha iremos crescendo com o inicio óbvio onde já estamos firmes, mas iremos começar com o interior paulista, pelas grandes cidades como Campinas, Ribeirão, São José dos Campos, Bauru, Marilia, etc... e depois vamos aos estados vizinhos Paraná, Minas, etc... e paulatinamente vamos seguindo em frente e dominando as lojas que forem interessantes. Nem preciso falar que tudo isto será feito em muito tempo e tudo dentro da nossa ética, em vários estados tem favelas que são cidades, e as que não comprarmos podemos fornecer mercadoria.*

[...]

Progresso [refere-se à atividade de tráfico de drogas] variavél:

A — *Temos vários irmãos e companheiros em sampa que todos nós conhecemos, pegando óleo* [pasta-base de cocaína] *a faixa de 7 mil á 7.500, sabemos que são pessoas que pagam corretamente, e teremos condições de negociar com eles, por exemplo, o irmão que costuma comprar 100 peças e tá pagando 7 mil, podemos negociar com ele a 6.800, já o companheiro ciclano, ele compra 10 peças a 7.800, podemos negociar com ele a 7.500 e assim por diante, o preço vai variar de acordo com a quantidade, prazo, etc... Só que ai sim, teremos pessoas procurando a familia para comprar, temos alguns irmãos na rua pagando 7 mil e revendendo a 7.500, mas em muita quantidade, será que ele não pegaria da familia a 6.800? Com isto vamos comprar em quantidade maior e obviamente vamos brigar no preço, isto só será feito de 10 kilos pra cima e o mesmo poderá ser feito com o* ML [crack] *e com o bob* [maconha].

B — *Iremos usar o mesmo principio de preço variavel, na busca de outros clientes, em outros estados, vamos ter que providenciar pessoas articuladas que em alguns casos poderemos utilizar a sintonia dos outros estados* [setor do PCC que faz a gestão da atuação da organização fora de São Paulo], *mas o mesmo pode meter a cara como o finado *** fez no Rio e ir em vários estados, tem mil formas de se chegar até uma boca* [...] *Infelizmente a Sintonia dos Estados só abre espaço pessoal, é absurdo mas é fato que já aconteceu muito, no Nordeste um* PT *chega a 17 mil, e podemos vender a 14 mil, será que vamos vender algo?! O* ML *chega a 13 mil e bem pior que o nosso... é só termos dedicação que vamos progredir e fincar raizes definitivas. É do conhecimento de todos que o dinheiro manda, ajudamos todos os estados, somos únicos no território nacional, porque não evoluimos neste sentido também?!*

C — *Neste caso dos outros estados, poderemos ser roubados, a pessoa que tiver puxando o bonde pode vender a 15 e falar que vendeu a 13 mil, é um risco e se pegarmos é xeque* [morte], *e penso que uma forma de evitar isto é dando um bom ganho a pessoa, pensei em 15% do lucro de tudo que ela gerar para a família, mas as despesas pessoais é por conta dela mesmo, obviamente os negócios vão começar com pouca coisa e vai crescendo na medida que a confiança vai ficando mais firme [...]*

Basicamente o projeto é este, com algumas adaptações que serão feitas de acordo com as necessidades e também com as sugestões de vocês.

Agradecemos a atenção de vocês e estamos juntos...
[...]
P.S.: Se vocês concordarem também vamos passar um salve geral que quem tiver umas favelas boas para negócio é só procurar a Sintônia, que vamos analisar e se for viavél, será fechado.

O salve discorria sobre as formas de aumentar o lucro da facção, as estratégias para ganhar mercado e as dificuldades enfrentadas naquele momento em virtude da perda de mercadorias — apreensões — e pessoas, sobretudo através de confrontos ou execuções cometidos pela Polícia Militar. É importante lembrar que aquele período precedeu a crise de 2012, marcada pelo aumento da letalidade policial, compreendida pelo Partido do Crime como execuções contra integrantes do PCC.

A mensagem traz dados relevantes para compreender as mudanças de lá para cá. Sugere que o PCC já se constituía como importante fornecedor de drogas para os grupos atuantes no Brasil inteiro ("ajudamos todos os estados, somos únicos no território nacional"), mas também ambicionava expandir a sua participação no comércio varejista dentro e fora de São Paulo ("estamos carecas de saber que é um dos melhores inve[s]timentos").

A presença de integrantes do PCC em vários estados para fazer negócios em nome da facção, embora já fosse uma realidade, era percebida como insuficiente ("mas o mesmo pode meter a cara como o finado *** fez no Rio e ir em vários estados"), registrando ainda a contrariedade da cúpula do PCC com a atuação da Sintonia dos Estados ("infelizmente a sintonia dos estados só abre espaço pessoal"), passagem que mais uma vez evidencia a tensão entre o coletivo e o individual no âmbito das atividades econômicas do grupo.

O projeto de expansão está assentado na proposta de reduzir o preço em função da escala e dos prazos para pagamento — o Progresso Variável — e, portanto, buscava colocar o PCC em condições competitivas no mercado da droga nacional. Em vez de disputar mercado à força, o grupo apostava em gestão e eficiência. O novo modelo de negócio cria um círculo virtuoso: a oferta de mercadorias a preços mais baixos abre espaço nos mercados varejistas; essa ampliação gera aumento nas vendas; o crescimento da demanda, por sua vez, melhora as condições de negociação com os produtores nos países vizinhos, o que facilita a redução dos preços. Em suma, um projeto de forte tendência monopolista. Como agência reguladora, ele se tornaria ainda o avalista dos contratos, graças à força acumulada ao longo dos anos. A rede de empreendedores e o protagonismo da empresa PCC traziam vantagens comerciais incomparáveis. Se tudo corresse bem, seria uma questão de tempo até o PCC tornar-se campeão nacional da venda de drogas.

O salve do PCC deixava claro que o projeto de expansão não previa o uso da violência como instrumento para conquistar esse mercado ("tudo isto será feito em muito tempo e tudo dentro da nossa ética"). Os argumentos que justificam a sua expansão no mercado são estritamente econômicos ("no Nordeste um PT chega a 17 mil, e podemos vender a 14 mil, será que vamos vender algo?! o ML chega a 13 mil e bem pior que o nosso... é só termos dedicação que vamos progredir e fincar raízes definitivas. é do conhecimento de todos que o dinheiro manda"). A violência é descartada como meio para atingir os objetivos — a princípio.

Não é difícil imaginar o resultado da empreitada. Houve resistências regionais à postura imperialista dos paulistas. Muitos não estavam convencidos da proposta do PCC; outros, apesar de eventuais benefícios econômicos, não queriam perder o controle do comércio local em favor de indivíduos sem vínculo com as comunidades; outros não tinham interesse em redes de comércio profissionalizadas. Muitos criminosos não queriam trocar as leis do Estado pelas regras rígidas e vistas como opressivas impostas por criminosos forasteiros.

Mesmo sem prever o uso da força, os paulistas não queriam retornar a seu estado de mãos vazias. No salve está explícito que a expansão nacional ("como uma teia de aranha") por meio da economia da droga era prioritária para o Partido do Crime. As dissidências em São Paulo já sabiam o destino daqueles que não baixavam a cabeça para o PCC. Muitas foram cortadas. As tensões não demorariam a aparecer.

***

A relação com as facções cariocas sempre foi cercada de ambiguidades. A despeito da aliança com o CV anunciada no primeiro estatuto, o PCC nunca comprou a rivalidade com as demais facções ou se posicionou para fortalecer o aliado nas constantes guerras pelo controle dos morros cariocas. A posição anunciada por Geleião — de que essa briga não dizia respeito aos paulistas — prevaleceu. Na primeira semana de outubro de 2010, Teia — na época o homem de confiança da cúpula presa em São Paulo — viajou para o Rio de Janeiro. Em conversa telefônica com uma das lideranças do PCC, ele contava que vinha mantendo contato com integrantes da ADA: "o negócio é fora do comum, o bagulho é chique, o irmãozinho [da ADA] é chapa quente [...] não consegui nem contar [armas] de tanto que tem". Na sequência, Teia conversava com outra liderança presa na mesma unidade e dizia que "encontrou o rapaz [liderança da ADA], o rapaz é novo, mas é um rapaz inteligente e tem uma ideologia da hora... barato é tipo o Iraque, Iraque não, tipo Israel [...]". Na mesma ligação, Teia incluiu o interlocutor e o carioca afirmou: "tudo tem a mesma caminhada do PCC, o morador precisa de gás, remédio, cesta básica, tudo... Tudo que precisa, chega no amigo [líder local] e é fortalecido". Ainda na mesma conversa, uma terceira liderança da cúpula do PCC reafirma a posição da facção quanto aos grupos, bem como a sua pretensão:

> nunca tivemos o pessoal da ADA como inimigo, tinha uma ligação com o Vermelho [CV], mas quebrou em cima da arrogância dos caras. O intuito de tudo é estar se unindo, se fortalecendo e um ajudar o outro... imagina nós todos unidos? Nós também temos 65 favelas aqui [São Paulo], se precisarem passar uma temporada, vai ser bem recebido. A gente está aí não pra dividir o crime e sim para tentar unir e se fortalecer cada vez mais, porque imagina [ADA] com um braço em São Paulo, [PCC] com um braço no Rio, se unindo, aí vai conseguir acabar com a opressão, pois a cada ano que passa os caras [Estado] está se fortalecendo mais... o intuito de tudo é se fortalecer [o crime] [...] gostaria muito de intermediar uma paz lá [no Rio de Janeiro], pegar um lugar neutro e parar com isso [guerra].

O integrante da ADA rejeita a possibilidade de aproximar-se de quem matou amigos seus. No entanto, afirma que "pode haver paz no sentido de acabar a guerra, um não invade a favela do outro, mas união, não, não tem como, é muita morte". Dizia ainda que havia o interesse na aproximação com o PCC, considerando que "será um espaço muito bom para ambas as partes", e confirmava que o "amigo [líder do tráfico local] está a fim de se unir e ficar em sintonia com eles [PCC], em prol às duas facções e no sentido de unir o crime".

O PCC preservava o desejo de intermediar a paz entre os diversos grupos. No grampo, Teia afirmou: "referente à situação da paz, só tem um jeito: ninguém mais atacar as bocas de ninguém; cada um cadastrar o seu morro e cada um ser dono do seu morro". A proposta era organizar o varejo da droga nos moldes de São Paulo, registrando os morros para que não houvesse invasão de outros grupos, e assim frear o ciclo de guerra entre criminosos.

Ainda com referência a essa "missão" e como forma de precaução, uma das lideranças paulistas sugere ao enviado ao Rio de Janeiro procurar o CV para "passar pra eles que eles [do PCC] não são inimigos de ninguém, estão abertos à amizade e não à aliança, o que objetivam é unir todo mundo". Isto é, o PCC mais uma vez deixaria claro que estava disposto a estabelecer uma relação de cooperação com todas as facções do Rio de Janeiro sem, no entanto, fazer aliança com nenhuma delas — neste caso, aliança significaria escolher um lado na guerra fratricida que há quase duas décadas fazia com que os criminosos do Rio de Janeiro se matassem. Em São Paulo, duas lideranças presas em Presidente Venceslau conversavam sobre o Rio de Janeiro. Um deles gostou das ideias do "cara" — o líder da ADA —, e "cada vez que precisar dá pra mandar 08 [irmãos] por vez [no Rio de Janeiro] pra ficar na escolinha lá [possivelmente de treinamento de manejo de armas longas]". O outro líder perguntou sobre o contato com o CV e sugeriu que o enviado ao Rio de Janeiro o procurasse para deixar clara a posição dos paulistas:

> não dando uma satisfação [ao CV], porque não devemos nada pra eles, mas pra dizer [o seguinte]: "não temos inimizades com vocês, nem com o Terceiro, nem com o ADA, é guerra de vocês, se vocês quiserem intermediar uma paz estamos aí, porque o crime fortalece o crime, mas estamos com as cadeias de portas abertas pra vocês, a situação de negócios".

O diálogo entre paulistas e cariocas continuou. Foram discutidos acordos comerciais e interesses de cada parte. Em 18 de outubro, por exemplo, a liderança do PCC presa em São Paulo pede para Teia verificar se ele arrumava "algumas dessas [armas] no canal desses caras [ADA]". Teia diz que "daquelas que acerta helicóptero tem de penca, daqueles bagulhos que os caras colocam nas costas, que vai buscar longe, o do Rambo, não tem como contar". Por outro lado, o PCC aproveitou a aproximação com a ADA para entrar no mercado de drogas carioca através do fornecimento de crack. A discussão das lideranças paulistas, contudo, passou a girar em torno da capacidade de fornecimento do PCC. Um dos líderes diz a outro que "em vez de mandar os meninos logo praí [Rio de Janeiro], tem que verificar o progresso do Muito Louco [a compra e venda de crack]". Teia diz que no caso do Rio de Janeiro "só vão precisar brigar no preço, vou colocar no papel para [líderes em São Paulo] entenderem, se for favorável, legal, senão, vamos para outros horizontes". A liderança paulista, cautelosa, novamente adverte: "não pode dar o passo maior que a perna, pois se o cara pedir cem latas de leite [cem quilos, que pode ser de pasta-base], agora, não tem para mandar".

A postura do PCC na aproximação dos traficantes cariocas era tomar a iniciativa no negócio, tendo como referência interesses econômicos e oportunidades de mercado. Apesar de não disputar territórios no Rio de Janeiro, os paulistas procuravam demonstrar envergadura na distribuição de drogas para o mercado brasileiro e abrir canais para compra de armas. Embora o PCC fosse mais jovem que o CV e o Terceiro Comando, nesse momento a organização paulista já apresentava maior capacidade de estruturação e mais força política e econômica. Já havia se estabelecido em São Paulo, tinha presença na região da fronteira com o Paraguai e iniciava a expansão pelo Norte e pelo Nordeste.

Já os grupos cariocas vinham de décadas de conflitos, perdas econômicas e ainda sofreriam a ofensiva do Estado com a implantação das Unidades de Polícia Pacificadora (UPPs). Não bastasse a guerra interna, a nova política pública do governo atrapalharia as vendas, afetaria o mercado e deixaria os grupos cariocas, notadamente o CV, mais frágeis.

Não demoraria para a aproximação incomodar os cariocas. No fim de 2011, um preso da Sintonia Geral Final do PCC conversava com um irmão que estava solto. Eles falam sobre uma carta de Beira-Mar e Marcinho VP às lideranças da facção paulista pedindo o término dos batismos:

> esses caras [Beira-Mar e Marcinho VP] estão tirando. [...] tem que ver o que o mano que foi batizado quer, se o mano quiser entregar o papel [ser batizado no PCC] é com ele mesmo, nois não tem que anular nada não, os caras estão com medo de começar a batizar os caras nosso no morro e de perder o morro, que nois vai tomar o morro deles, porque nois tem disciplina e eles não tem, não tem nada a ver com a nossa filosofia e com essa atitude demonstrou que ele é sem futuro mesmo.

Esse diálogo indica como a ruptura entre o PCC e o CV não ocorre de uma hora para outra. Conforme o Partido do Crime paulista demonstra pretensões expansionistas e monopolistas, cresce a tensão com as facções antigas e também com as recém-criadas. Em outubro de 2011, por exemplo, lideranças da Sintonia Geral Final e da Sintonia dos Estados conversam sobre os problemas na relação com outros grupos. O criminoso pertencente à Sintonia dos Estados relatava problemas na Paraíba e em Santa Catarina:

> Estamos tendo alguns tipos de problemas é em Santa Catarina, referente à situação do grupo [Primeiro Grupo Catarinense (PGC)] e na Paraíba, com a Okaida. Em Santa Catarina eles se diziam leais a nois, mas brecou o nosso batismo, já faz quase dois anos que a gente não batiza no estado deles, não deixam nossa engrenagem aumentar, ta tudo parado, tentam trocar ideia com os caras, mas eles estão sempre na mesma, sempre na mesma ideologia deles, que segue a nossa disciplina, porém não aceita que batiza dentro do estado deles... Já na Paraíba já estão envolvendo vidas, pois mataram até um irmão e não querem conversa com o PCC... Estão praticamente convivendo com nois, mas não respeitam e tomam atitudes isoladas.

Assim como no Rio de Janeiro, o avanço do PCC Brasil afora começava a estremecer a relação com facções que, embora não fossem aliadas, conviviam com os presos vinculados ao grupo paulista. Além disso, fora das prisões, os embates em torno do comércio de drogas e domínio de território eram intensos. A economia ilegal altamente lucrativa seduzia jovens dispostos a se armar e não baixar a cabeça para os rivais. A bala começou a comer solta nessas regiões.

A criação do grupo paraibano Okaida remete a meados dos anos 2000 e está vinculada ao controle do tráfico em bairros de João Pessoa. No início manteve convivência pacífica com o PCC, já fornecedor de parte da droga comercializada no estado e portanto em posição vantajosa em relação aos grupos menores. Mas logo o cenário mudou. A ruptura veio no fim de 2010, quando a Okaida matou um integrante do PCC na capital paraibana — evento mencionado no diálogo entre os paulistas. O PCC não deixaria por menos: se os irmãos se sentissem ameaçados, era para reagir primeiro. Em 2012, a guerra explodiu na Paraíba. O PCC se aliou ao inimigo histórico da Okaida, a facção Estados Unidos. Desde então, muito sangue rolou nas prisões e ruas da Paraíba, alçada às primeiras posições do ranking dos estados mais violentos do Brasil.

Quanto aos catarinenses, o diálogo das lideranças do PCC no fim de 2011 já indicava que as coisas não iam bem. Inspirado pelos paulistas, o PGC foi criado em 2003 nos mesmos moldes. Durante boa parte da década, a convivência entre catarinenses e paulistas foi pacífica. Com o tempo, as rivalidades cresceram, especialmente a partir de 2009, quando o PCC, em sua estratégia de expansão, pressionou o PGC para fundir as facções. Na mesma época, lideranças do PGC foram transferidas para o Sistema Penitenciário Federal, onde mantiveram contato com líderes de outros grupos, sobretudo do Comando Vermelho.

Em 2012, o PGC tornou-se nacionalmente conhecido em razão da primeira onda de violência comandada de dentro do sistema penitenciário de Santa Catarina. A rebelião teve início no interior da Penitenciária de São Pedro de Alcântara e atingiu várias cidades catarinenses. Após denúncia de torturas perpetradas pelo então diretor da prisão — cuja esposa havia sido assassinada pouco tempo antes, supostamente pelo PGC —, dezenas de ataques eclodiram, deixando em evidência a conexão entre a prisão e as quebradas, já bem conhecida de outros estados brasileiros. As denúncias de maus-tratos, porém, não eram novas. Em 2009, foram exibidos em rede nacional vídeos em que agentes penitenciários enfiavam a cabeça dos presos num vaso sanitário.

Os ataques nas cidades catarinenses em 2012 seriam apenas os primeiros. Em 2013, 2014 e 2015, eles se repetiram. Santa Catarina entrava definitivamente no rol de estados brasileiros em que o crime urbano se articulava às prisões e cujo protagonismo se atribuía às facções que controlavam — e disputavam — o sistema prisional e o tráfico de drogas. As pressões sobre Santa Catarina se intensificavam, e o estado se tornava foco importante de conflitos. Em Joinville, São José e Florianópolis, desde 2013 os paulistas rivalizavam com o PGC em confronto aberto por pontos de drogas e pelo acesso ao Porto de Itajaí, importante para a exportação de mercadoria.

A morte de duas mulheres, em novembro de 2015, em Florianópolis, foi a gota d'água. Os corpos de Taís Cristina Vieira de Almeida, de dezoito anos, e de uma menina de quinze anos, foram encontrados em um carro. Taís era "cunhada" do PCC, ou seja, mulher de um membro da facção paulista, e vivia com um homem apontado como responsável pelo tráfico numa comunidade no norte da ilha. O companheiro dela fora a Curitiba buscar armas acompanhado de um amigo. Só o amigo voltou. Preocupada com o namorado, Taís marcou um encontro com ele e levou junto a amiga adolescente. As duas apareceram mortas. A covardia não seria perdoada pelo PCC. O Comando Vermelho, de quem os paulistas esperavam apoio, passou a traçar parcerias com os catarinenses, o que deixou a situação ainda mais tensa.

***

O PCC tinha o desafio de demonstrar que batismo, mensalidade e compromissos com o grupo não beneficiariam apenas a cúpula em São Paulo, mas todos os irmãos. Era necessário convencer criminosos Brasil afora por que valia a pena "pagar para ser bandido". A questão não era simples e demandaria um esforço hercúleo da Sintonia dos Estados e Países. A Sintonia, aliás, fora criada justamente para elaborar estratégias de expansão nos demais estados e países vizinhos, sobretudo Paraguai e Bolívia.

Em fevereiro de 2012, lideranças presas em São Paulo conversavam sobre a necessidade de apoiar irmãos ou companheiros com dificuldades financeiras. A questão era o fornecimento de drogas a preço competitivo no mercado, de forma que eles pudessem se capitalizar para adquirir pontos de venda no varejo.

> *Visando a dificuldade que muitos tem em adquirir lojas* [pontos de venda de drogas], *esse novo projeto visa fortalecê-los, fazendo o jus ao nosso lema, ou seja, o crime fortalece o crime* [...] *Este ciclo de distribuição de mercadorias terá um preço justo, competitivo no mercado, com produto de qualidade* [...] *Será negociada a partir de meio quilo* [...] *e o prazo estabelecido será de 35 dias.*

Enquanto o salve emitido meses antes tinha um caráter estritamente comercial, discutindo de forma explícita estratégias de mercado, o objetivo declarado do salve de fevereiro de 2012 era o fortalecimento dos irmãos que vinham passando dificuldades. Tratava-se, portanto, de um projeto capaz de justificar a expansão dos paulistas e tornar a aproximação com o PCC algo lucrativo para os novos filiados. O projeto atenderia a interesses econômicos e políticos, cada vez mais entrelaçados nas estratégias da facção.

Ainda naquele mês de fevereiro estiveram em pauta novas estratégias para fortalecer os irmãos fora do solo paulista:

a implantação de uma rifa paralela para os outros estados e países. A rifa é um dos mecanismos de arrecadação financeira do PCC, ao lado do progresso (tráfico de drogas) e da cebola (a mensalidade paga pelos irmãos que estão fora das prisões). Uma vez que os irmãos encarcerados estão isentos de pagar a mensalidade, eles devem contribuir para o caixa da organização com a venda de números de uma rifa — cuja periodicidade pode ser mensal ou bimestral. O jogo, também chamado de "Ação entre Amigos", funciona através de toda a rede constituída pelo PCC e envolve os presos, seus familiares, vizinhos e comunidades, e distribui prêmios que variam de motocicletas e carros a apartamentos e casas.

Até o início de 2012, havia uma única rifa válida para todo o país. Em razão do tamanho desproporcional dos quadros paulistas, os prêmios acabavam quase sempre nas mãos de alguém de São Paulo, para insatisfação geral. A Sintonia Geral Final do PCC decidiu então implantar uma "filosofia de progresso". De acordo com Gegê do Mangue, à época preso em Presidente Venceslau, a ideia de implantar uma rifa paralela nos outros estados tinha como objetivo "realmente fortalecer a facção e os irmãos". Para tanto, não precisava "ter lucro no primeiro momento" e seria necessário "trocar uma ideia com os irmãos da sintonia dos outros estados e ver quais as dificuldades e o que pode estar sendo feito".

Gegê enfatizava, em conversa com outro líder do primeiro escalão, que "o campo é grande, pois é preciso implantar a ideologia nos outros estados [...]. Tem que implantar uma filosofia de progresso, pois a família tem condições e estrutura para fortalecê-los [mas] é preciso o primeiro passo". Na sequência da conversa, os líderes trataram da forma pela qual o projeto seria implantado. Seria necessário colocar alguns irmãos para "puxar esse bonde". Dessa forma, considerando os estados que dispõem de mais irmãos e que, segundo essa liderança, eram "Paraná, Bahia, Minas Gerais e Rio Grande do Sul", bastava "pegar dois irmãos da sintonia destes estados e instalá-los aqui em São Paulo e deixá-los acompanhando como funciona [a rifa]". Foram algumas semanas de debates e conversas sobre o projeto da rifa dos outros estados, até que no início de março o salve foi formulado:

> SALVE DA RIFA DOS OUTROS ESTADOS
> *A partir desta data, 12/03/2012, estará sendo colocado em prática as RF [rifa] dos estados. Este trabalho terá como o principal objetivo fortalecer nossos irmãos e companheiros que estão nos outros estados em geral [...]. A rifa terá início em 12/03/2012, a data do vencimento será no dia 23/04/2012 e a data do sorteio será no dia 12/05/2012 [...]. Os trabalhos que são desenvolvidos pela Família é revertido em trabalhos sociais de fortalecimento onde conseguimos apoiar e fortalecer os necessitados em ajudas, cestas básicas, auxilio jurídico e médico, transporte a visitantes e outros mais, pois o lema nosso é o crime fortalece o crime e acreditamos que este trabalho irá crescer e através deste e de outros que temos em mente para apoiar.*

Assim como no "projeto" anterior, a rifa mescla os interesses econômicos e políticos do PCC, uma vez que o dinheiro arrecadado seria revertido no fortalecimento dos "trabalhos" de assistência nos estados. No início de 2012 já estava claro, portanto, que a expansão do Partido do Crime produziria tensões, questionamentos e que, utilizando apenas estratégias e argumentos de "mercado", o grupo paulista encontraria dificuldades para se estabelecer nacionalmente. Era necessário mais do que isso. Seria preciso construir um discurso que vinculasse o crescimento econômico da facção ao fortalecimento da rede de apoio aos presos, criminosos e familiares que necessitassem. Era preciso, pois, enfatizar o caráter "sindical" em detrimento do caráter "empresarial" para convencer, persuadir, justificar e legitimar a expansão do PCC em nível nacional.

Esses esforços se tornariam mais enfáticos e sistemáticos a partir de então. O PCC pretendia se expandir através de sua posição privilegiada no mercado das drogas, que lhe dava condições de oferecer produtos de boa qualidade a preços mais baixos e com melhores condições de pagamento. Se esse projeto foi relativamente bem-sucedido, é preciso considerar, entretanto, que algo bem diferente foram os compromissos assumidos pelos criminosos com o batismo: pagamento da cebola, venda de rifa, cumprimento de missão, prestação de contas das atividades criminosas, comportamento exemplar e, no limite, estrita incorporação da "disciplina" do grupo. Isso podia fazer sentido na história da facção em São Paulo, mas em outras regiões, com outras histórias, podia parecer arbitrário. Enfim, não é pouca coisa o que está implicado na expansão orgânica do PCC — ou seja, a ampliação do quadro de filiados e a capilarização de sua estrutura. Esse projeto de poder não pode ser alcançado através da simples coerção — ninguém pode ser obrigado a se batizar ou a doar dinheiro ao PCC. Para os filiados abrirem mão de seus interesses individuais, precisam acreditar que obedecer às normas da facção e participar de um projeto coletivo faz sentido. Também seria necessário convencer os criminosos não apenas pelo discurso, mas organizando a ação para que os resultados se efetivassem na prática. As lideranças do PCC traduziram isso como "conscientização", que, é claro, envolvia processos psicológicos e sociais mais profundos do que a simples obediência ou o simples convencimento.

Embora o termo "conscientização" já estivesse presente em documentos desde 2006, no início da década seguinte ele seria cada vez mais utilizado como parte das estratégias de expansão do PCC para outras localidades brasileiras. Em 2014, o Partido do Crime emite o Salve da Conscientização:

SALVE DA CONSCIENTIZAÇÃO
Comunicado de conscientização do resumo da disciplinar. Na data do 05/08/2014 saudamos a todos com um forte e leal abraço.

O resumo disciplinar vem através deste comunicado, deixar todos cientes da importância da participação de cada um com os trabalhos da organização. Temos objetivos constantes com as verbas arrecadadas através destes trabalhos, onde **este dinheiro é revertido em benefícios para os menos favorecidos e aqueles que se encontram nas trancas federais e estaduais.** *Hoje a organização trabalha em forma de fortalecer irmãos e companheiros que somam constantemente, onde fazemos uma seleção visando fortalecer financeiramente, como gravatas, passagens para visita, cesta básica, agasalhos, assistência médica, casas de apoio, medicamentos e velórios daqueles que venham a perder a vida. Tudo isso só ocorre se os irmãos e companheiros agirem de forma pontual e responsável com os pagamentos das RF [rifas], cebola [mensalidades], 100% [venda de cocaína com alto grau de pureza], bob [venda de maconha], enfim todos os trabalhos dos progressos [todas as fontes de entrada de recursos] da organização dentro e fora do sistema.*

Muitas vezes nos deparamos com irmãos cobrando: **onde está o apoio?** *Mas nós perguntamos será que esses irmãos e os nossos companheiros estão levando para a geral do estado sua dificuldade. A geral do estado tem elaborado relatórios e arremessado para o resumo fazendo pedido ou apresentando projetos?*

Somos uma corrente onde os irmãos fortalecem a organização participando dos trabalhos com dedicação e responsabilidade e a organização fortalece os necessitados através da precisão de cada um. Hoje nos deparamos com vários estados carentes e é de extrema importância que os integrantes da organização dentro do estado analisem a necessidade dos companheiros e dos irmãos para que possamos fortalecer, frisando sempre que este fortalecimento é fruto dos trabalhos da organização.

Esse comunicado deve ser passado em mãos para que todos leiam e reflitam na **importância da evolução disciplinar e financeira** da organização.

No mais um forte abraço a todos

Obs: qualquer dúvida podem buscar a sintonia para esclarecimentos.

ASSINADO RESUMO DA DISCIPLINAR
(destaques do original)

O Salve da Conscientização expressou de forma clara — talvez como nenhum outro documento — como a expansão do PCC foi posta em prática. Articulou as justificativas do cumprimento de compromissos financeiros e do trabalho em prol da organização à capacidade da própria organização em fortalecer aqueles que necessitam de ajuda. Conectou os aspectos econômicos e os aspectos ideológicos de uma forma que um não podia ser compreendido sem o outro: o dinheiro é necessário para movimentar a rede de assistência prometida pelo Partido do Crime. Por isso, a necessidade de manter os compromissos. Do contrário, de nada adianta perguntar "cadê o apoio?". O apoio só poderia ser dado se os irmãos daquele estado cumprissem suas obrigações. Ou seja, o PCC não se apoiava apenas em argumentos de mercado para dinamizar a expansão. Afirmava-se como "corrente" que conectava os irmãos em condições de ajudar, por meio do trabalho e do dinheiro, com aqueles que estivessem passando por alguma necessidade e precisassem de apoio.

A conscientização se tornou estratégia central para a nacionalização do PCC principalmente a partir de 2011, no momento em que os conflitos começavam a ficar mais acirrados. Reconectou aos aspectos mercadológicos aqueles objetivos ideológicos de construção de uma união nacional de criminosos que esteve na origem da criação do próprio PCC e na primeira etapa da sua expansão para fora de São Paulo. Vinculou essas duas dimensões de forma que elas se tornassem indissociáveis. O PCC manteve a premissa de evitar o uso da violência física para ampliar sua presença nas prisões e no mercado de drogas nacional e regional, mesmo deixando claro aos concorrentes que essa força seria aplicada em dose dupla caso fosse desafiado ou desrespeitado. Era a típica mistura de diplomacia com opressão. Em São Paulo, a fórmula tinha dado certo, mas os paulistas não conseguiriam bloquear o crescimento das tensões no resto do país.

Pelo contrário: acirrariam os conflitos armados, cujos resultados se revelariam nas maiores taxas de homicídios da história do Brasil, alcançadas em 2017. As ambições do PCC ameaçariam muitos grupos, quadrilhas e organizações já estabelecidos em regiões que agora faziam parte da extensa rede controlada a partir dos presídios de São Paulo. Além disso, novos grupos se organizariam em defesa da ambição dos criminosos de fora. A despeito da "conscientização", nem todos seriam convencidos.

As peças movimentavam-se intensamente. Nesse jogo, o PCC não compreendeu o papel de um elemento decisivo na articulação da resistência contra a facção no crime nacional.

Desde 2006, com a criação do Sistema Penitenciário Federal, lideranças passaram a se encontrar e a conversar sobre a realidade de seus respectivos estados. As prisões federais seriam um ponto central da articulação e da desarticulação do crime no Brasil uma década depois de sua fundação.

8.
O novo mundo do crime

O ano de 2006 foi um marco. O evento que ficou conhecido como "ataques de maio" tornou público o domínio do PCC nas cadeias estaduais e a sua presença em centenas de localidades de todo o estado de São Paulo. Foi, portanto, a certidão da hegemonia do PCC em solo paulista. A influência da facção não dependia apenas da presença física de seus membros do lado de fora das cadeias. Com pouco mais de mil membros soltos, os "irmãos" estavam distantes da absoluta maioria dos bairros pobres dos 645 municípios do estado. A força do grupo vinha de dentro das prisões, por onde entrava e saía a nata da cena criminal paulista, garantindo ao PCC capacidade para cobrar e controlar o cumprimento das regras do crime. Para além de São Paulo, depois de maio de 2006, o PCC recebeu ainda a solidariedade dos presos do Paraná e de Mato Grosso do Sul, evidenciando a importância da sua presença nesses dois estados estrategicamente essenciais na economia nacional da droga. A hegemonia em São Paulo era não só um ponto de partida fundamental para a pretensão de nacionalização do PCC como também a base necessária para ancorar o salto que o Partido do Crime percebia ser possível.

Em paralelo, o ano de 2006 inaugurou a primeira unidade prisional que compunha o Sistema Penitenciário Federal, um novo desenho na política prisional brasileira com a participação direta da União. O projeto havia sido anunciado três anos antes pelo recém-eleito presidente Lula, diante de uma das mais graves crises da segurança do Rio de Janeiro.

Entre maio de 2002 e abril de 2003, o Rio de Janeiro foi palco de numerosos ataques orquestrados pelo CV, dentro e fora das prisões. Explosão de bombas, granadas e coquetéis molotov, incêndios em ônibus — inclusive um com vítima fatal — e veículos; atentados a tiros de fuzis e metralhadoras contra prédios do Estado, shoppings e ruas da Zona Sul carioca; execuções de agentes de segurança, especialmente policiais militares. Tais ocorrências dariam o tom de uma nova modalidade de crise de segurança pública que emergia e se articulava a partir das prisões fluminenses. Em setembro de 2002, uma rebelião no complexo de Bangu, liderada pelo traficante Fernandinho Beira-Mar, deixaria quatro presos mortos e produziria ainda mais instabilidade, intensificando a insegurança e o medo nas ruas do Rio de Janeiro.

Um dos mortos foi Ernaldo Pinto de Medeiros, o Uê, que havia rompido com o CV em 1994 para montar a Amigos dos Amigos. Uê tinha bons contatos com fornecedores de drogas no Paraguai e se aliou ao Terceiro Comando para fazer frente ao CV. Com isso, as disputas por mercado nos morros do Rio se tornaram constantes, com cenas trágicas acontecendo no meio da cidade.

Com os assassinatos em Bangu e a onda de ataques nas ruas da cidade, Fernandinho Beira-Mar tentava fortalecer a posição da facção no mercado de drogas do Rio. As autoridades fluminenses não tinham o que fazer com o preso, pois não dispunham de unidades prisionais seguras o suficiente para custodiá-lo. Nessa época, apenas São Paulo contava com uma unidade prisional própria para o cumprimento do dispositivo do Regime Disciplinar Diferenciado, recém-integrado à Lei de Execução Penal. O Centro de Readaptação Penitenciária de Presidente Bernardes havia sido inaugurado em 2002, logo após a crise ocorrida em São Paulo no ano anterior, a megarrebelião de 2001.

Diante da "incontrolável" explosão de violência no Rio de Janeiro, em fevereiro de 2003 Fernandinho Beira-Mar foi transferido para a recém-inaugurada penitenciária de segurança máxima do Oeste paulista. Contudo, o governo de São Paulo deixava claro que a permanência de Beira-Mar no estado não poderia, em hipótese alguma, ultrapassar trinta dias. Passado esse tempo, Beira-Mar foi transferido para a Superintendência da Polícia Federal em Maceió, Alagoas, mas retornou a Presidente Bernardes em maio daquele mesmo ano de 2003. Lá ficou até julho de 2005. De julho de 2005 até julho de 2006, peregrinou entre unidades prisionais de segurança máxima de várias capitais: Brasília, Florianópolis, Maceió e Brasília novamente. Em julho de 2006 acabaria o empurra-empurra entre as autoridades estaduais diante da falta de capacidade física para custodiar algumas categorias de presos, como o próprio Fernandinho Beira-Mar. No Paraná, seria inaugurada a primeira penitenciária federal.

A criação do Sistema Penitenciário Federal foi uma resposta às demandas dos estados diante de crescentes instabilidades que tomavam conta das prisões de várias regiões do Brasil, mais notadamente de São Paulo e do Rio Janeiro. As políticas públicas não pareciam funcionar. A escalada do encarceramento, a demanda crescente por vagas nas prisões, a superlotação e a degradação dos estabelecimentos prisionais de todo o país desafiavam os governos. Os estados prendiam, gastavam cada vez mais, mas o problema só piorava. As prisões se tornavam barris de pólvora, e estavam na iminência de explodir de forma sistêmica, colapsando totalmente não apenas elas próprias, mas também as estruturas da segurança pública dos estados.

A conformação de uma "crise prisional permanente", sobretudo no Sudeste, vinha se agravando diante da maior capacidade de organização da população carcerária, através das facções prisionais. O governo federal, historicamente criticado pela omissão na área de segurança — relegada aos estados pela Constituição —, se sentiu pressionado a ir além das transferências de recursos para os governos.

Muitos estados alegavam falta de condições — econômicas, políticas, estruturais — para manter em seus cárceres alguns presos em razão da sua liderança, periculosidade ou capacidade de fomentar crimes no interior das prisões, principalmente através do uso do telefone celular. O crime já vinha se espalhando gradativamente a partir dos novos modelos e redes de gestão de tráfico. Exigia-se que a União tomasse a dianteira. Alguns presos representavam ameaça nacional e internacional. Os estados, portanto, seriam injustamente onerados ao arcar com a manutenção de sua custódia. A responsabilidade seria da União, uma vez que o escopo de atuação desses indivíduos no comércio e distribuição de drogas extrapolava os limites territoriais dos entes federativos.

Em junho de 2006, o Sistema Penitenciário Federal começou efetivamente a funcionar com a inauguração da unidade de Catanduvas, no oeste paranaense, região de Cascavel. A penitenciária inaugurava também uma nova política implementada através do Departamento Penitenciário Nacional (Depen), órgão vinculado ao Ministério da Justiça. A cerimônia em Catanduvas contou com a presença do então ministro da Justiça, Márcio Thomaz Bastos. Em seu discurso, ele explicitou o caráter do modelo: "São vagas qualitativas, para fazer intervenções cirúrgicas, tirar os cabeças das quadrilhas, os organizadores do crime, os chefes de organizações criminosas".

As penitenciárias federais diferem da quase totalidade dos cárceres estaduais. Dotadas de novas tecnologias de vigilância e segurança, as unidades têm capacidade para custodiar 208 presos, todos em celas individuais. Nas celas não há acesso à energia elétrica — portanto, não é possível o uso de aparelhos televisores ou rádios —, e o controle de iluminação e água é feito pelos agentes de segurança penitenciária. Há câmeras espalhadas por todo o estabelecimento, além de monitoramento de sons. O controle é feito de uma sala na própria penitenciária e também de uma central na sede do Depen em Brasília, para evitar acordos locais entre presos e agentes.

O regime disciplinar comum nas penitenciárias federais estabelece um cotidiano rígido. Não mais do que duas horas de banho de sol no pátio interno, em grupos pequenos de presos monitorados por sistemas de captação de imagens e sons; as visitas de familiares, igualmente, ocorrem no pátio de sol, em locais delimitados por linhas pintadas no piso; contato com advogados e visitantes que não sejam parentes de primeiro grau ocorrem apenas no parlatório, um local onde preso e visitante são separados por um vidro e conversam através de um microfone. Mesmo nos contatos com advogados imagem e sons são monitorados. Visitas íntimas são realizadas em locais específicos e agendadas antecipadamente.

As quatro penitenciárias federais possuem estrutura e funcionamento idênticos. Em março de 2018, o serviço de comunicação social do Depen descrevia o funcionamento dessas unidades da seguinte forma:

> Apresenta o que há de mais moderno no sistema de vigilância em presídios, como equipamentos que identificam drogas e explosivos nas roupas dos visitantes, detectores de metais, sensores de presença, entre outras tecnologias. Cada preso é custodiado em celas individuais, com área de 6,00 m² (seis metros quadrados) cada uma, sendo monitorado 24 horas por dia, por um circuito de câmeras em tempo real.

Além do regime "comum", as unidades prisionais federais dispõem de alas para o cumprimento do Regime Disciplinar Diferenciado, aplicado em celas exclusivas para essa modalidade. Nesse regime, o detento perde direito à visita íntima e tem menos tempo para familiares, advogados e banho de sol — de apenas uma hora, feito na própria cela, num cubículo específico para isso com entrada de luz natural. Ou seja, o preso permanece 24 horas dentro da cela, sem contato com nenhuma outra pessoa. Para ser atendido pelo advogado, é necessário realizar agendamento prévio, e a frequência é controlada pela administração prisional (em geral, com periodicidade mensal ou quinzenal). No caso das visitas, nem sempre são permitidas ao preso em RDD e, quando autorizadas, ocorrem exclusivamente no parlatório.

O perfil do preso que vai para o federal, em tese, é bastante específico. Conforme decreto de 2009, deve apresentar uma ou mais destas características: ter liderança ou participação "relevante" em organização criminosa; ser delator ou ter praticado crime que coloque em risco a sua integridade física na prisão de origem, isto é, o preso que precisa ficar no seguro (acusados de crimes sexuais, por exemplo); estar submetido ao RDD; ser membro de quadrilha ou bando envolvido na prática reiterada de crimes graves; estar envolvido em fuga ou episódios de grave indisciplina ou violência no ambiente prisional originário.

Apesar das limitações, as previsões normativas são genéricas o suficiente para que os presos tenham perfis diversos, sobretudo em relação a "participação" em organização criminosa, prática reiterada de crimes graves e envolvimento em episódios de grave indisciplina. Cabe à administração local solicitar à Vara de Execução de origem a transferência do preso. Depois de aprovação do Judiciário Federal, o Depen providencia a transferência e designa a unidade federal adequada. O tempo máximo de permanência do preso no sistema federal é de um ano, prorrogável por mais um. Contudo, a limitação é teórica; muitos presos permanecem por anos no regime diferenciado. Um caso emblemático é o do próprio Fernandinho Beira--Mar, que inaugurou esse sistema e nele se encontra até hoje, doze anos depois. Sem contar que Beira-Mar já cumpria o Regime Disciplinar Diferenciado em São Paulo desde 2003, entre idas e vindas. Ou seja, cumpre pena em regime de exceção há quinze anos. Outro caso de exceção é o do chileno Maurício Hernández Norambuena, no sistema federal desde 2007, mas alocado em 2002, quando foi preso, no RDD em Presidente Bernardes. Integrante do braço armado do Partido Comunista do Chile, ele foi condenado a prisão perpétua em seu país de origem em 1993, acusado de homicídio, terrorismo e outros crimes associados à atuação política contra o regime de Pinochet. No Brasil, Norambuena foi preso pelo sequestro de Washington Olivetto e é apontado como provável mentor de Marcola.

A despeito das controvérsias sobre o Sistema Penitenciário Federal — desde o custo altíssimo até o regime disciplinar considerado cruel e, portanto, inconstitucional —, o fato é que este se transformou em válvula de escape para os estados brasileiros. Desde 2006, a cada rebelião, onda de violência ou assassinato de presos, a medida anunciada como solução era a transferência das "lideranças" para o sistema federal. Como funcionava sempre na perspectiva da emergência, pouco se questionou sobre os efeitos de médio e longo prazo. Nada de novo, considerando que o caráter reativo em situação de urgência é a linha de atuação por excelência do Estado.

A inauguração da segunda penitenciária federal aconteceria exatos seis meses depois da primeira. No fim de 2006, em 21 de dezembro, o governo federal e os estados comemoravam mais uma unidade de segurança máxima, construída na capital de Mato Grosso do Sul, Campo Grande. Em 2009, em quinze dias, seriam inauguradas as outras duas unidades prisionais federais: em 19 de junho, a Penitenciária Federal de Porto Velho, capital de Rondônia, e no dia 3 de julho a Penitenciária Federal de Mossoró, município situado cerca de 280 quilômetros da cidade de Natal, capital do Rio Grande do Norte. Em março de 2018 foi anunciada a inauguração da quinta unidade, em Brasília, mas não havia sinal de funcionamento efetivo até aquela data. Quase uma década depois da abertura das quatro penitenciárias, pode-se dizer que o ex--ministro da Justiça e o governo federal foram visionários. Na inauguração de Catanduvas, Thomaz Bastos disse que aquele seria o "primeiro elo da corrente de presídios federais que vão ajudar os estados a resolver seus problemas". O problema foram os efeitos colaterais inesperados resultantes desse novo sistema prisional. O SPF funcionou como elo interligando indivíduos, grupos e organizações criminosas de todos os tamanhos e lugares do Brasil.

Nas palavras de um membro da Sintonia dos Estados e Países do PCC que havia permanecido um ano em penitenciárias federais, o SPF era o "comitê central do crime no Brasil". Ele se referia ao fato de as unidades federais reunirem presidiários dos mais variados estados e facções, oferecendo oportunidade singular de estabelecer contatos, alianças ou rupturas. Em 2006, reunidos no Presídio Federal de Catanduvas, Gelson Lima Carnaúba, o Mano G, e José Roberto Fernandes Barbosa, o Pertuba, dois traficantes do Amazonas, se associaram para formar a Família do Norte, com o objetivo de fazer frente ao PCC e ao Comando Vermelho. Mais tarde, o grupo amazonense se aliaria ao CV. A aliança entre os dois grupos foi fechada no Presídio Federal de Campo Grande por Mano G e Caçula, que representava a facção do Rio, conforme escutas de investigação da Polícia Federal. De volta para cumprir pena em Manaus, Mano G conseguiu fugir em 2014, sendo recapturado no ano seguinte no aeroporto de Natal. Passou um mês em Alcaçuz e ali ajudou a organizar o Sindicato do Crime, que se tornou aliado da Família do Norte e deflagrou a disputa com o PCC no estado.

Esse novo ponto de encontro proporcionado pelas prisões federais, espécie de hub da criminalidade brasileira, se ampliaria a partir de 2009. A movimentação das peças seria cada vez mais intensa e as redes que aí se constituíam, mais complexas. O promotor Augusto Rossini, que entre 2011 e 2014 foi diretor-geral do Departamento Penitenciário Nacional, manifestou-se a respeito em um artigo incluído no livro *Execução penal: diferentes perspectivas*.

> Ao chegar em uma das quatro unidades, o preso amplia seu leque de conhecidos. De um momento para o outro, seu campo de atuação passa de estadual para nacional. [...] O critério de escolha de uma unidade específica é o da facção criminosa da qual supostamente o preso faz parte: se um preso é do PCC em São Paulo, ficará na mesma unidade onde estão presos do mesmo PCC, mas de Santa Catarina. Isso lamentavelmente nacionaliza o crime organizado. Em verdade, nunca na história do país presos dos mais distantes quadrantes foram unidos pelo próprio Estado. [...] Quando uma liderança do Maranhão se encontraria com outra do Rio Grande do Sul? Quando uma liderança de São Paulo se encontraria com outra de Mato Grosso? Há presos de todos os cantos do país, todos eles ostentando excessiva periculosidade e nefasta liderança em suas bases. O SPF permite que se encontrem e interajam, a despeito das 22 horas passadas em celas individuais e apenas 2 horas de banho de sol.

As peças foram se movimentando no tabuleiro, produzindo novas correlações de forças. A receita era uma mistura de diplomacia para articular parceiros e violência para mostrar poder. A pretensão de nacionalização e a característica expansionista do PCC, beneficiado pela maior capacidade de organização, já eram uma dinâmica conhecida no mundo do crime. O Comando Vermelho, apesar de enfraquecido pelas sucessivas guerras que vinha travando, mantinha redes e conexões em áreas de fronteiras com produtores e distribuidores de maconha e pasta-base de cocaína. Através dos contatos com os grupos menores no sistema federal, o CV também viu oportunidades de alçar novos voos, sair do seu tradicional reduto — o Rio de Janeiro — e se instalar em outras regiões do país, estabelecendo parcerias com grupos locais numerosos, mas carentes de estrutura para inserção nas redes do tráfico. A facção carioca passou a ser vista como aliada dos grupos regionais acuados pelas imposições do PCC. Sozinhos, eles não podiam bater de frente com os paulistas. Paulatinamente, o CV foi se aproximando desses grupos e ampliando sua influência sobre outros estados.

Grupos menores e mais antigos, por sua vez, também se aproximaram. Foi o caso da Família do Norte e do Primeiro Grupo Catarinense. A FDN nasceu inimiga do PCC para impedir o avanço da facção na região Norte do país. Apesar da pouca expressão fora da região amazônica, tem posição estratégica na economia das drogas por controlar um importante caminho da cocaína pelo Brasil, a chamada "Rota do Solimões". Dessa forma, a aproximação entre grupos possibilitada pelo sistema federal também motivou a formação de blocos alternativos de poder. A construção dessas redes alternativas foi um passo fundamental para que o projeto expansionista do PCC fosse contestado e, se possível, bloqueado. Cada uma das redes teria características próprias. A rede nacional do PCC seria articulada em torno de uma mesma estrutura, que apesar de flexível deveria responder a um comando central. Haveria espaço para parcerias com grupos regionais, com filosofia e modelos de negócio próprios, como ocorreu no Acre, por exemplo, onde o PCC e o Bonde dos 13 são aliados, e no Ceará, na aliança com os Guardiões do Estado (GDE). Já os núcleos estaduais montados pelo CV seriam autônomos, visto que o grupo fluminense, mais voltado aos conflitos nos morros do Rio, nunca buscou a nacionalização da facção nem se estruturou para isso. Os CVs regionais poderiam se aproveitar dos canais de venda e compra de drogas e armas dos parceiros, sem depender do aval de lideranças centrais para a tomada de decisões.

A aliança que o Comando Vermelho estabeleceu em 2015 com a Família do Norte e com o Primeiro Grupo Catarinense teria sido a gota d'água para que a disputa silenciosa com o PCC descambasse para a violência explícita em 2016 e 2017.

Essa nova configuração criminal passou a dar o tom da violência armada brasileira, estruturada numa conexão prisão-quebrada em quase todos os estados do Brasil. O entra e sai da prisão, associado ao comércio das drogas, formou uma visão de mundo comum, com gírias, gestos, valores e expressões semelhantes, que se interligaram graças aos novos meios de comunicação. "É nóis que tá", por exemplo, é uma expressão falada nas quebradas de norte a sul. A valorização do espírito guerreiro, a disposição para o combate, a ostentação de bens de consumo e de armas e o ódio ao Estado passaram a seduzir cada vez mais jovens, independentemente dos limites dos estados. Tudo, agora, reproduzido em vídeo e compartilhado nas redes sociais. Nesse novo contexto, os trejeitos e falas de um representante da cena criminal acriana, cantando proibidão numa favela de Rio Branco, dançando para uma câmera de celular, são parecidos com os do jovem de Joinville, que ostenta suas armas celebrando a vida do crime. Numa das letras de jovens do

PGC de Joinville, inspiradora e cheia de mensagens positivas, a cena criminal é apresentada como um caminho de sucesso:

> Porque eu sou assim
> Moleque louco vencedor
> Merecedor,
> Menino sonhador,
> Assim vou continuar,
> Minha fé minha esperança, me ajuda a chegar lá,
> Mostrando talento por aonde a gente passa,
> É a nossa voz em todas as quebradas

O clipe é repleto de armas, assaltos e tiros. Como se, para essa garotada, o crime fosse além da violência e da ostentação, representando uma "caminhada" que faz mais sentido do que a estrada que a sociedade tradicional pavimentou, cheia de obstáculos e armadilhas. As políticas públicas foram determinantes na produção desse cenário. Elas criaram a ideia de que o país estava em guerra, colocando o Brasil a caminho de um retrocesso civilizatório. As instituições democráticas se fragilizaram. Os grupos armados se fortaleceram, defendendo suas próprias vontades nos territórios onde agiam, subjugando os demais pela ameaça de morte. O campo de batalha se formou nos presídios, se espalhou pelas periferias das grandes, médias e pequenas cidades de várias regiões do país, em especial, das regiões Norte e Nordeste, onde a fragmentação dos grupos criminosos era maior. Milícias e policiais engrossaram o caldo da opressão armada, sob o aplauso da população amedrontada, que também tinha raiva e apostava na violência para se proteger. Como se fosse impossível escapar desse ciclo autodestrutivo.

***

Cinco meninos estão perfilados na frente de um muro sem reboco, com tijolos à mostra, no quintal de uma casa no bairro de Alto Calhau, em São Luís do Maranhão. Romário, Peguinha, Jardel, Mano Bocão e MC Dedê Maldito fazem parte da nova geração que se habituou a buscar a fama em produções de vídeo caseiras propagadas pelo YouTube. Todos tentam fazer cara de bravo no vídeo, mas não disfarçam o sorriso diante da câmera do celular. Usam bonés e dançam uma coreografia improvisada ao som de uma suave batida eletrônica de funk. Cantam sobre as peripécias do Primeiro Comando do Maranhão, facção local que firmou aliança com o PCC nas cadeias do estado.

MC Dedê Maldito veste uma camisa da Adidas e segura um revólver quando começa a cantar a música sobre os tiroteios e assassinatos cometidos pelo grupo contra jovens de grupos rivais. "Hoje eu vou matar quarenta [em referência ao Bonde dos 40, facção inimiga], facção do Jogador, com nóis você não aguenta, acertei três de meiota, sabadão de ponto trinta, fazendo a contenção, gosto é de matar quarenta." O vídeo tem mais de 800 mil visualizações e ganhou respostas gravadas pelas facções rivais, como do próprio Bonde dos 40 e do Comando Organizado do Maranhão, numa celebração musical dos conflitos e assassinatos em ritmo de funk, na competição por cliques e popularidade nas redes sociais, na tentativa de se impor localmente como os mais destemidos.

A imagem festiva de MC Dedê e de seus amigos não combina com a letra da música. Aqueles dançarinos simpáticos, que em outros tempos poderiam ter sido levados a caminhos distintos, foram seduzidos e formatados por ideias contemporâneas. Sem sair do ritmo, eles dançam balançando a cabeça, fazendo gesto de revólveres nas mãos. Uma criança aparece rapidamente para brincar com um integrante da facção, que afasta o menino com delicadeza. É como se os cinco não fossem capazes de compreender a gravidade do que estão fazendo, cegos, sem conseguir prever como aquelas provocações poderiam acabar mal e determinar o futuro trágico e breve de todos eles.

A cultura do crime e das disputas entre gangues, fomentada nas prisões, transcendeu as grades e os muros para chegar ao lado de fora, nas cidades mais violentas. A conexão decisiva entre prisões e quebradas, que se intensificou depois de meados dos anos 2000, acabou criando um novo campo de interação entre jovens e adultos que transitam por esse mundo. O espírito de soldados em guerra, em disputa por mercados e poder, que até os anos 1990 parecia restrito aos integrantes dos grupos criminosos fluminenses, acabou se replicando entre jovens brasileiros em diferentes quebradas. Alguns desses guerreiros ostentam sua virilidade segurando revólveres, fuzis e facões, competem pelos calibres das pistolas e prometem invadir territórios inimigos, em vídeos e postagens que se tornam populares via WhatsApp e Facebook. Essas encenações, contudo, não são meramente performáticas e alegóricas. O que muitos cantam é a descrição da violência real do dia a dia dos bairros onde moram.

No Ceará, a rivalidade entre jovens moradores de territórios vizinhos se acirrou na última década. Depois das rebeliões nos presídios, ao longo de 2017, a situação piorou, apesar de o sistema penitenciário estadual não ter testemunhado nenhum grande massacre. A conexão das cadeias com os territórios organiza parte das oposições e rivalidades do lado de fora. O PCC, que tem forte presença local pelo menos desde 2005, quando realizou o assalto ao Banco Central de Fortaleza, se aliou aos Guardiões do Estado (GDE), facção criada pelos criminosos cearenses em 2012.

Os paulistas souberam crescer sem melindrar os integrantes do GDE, que passaram a travar batalhas com seus rivais do

Comando Vermelho, aliados dos amazonenses da Família do Norte. A facção cearense GDE não cobra mensalidade de seus membros, que não têm a vivência histórica dos criminosos paulistas. Parecem mais seduzidos pela luta por mercado e poder, celebrando os conflitos e os namoros constantes com a morte como se fossem aventuras grandiosas.

As disputas nas quebradas cearenses são também narradas em ritmo de funk e hip-hop. Do lado de fora, a adrenalina em torno dos conflitos fala mais alto do que os discursos ideológicos, mais presentes nas prisões. Em um dos muitos funks do MC Lukinhas, para os amigos da GDE, ele descreve uma das invasões ao território do grupo rival. Antes de começar a cantar, inicia um ritual recorrente nas músicas das quebradas. Ele manda salves para os aliados, os irmãos Neguinho, Zoião da Mucunã, Baleado do Mucunã, Baleado do Monumento, Magnata, Cabeça, Grandão, Playboy, PT, Louco, Anão e outros. Com uma batida de funk cantada por outro garoto ao fundo, ele começa:

> Os caras tentaram entrar na favela,
> entre becos e vielas,
> sabe que é difícil de entrar
> O Anão disse que eles estão monitorados,
> o Arregueba lá de aço e o Gorrego tá de AK
> Os caras entraram em desespero,
> o Gordinho é certeiro, pensaram em recuar
> Baleado me falou que os cara peidou.
> Então não tenta, que nós faz voltar de ré
> O Neguinho tá com a de tripé e a boca tá a mil.
> Trocando tiro o irmão Lucas é o veneno.
> E a boca tá vendendo. Pra relaxar acende o balão

O ponto alto dos conflitos no Ceará ocorreu em junho de 2017, numa casa de veraneio em Ponto das Dunas, na cidade de Aquiraz, na Grande Fortaleza. Cerca de vinte pessoas festejavam a liberdade de um ex-presidiário, Davi Saraiva Benigno, de 23 anos, preso dois anos antes acusado de liderar uma quadrilha de drogas sintéticas no estado. Durante o dia, os garotos postaram vídeos celebrando na piscina e dançando com drinques na mão ao som da música "Bonde do Estelionato", que fala sobre as quadrilhas especializadas em golpes contra cartões de banco — os chamados 171 ou cartãozeiros. A cena é banal, com garotões narcisistas, como outros de sua geração, cantando para as câmeras de um big brother privado, feito por eles e para eles. À noite, cerca de dez homens de um grupo rival chegam dentro de dois carros e arrombam o portão da mansão, atirando contra os garotos que ainda estavam na balada. Seis pessoas morreram. Um deles tentou pedir a um amigo que chamasse a polícia durante o tiroteio. O áudio vazou e acabou sendo mixado na letra de um rap feito por simpatizantes do CV celebrando o massacre.

No mesmo episódio, as imagens feitas por policiais que entraram logo depois do crime foram usadas para criar um vídeo com objetivos supostamente pedagógicos — pelo menos na cabeça dos policiais. As imagens da festa na piscina, antes da chacina, que estavam nos celulares das vítimas, foram mostradas ao lado da frase: "Tudo era alegria. Preocupação zero. Tudo pago com dinheiro do crime. Mas o final foi dramático". Aparece então a imagem do Anjo da Morte e uma nova sentença: "Dorante [sic] o dia a farra. A noite foi de muita bala". Na sequência, são mostradas cenas do local do crime e dos corpos ensanguentados. O vídeo acaba com uma mensagem bíblica, com pontuação confusa, e a referência a um canal de informações da polícia cearense: "O salário do pecado e a morte mais o dom gratuito de Deus é a vida eterna com cristo. 190CE, mostrado que o crime não compensa". Naturalmente, 190 faz referência ao número do telefone da PM.

O espírito guerreiro dos policiais recebe o aplauso de muita gente. Se há uma guerra em curso, afinal, por que apenas os inimigos podem atirar e matar? Foi o que pensou um grupo de policiais em novembro de 2015 no bairro de Messejana, em Fortaleza. Numa quarta-feira à noite, dia 11 de novembro, um soldado foi morto a tiros ao reagir a um assalto. Nas horas que se seguiram, onze pessoas foram assassinadas em bairros vizinhos, como Lagoa Redonda, Curió e Comunidade São Miguel, num intervalo de três horas e meia. Sete mortos tinham menos de dezoito anos. Outras sete pessoas foram atingidas por disparos, mas sobreviveram. Algumas vítimas foram mortas na rua e outras foram retiradas de dentro de casa para morrer.

O crime abalou os moradores do bairro. Nos dias que se seguiram, os programas de TV tratavam os mortos como supostos traficantes. A mãe de um deles telefonou para as redações e chamou os jornalistas para ouvir a versão dela sobre o filho, Jardel Lima dos Santos, de dezessete anos, aluno do primeiro ano do ensino médio, que fazia aulas de futsal nos equipamentos da prefeitura. Assim como em São Paulo, foi criado um movimento chamado As Mães da Chacina da Grande Messejana, inspirado nas Mães de Maio, que passou a organizar passeatas e debates sobre o crime. Jardel e Alef Souza Cavalcante, outra vítima de dezessete anos, viraram nome de rua. O Ministério Público e a polícia do Ceará, ao contrário das autoridades paulistas, conseguiram identificar os culpados. Dois anos depois do crime, a Justiça decidiu que 33 policiais militares seriam submetidos a júri popular.

A disposição da polícia para responder ao crime com violência mostra fragilidade em vez de força. O ano de 2018 seguiu sem controle, com grupos rivais se destruindo e apavorando os bairros. Na pior das ocorrências, catorze pessoas foram mortas em janeiro numa casa de forró em Cajazeiras, periferia de Fortaleza. As investigações apontaram para uma retaliação do GDE contra os rivais do CV, que organizavam a festa. Oito das vítimas eram mulheres. A conexão cadeia-quebradas produziria um efeito dominó dois dias depois, quando dez presos foram assassinados na Cadeia Pública de Itapajé, a duas horas de Fortaleza. Segundo as autoridades, eles seriam membros do PCC, aliados do GDE, e foram mortos por integrantes do CV.

Essa rivalidade vazia, autodestrutiva e suicida, que se reinventa com o passar do tempo, segue produzindo milhares e milhares de mortes todos os anos. O grosso da violência são homicídios praticados a granel, em ruas escuras, de madrugada, que ocorrem sem o estardalhaço dos massacres e chacinas. São casos que quase nunca ficam isentos de desdobramentos. Produzem revolta e desejo de vingança dos amigos dos mortos e têm um elevado potencial de multiplicação. Em 1980, foram cerca de 14 mil homicídios no Brasil. Atualmente, somadas, as mortes intencionais violentas já totalizam mais de 60 mil por ano, como apontado anteriormente.

No geral, essa cena de violência é formada por homens que matam outros homens e acreditam fazer a coisa certa ao praticar esses crimes. A maioria das vítimas e autores é jovem, parda ou negra, moradora das diversas quebradas do Brasil, quase sempre bairros pobres, de urbanização recente. Nada que provoque comoção pública, manchetes nos portais ou discussões nas redes sociais, como se fossem mortes esperadas e invisíveis.

Para entender como se movimenta essa engrenagem brasileira de matanças, os autores deste livro ajudaram a criar o Monitor da Violência, uma parceria com jornalistas do Portal G1 e com o Fórum Brasileiro de Segurança Pública. A primeira missão do Monitor foi contar as histórias de todas as mortes intencionais violentas do Brasil em uma semana. Foram 1195 casos ocorridos entre 21 e 27 agosto de 2017, levantados por uma equipe de mais de 230 jornalistas, num esforço industrial de apuração. Apesar da imensa variedade de motivos por trás de cada uma das mortes, o que mais chamou a atenção foi a grande quantidade de casos com características de execução.

Sem muito alarde, logo no primeiro dia de apuração, na parte da manhã, mais de cinquenta pessoas já haviam sido assassinadas. Conforme as horas passavam, novos homicídios aconteciam de norte a sul do país, na média de um caso a cada oito minutos.

Na noite de 24 de agosto, em Nísia Floresta, na Grande Natal, onde fica a Penitenciária de Alcaçuz, Raul Victor de Carvalho Silva, um jovem de vinte anos, foi morto a tiros enquanto dirigia sua moto. Ele foi perseguido por dois garotos que estavam em outra moto e dispararam três vezes antes de fugir. Independentemente dos motivos, os assassinos haviam decidido que Raul deveria morrer. Depois, foram à caça e o executaram.

Nessas ocorrências com característica de execução, o autor chega ao local do crime, sozinho ou em grupo, para matar o desafeto e depois fugir. Eles agem, na maior parte das vezes, de noite ou de madrugada, quando não existem testemunhas. O corpo costuma ser encontrado com furos de bala apenas pela manhã.

A premeditação, o tempo para o autor calcular e pensar sobre o homicídio, indica que, naquelas circunstâncias, ele enxergava, de fato, o assassinato como um instrumento para resolver um conflito. Acreditava que essa era a melhor solução para seu problema. Não se trata de loucura, irracionalidade, abuso de drogas. Mas de uma crença de que, em certas ocasiões, dependendo das circunstâncias, o assassinato pode ser a melhor escolha.

A tolerância a esse tipo de crença acaba servindo como base para a consolidação da lei da selva nas quebradas mais violentas, em que sobrevive o mais forte. Esses bairros apresentam uma proporção de homicídios muito acima da média do resto da cidade. Nesse ambiente, ser mais forte não significa ter mais técnica, coragem ou habilidade. Basta estar disposto a puxar o gatilho antes de ser morto.

Na manhã de sábado do dia 27 de agosto, no município de Caucaia, na Grande Fortaleza, Daniel Silva de Abreu chegou de moto para matar os adolescentes Francisco Breno Araújo Barbosa e Marcelo Moura Vieira, perto da linha do trem. Horas depois, ele foi preso, com uma pistola e munições. Na delegacia de Caucaia, afirmou aos policiais que matou os dois porque vinha sendo ameaçado. Segundo o assassino, ele praticou o homicídio "antes que pudesse sofrer algum atentado". Quando o homicídio é tolerado, matar o predador em potencial vira uma estratégia de sobrevivência, nos chamados "homicídios de defesa".

Essa crença compartilhada por indivíduos ou grupos de que os assassinatos fazem parte de seu leque de escolhas cotidianas é o que produz o efeito multiplicador. Conforme os crimes se repetem e os autores continuam soltos, tiranias privadas vão se formando, como se indivíduos e grupos disputassem uma corrida para ver quem chega ao topo da cadeia alimentar e se torna o grande predador da selva.

Como as autoridades públicas não interferem, a violência provoca reação. Cada assassinato tem a capacidade de produzir vinganças, promover novas rivalidades, criando uma engrenagem que se retroalimenta. Os lucros e as disputas do mercado são um dos incentivos para esses conflitos.

Em apenas uma década, entre 2005 e 2015, oito estados brasileiros registraram crescimento acima de 100% nas taxas de homicídios de jovens entre 15 e 29 anos. Os homicídios se disseminam como se fossem uma ação contagiosa. O crescimento vertiginoso das taxas de assassinatos nas capitais mais violentas, representado por gráficos que se assemelham a curvas de epidemias, é uma das principais características do fenômeno da violência no Brasil. O problema se agrava porque os policiais, muitas vezes despreparados para lidar com a situação, passam também a matar para tentar exercer o controle desses territórios. Isso pode ocorrer de forma oficial, nos chamados autos de resistência, ou de forma extraoficial, por meio de grupos de extermínio, presentes em muitas cidades brasileiras.

Na última semana de agosto de 2017, pelo menos 61 mortes aconteceram em supostos confrontos de suspeitos com policiais, o que representa pouco mais de 5% do total de homicídios. Nesses casos, segundo a versão apresentada pelos policiais nas reportagens, os homicídios foram praticados em legítima defesa, depois de serem recebidos a tiros pelos suspeitos. Muitas dessas ocorrências são mal explicadas e levantam suspeitas de serem simulações, dificilmente investigadas.

São casos como o ocorrido na madrugada de 21 de agosto, no município de Pojuca, na Grande Salvador, quando dois homens foram mortos em um suposto confronto com a polícia. Segundo a versão dos policiais, eles receberam uma denúncia de que traficantes estavam vendendo drogas no bairro Pojuca II. Eram três horas da madrugada de segunda-feira. Mesmo assim, os policiais decidiram ir até o local do crime para fazer o flagrante e acabaram matando Rafael França de Jesus, de dezenove anos, e William de Santana Palma, de 21 anos.

Há ainda o mercado milionário da segurança privada, verdadeiras milícias nos bairros conflagrados diante do medo daqueles que se sentem impotentes. O desinteresse corporativo na investigação de milícias de extermínio mantém esses grupos acobertados. As principais ações institucionais nos últimos anos dependeram de investigações de policiais federais, atores ausentes das corporações locais. Esses vigilantes, associados ou não aos policiais, se tornam mais uma tirania na corrida ao topo da cadeia alimentar.

O resultado dessas disputas acaba sendo o conflito entre diversas tiranias privadas, formadas por grupos ou indivíduos que disputam o poder ou reagem à pretensão de dominação dos rivais. Uma crença comum os move nessa guerra sem causas: a de que o homicídio é o principal instrumento para o fortalecimento de seus grupos e para o enfraquecimento do grupo rival. A população que vive nesses territórios é obrigada a aceitar calada os conflitos entre as tiranias armadas, diante da incapacidade do Estado em exercer o monopólio legítimo da força em defesa de regras iguais para todos. Essas tiranias, dependendo do nível de organização, produzem graus diferentes de opressão. Nos territórios onde esses grupos armados estão presentes, duas leis imperam: a lei da selva e a lei do silêncio. Já os conflitos são celebrados pelos participantes como façanhas heroicas.

Em Salvador, na Bahia, facções filmaram invasões a favelas controladas por grupos rivais e depois colocaram os vídeos no YouTube. O Comando da Paz entrou armado no território do Bonde dos Malucos, e vice-versa. Jovens se filmaram caminhando agachados em diferentes lados da rua, imitando séries de TV, desafiando os inimigos aos berros, com os braços esticados segurando suas armas. Em outro vídeo, quatro homens de bermuda, chinelos e sem camisa, seguravam armas longas enquanto cantavam músicas desafiando a Polícia Militar baiana, em versos de bloquinho de Carnaval. "Nós tá acampado. É ou não é?", pergunta um deles. Os outros respondem em coro: "É sim". De novo: "É ou não é?". "É sim." "Nós tá é pesa... dão [coro]. Nós tá é pesa... dão [coro]."

Dias depois, a polícia respondeu com outro vídeo e ocupou o local. Ato contínuo, compartilhou as imagens na internet. "Estou aqui onde os elementos disseram que se a polícia entrasse eles iam botar para correr. A Rondesp [Rondas Especiais] invadiu aqui. Não tem um pé de pessoa, não tem um dos elementos que fizeram o vídeo. Onde é que tá esses homens todos. Disse que era homem. Eles que tem que botar a cara para dizer de que jeito é que vai ser", diz o policial que filma a cena. Podemos dizer que tudo é muito patético e triste: adultos armados e sem rumo, brincando de polícia e bandido, produzindo dramas reais.

O funk e os proibidões, quase sempre, são a linguagem dominante dos conflitos, tornando repetitivos os trejeitos, gírias e rimas nas bolhas da internet que conectam os grupos. Em Porto Alegre, os simpatizantes da facção Bala na Cara (BNC) cantam sobre a violência nos conflitos com seus inimigos, os Anti Bala. Em um vídeo com quase 200 mil visualizações no YouTube, eles repetem as mesmas ladainhas dos demais.

> Nós têm força de pistola e também tem escopeta. Tamo pronto pra guerra e vamo até de manhã. Vocês viram o que a máfia fez com o verme do Alan. Nosso lado só tem braço, aqui só tem leão, vocês viram que o Ipê, nós já colocou no chão. Didi botou foto no Face de fuzil e de pistola, quando invadimo o Ipê, não durou nem meia hora.

Até os policiais acabam aderindo aos proibidões, como nas diversas versões do "Funk do Bope", com milhões de visualizações. Na introdução, um narrador pergunta: "Você tem medo do lobo mau, do bicho-papão ou do boi da cara preta? Vou lhe contar um segredo. Já mataram todos". A música então começa, com seu refrão chiclete: "Depois que convocaram o caveirão, os bandidos estão bolados, estão bolados. Verdadeiros matadores de elite é o Bope sanguinário, sanguinário". Fotos de suspeitos mortos a tiros são intercaladas com o símbolo da faca na caveira.

Nos campos para comentário abaixo desses vídeos se desdobra um bate-boca entre os simpatizantes de cada lado, que se ameaçam de morte e defendem os valores de suas gangues ou grupos. Em comum, todos parecem acreditar no papel central da violência e dos homicídios, como se esses conflitos pudessem dar um norte a suas vidas.

Existem mais de 2,6 mil estabelecimentos penais no país, com mais de 740 mil presos, mais de sete vezes acima dos 90 mil do total em 1990. A grande maioria dos presos não pertence às facções, mesmo quando sujeitos às disciplinas e ordens internas estabelecidas por esses grupos. A construção de milhares de novas unidades ergueu um mundo novo, uma espécie de distopia, em que pessoas são confinadas em gaiolas insalubres com pouco espaço, pouca comida. A passagem por uma dessas unidades costuma produzir uma marca indelével, que cria estigmas e bloqueia os caminhos possíveis para um futuro longe do crime. As prisões, em vez de recuperar, acabam assim empurrando as pessoas para o crime.

As gangues se fortaleceram e se popularizam como a solução interna para sobreviver nessa distopia. Ajudam a criar ordem num mundo de confinamento. O sofrimento compartilhado entre aqueles que vivem esse dia a dia fomentou a solidariedade e a adesão a uma ideologia do crime, como um credo a pautar comportamentos e "procedimentos", a ponto de alguns grupos imitarem rituais religiosos para a filiação de novos membros.

Num batismo filmado por presos no Maranhão, o estilo segue o dos rituais das Igrejas neopentecostais. Os organizadores são integrantes do Primeiro Comando Maranhense (PCM). No pátio lotado, há uma fila. Uma liderança do crime faz o papel de pastor e segura um estatuto, com as leis da facção. Dois homens, um do lado esquerdo e outro do lado direito, colocam a mão nos ombros do preso, antes de iniciar o batismo:

"Qual o seu nome?", pergunta.

"Rafael", o preso responde.

"Rafael, você tem simpatia por alguma outra organização?"
"Não."
"Você jura obedecer ao estatuto enquanto estiver no crime? Você é capaz de obedecer a todos os itens do estatuto? Você quer ser um irmão PCM 15.3.12?"

Rafael vai respondendo positivamente a todas as perguntas.

"Por que [você quer se filiar], meu irmão?", pergunta a liderança.

"Porque eu sou pelo certo. E o errado é cobrado", ele devolve, dando a resposta que vai ser repetida pela maioria.

"Meu irmão, a partir do momento que você fechar com nóis, você vai tá fazendo uma aliança com o crime, um pacto de sangue com a organização. Então, a partir de hoje você é considerado um irmão." Todos aplaudem o novo batizado, antes de chegar a vez do próximo da fila.

O discurso das facções funciona mais na prisão, mas passou também a orientar comportamentos nas ruas, já que o entra e sai dos presídios acaba criando uma ponte entre esses dois espaços. Em Santa Catarina, o PGC chegou a criar um hino em ritmo de funk e violão em que se apresenta como uma instituição que representa os interesses coletivos "da periferia".

> Vocês nos julgam pelas nossas atitudes, mas não se culpam pelas coisas que vocês fazem com nosso povo. Então seguinte. Aqui é mais um MC anônimo, que não vai se identificar para não ser perseguido e torturado. Diretamente de Floripa, da Grande São José. No Complexo da Grande Serraria, mais um MC cantando assim
> Ôoooooo
> Ôoooooo
> Ôoooooo
> Uniram as favelas em uma reunião
> Assim veio surgir uma nova facção

Que veio lutar
Pela periferia
Unindo os irmãos de Santa Catarina
Quem começou tudo ninguém sabe ninguém viu
Foi só mais um louco em um estado do Brasil
Como se eu revesse o tempo da escravidão
Sobre a ditadura
Pedindo revolução
Ó Grande SC salve a bandeira do PGC
Ó Grande SC salve a bandeira do PGC

Para aqueles que ingressam nessa cena das facções, presídios, venda de drogas e conflitos, a tendência é viver um processo que alguns estudiosos chamam de desfiliação social, em que se vai rompendo aos poucos os laços com a família, com os amigos e conhecidos do mundo "normal". Mesmo quando se colocam como representantes das periferias e revolucionários, só resta aos criminosos submergir nas sombras e se posicionar estrategicamente para crescer nas brechas deixadas pelo sistema. O objetivo acaba sendo aproveitar a vida ao máximo, sem baixar a cabeça, até chegar a hora de partir deste mundo.

A figura dos terroristas suicidas, não por acaso, é sempre lembrada nas cenas criminais dos estados. Na Paraíba, o crime buscou referências internacionais ao nomear os grupos do estado. Primeiro surgiu a Okaida, corruptela da Al Qaeda, famosa por liderar o atentado contra o World Trade Center, em 11 de setembro de 2001. Quando os rivais da Okaida passaram a se articular para disputar espaço no presídio e no mercado criminal, eles deram ao grupo o nome de Estados Unidos.

Os terroristas suicidas são vistos pelos criminosos como aqueles que não se dobram, que preferem arriscar a vida e a liberdade na luta contra o poder opressor. O termo "terrorista", no linguajar criminal, tem valor positivo, associado ao ladrão engajado, que tem consciência e sabe que, na verdade, luta contra o sistema. Um dos apelidos recorrentes na cena criminal é Bin Laden, e aparece em diversos estados brasileiros. É conferido, muitas vezes, aos que manejam explosivos para roubar dinheiro em caixa eletrônico — crime que se popularizou depois dos anos 2000. A vida no crime tem características de um caminho suicida: jovens dispostos a arriscar a vida e a liberdade, como se fossem homens-bomba prestes a morrer como heróis.

Alguns funks paraibanos também fazem referências ao cangaço e a seu mais célebre representante, Lampião. "Sou guerreiro da Okaida, facção da Paraíba, estilo de Lampião, nós derruba os paulistas." Logo depois, na mesma música, eles citam o líder terrorista do Onze de Setembro. "Que se diz o PCC, mas aqui nunca invade, João Pessoa é tudo nosso, os soldados de Bin Laden."

Entre as cerca de oitenta gangues contabilizadas pelos serviços de inteligência do sistema prisional, exceção feita às do Rio de Janeiro e de São Paulo, a maior parte surgiu há menos de uma década, para surpresa dos analistas e estudiosos, que não foram capazes de antecipar o fenômeno.

***

As cenas estaduais do crime, antes relativamente delimitadas pelas fronteiras regionais, se interligaram impulsionadas pela expansão do mercado de drogas. A nova política penitenciária, ao mesmo tempo que ajudou os governos estaduais a isolar e se livrar de seus presos mais perigosos, também serviu para catalisar a nacionalização das redes criminais.

O Rio de Janeiro, por exemplo, solicita a transferência de todo e qualquer preso que seja apontado como liderança de um grupo criminoso — milícia ou tráfico —, e muitas vezes se nega a receber o preso de volta quando esgota o lapso temporal definido para a permanência no Sistema Penitenciário Federal, exigindo renovações contínuas que ferem a Lei de Execução Penal. Evidentemente, essa postura gera problemas legais, políticos e administrativos e explica por que muitos presos provenientes do Rio de Janeiro estão no SPF há mais tempo do que o previsto em lei. É o caso, por exemplo, de Fernandinho Beira-Mar (desde 2006), Marcinho VP (desde 2007) e Nem da Rocinha (desde 2011).

No extremo oposto da postura do Rio de Janeiro, encontra-se o estado de São Paulo, um dos únicos estados que sempre apresentaram enorme resistência em transferir seus presos para o SPF — notadamente, os associados ao PCC. São várias as justificativas oficiais para essa postura. O principal argumento do governo paulista é a existência de uma unidade prisional nos mesmos moldes das federais, o Centro de Readaptação Penitenciária de Presidente Bernardes. Mas é no mínimo estranho que os presos de São Paulo apontados como líderes do PCC cumpram pena numa penitenciária de regime comum, a Penitenciária II de Presidente Venceslau, que, como já mencionado, é chamada pelos presos de W2 ou "cidade proibida" — são raros os períodos desses presos em Regime Disciplinar Diferenciado. Esse paradoxo sempre opôs autoridades dos estados às da União, com disputas, acusações e boatos envolvendo políticos, administradores, especialistas e os próprios presidiários. Além disso, a questão é tratada pelos governos com notável opacidade, o que intensifica as especulações sobre as razões dessas escolhas.

Seja como for, é importante ressaltar que, embora o PCC esteja entre as facções com mais membros presos no sistema federal, a maioria quase absoluta desses presos não é proveniente do sistema prisional de São Paulo nem da estrutura paulista do PCC. Em sua quase totalidade eles pertencem à Sintonia dos Estados e Países ou à Sintonia dos Estados — ou seja, são provenientes, atuam e cumprem pena em outros estados brasileiros que não São Paulo. Eles são membros do PCC, mas pertencem aos quadros da organização fora do território paulista, na expansão que se deu na última década.

Há, contudo, duas exceções a essa regra.

Os primeiros presos do alto escalão do PCC paulista transferidos para o sistema federal foram Abel Pacheco de Andrade, o Vida Loka, e Roberto Soriano, conhecido como Betinho Tiriça. As transferências ocorreram em meio à crise de 2012, quando mais de cem policiais foram executados em retaliação à atuação da Polícia Militar paulista.

Abel foi transferido em razão da Operação Leviatã, realizada pela Polícia Federal durante o ano de 2011, após ser flagrado atuando no tráfico de drogas e armas e ordenando homicídios fora das prisões. Soriano foi apontado como autor de um bilhete com dados de um policial militar — nome, mãe, pai, endereço, RG, matrícula — e a ordem expressa para matá-lo. Por causa do bilhete, foi transferido inicialmente para Presidente Bernardes e em seguida para a Penitenciária Federal de Porto Velho. Desde essa época, ambos se encontram presos no SPF, tendo passado pelas quatro penitenciárias desse sistema e criado problemas e tensões em todas elas.

Soriano foi o responsável pelo primeiro motim de uma unidade federal, em setembro de 2013, em Porto Velho. Escutas o flagraram articulando presos de diversas facções e defendendo a indisciplina. Pela primeira vez, pias, chuveiros e vasos sanitários das celas foram quebrados. Em outras ocasiões, Soriano fora acusado de incitar os presos a rejeitar a comida — os alimentos eram atirados nos agentes penitenciários. Desde 2012, Soriano foi incluído treze vezes no Regime Disciplinar Diferenciado. Agentes penitenciários afirmam que ele não se submete às regras, é agressivo e exerce liderança negativa pelos lugares por onde passa.

As inúmeras intercorrências disciplinares de Soriano fogem à regra do sistema federal. Ele ousou desafiar um regime rígido em seus procedimentos disciplinares e no ordenamento social. O tensionamento entre Soriano e o SPF explica o fato de as lideranças do PCC serem exceções nesse sistema. Esses presos não admitem ser tratados com tanta rigidez. O PCC — ao menos na sua Sintonia Geral Final de São Paulo — não admite se submeter a diversos procedimentos que fazem parte da rotina do SPF.

As relações pioraram em 2015 e 2016, quando surgiram planos, no âmbito da Sintonia Restrita do PCC, de execução de servidores do Sistema Penitenciário Federal. Foi emitido um salve ordenando a morte de oito agentes, dois de cada estado. De acordo com investigações da Polícia Federal, as ordens teriam partido das lideranças da Sintonia Geral Final do PCC paulista presas no SPF — Abel e Soriano, inconformados com o tempo de permanência no regime duro e, especialmente no caso do segundo, com as sucessivas punições recebidas por falta grave. O confronto entre o PCC e o SPF se acirrou e ficou explícito a partir de setembro de 2016.

No dia 2 de setembro daquele ano, o agente penitenciário Alex Belarmino dos Santos foi executado com dezoito tiros de pistola 9 mm, em Cascavel, enquanto seguia para o trabalho na Penitenciária Federal de Catanduvas. Alex era lotado na sede do Depen em Brasília e estava em Cascavel para ministrar um curso de capacitação. No dia 14 de abril de 2017, foi a vez do agente Henri Charles Gama Filho, na cidade de Mossoró. Foi no âmbito da investigação sobre a sua morte que a Polícia Federal descobriu os planos para a execução de oito agentes. O planejamento da morte de Henri teria começado quase dois anos antes, em São Paulo, e envolveu diversas pessoas às voltas com levantamento de dados, logística (dinheiro, armas, transporte, aluguel de imóvel) e a execução propriamente dita. O servidor foi morto a tiros quando estava num bar.

Pouco mais de um mês depois, em 26 de maio de 2017, foi a vez da psicóloga da Penitenciária Federal de Catanduvas, Melissa Almeida, ser executada quando entrava no condomínio em que morava, na cidade de Cascavel. A psicóloga chegava em casa de carro, com o marido e o filho, um bebê de dez meses. Quando ela desceu para abrir a porta, levou dois tiros de fuzil no rosto e morreu na hora. O marido de Melissa, policial, sacou a arma e acertou dois tiros em um dos criminosos, matando-o. Também acertou um tiro na perna do outro, que acabou fugindo, mas foi morto horas depois, quando a polícia descobriu o local onde se escondera. O marido da psicóloga foi atingido por disparos, mas sobreviveu. O bebê de dez meses que estava no banco de trás saiu ileso.

A execução chocou a opinião pública e teve grande repercussão. O fato de a vítima ser mulher, de atuar como psicóloga e a presença do bebê tornavam o crime estranho aos padrões dos grupos criminosos, trazendo novos contornos à queda de braço entre as lideranças do PCC e o SPF. Em julho de 2017 a Polícia Federal deflagrou a Operação Força e União com o objetivo de identificar os envolvidos. Policiais cumpriram mandados de busca e apreensão no Rio de Janeiro e em São Paulo e cinco mandados de prisão preventiva, sendo um em Mossoró e quatro em São Paulo. De acordo com os policiais envolvidos na operação, as ordens para os crimes haviam partido da cúpula do PCC, dos integrantes presos no SPF. Os alvos seriam escolhidos pela função que exerciam e conforme a possibilidade de alcançá-los. Não foram casos individualizados, em razão de conduta específica dos servidores. Foram, efetivamente, atentados contra o Estado destinados a aterrorizar os servidores, forçando o estabelecimento de negociações para afrouxar as regras disciplinares do SPF. Outra possibilidade seria transferir de volta os chefões do PCC para cumprir a pena no estado de origem, São Paulo.

A pressão do sindicato dos servidores, contudo, se intensificou, sobretudo pela demanda que fazia tempos reivindicava: o fim das visitas íntimas no SPF. Além disso, defendiam a tese de que os presos só recebessem visita no parlatório, ou seja, sem contato físico com os familiares. Após a morte de Melissa, o Depen atendeu às demandas e suspendeu as visitas por tempo indeterminado. Teve então início uma queda de braço envolvendo, de um lado, o Depen e o sindicato dos agentes penitenciários e, de outro, a defesa de presos que cumprem pena no SPF. A defesa de Marcinho VP, por exemplo, obteve liminar para manter as visitas íntimas, mais tarde cassada pela segunda instância. A defesa dos detentos de outras facções alega que seus clientes não podem ser punidos por ações de que não participaram. Alega ainda que a suspensão da visita pune a família do preso.

A alternativa à opressão, como o PCC sabe bem, é a diplomacia, que o grupo evita abandonar. As famílias dos presos são o caminho legítimo para pressionar a sociedade e as autoridades. No feriado do dia 15 de novembro de 2017, familiares protestaram em frente ao Museu de Arte de São Paulo "contra a opressão do sistema carcerário". A dureza das regras no sistema federal era uma das pautas, mas também havia familiares reclamando das condições em São Paulo. O encontro foi marcado para a parte da manhã, mas havia no local outra manifestação, em defesa da intervenção militar. As mulheres dos presos decidiram protestar alguns metros adiante. Mães, irmãs, filhas, mulheres ligadas aos presos em geral estiveram presentes, assim como entidades de direitos humanos. Algumas tinham ligação com a facção, outras não — "somos independentes", tentavam sutilmente explicar. Havia representantes da União Revolucionária Social — que lideranças pretendem transformar em partido em defesa de presos e excluídos. A repercussão da manifestação foi discreta. A falta de interesse político pelo assunto leva as partes a disputar as demandas usando violência.

Em meados de abril de 2018, os familiares de presos vinculados ao PCC voltaram a protestar, dessa vez na capital do Mato Grosso do Sul. Na ocasião, os familiares solicitavam a presença do juiz de execução para verificar as denúncias envolvendo a alimentação e as arbitrariedades dos servidores com os familiares dos presos na Penitenciária Federal de Campo Grande. Simultaneamente, ocorria um movimento dentro da penitenciária. Alguns presos, justamente aqueles vinculados ao PCC, decretaram greve de fome. Um salve que circulou nas redes sociais expõe a continuidade da queda de braço do PCC com o Sistema Penitenciário Federal e traz mais um alerta:

> COMUNICADO GERAL SISTEMA E RUA
> *Deixamos todos cientes que nossos irmãos e companheiros que estão na penitenciária federal de CAMPO GRANDE estão fazendo uma greve de fome a duas semanas aonde estão reivindicando seus direitos aonde o descaso e o que si prolonga a anos em todas as federal, falta de atenção jurídica, médica, retorno ao seus estados de origem após cumprir o tempo determinado por lei e si prolonga por anos, comida azeda, falta de respeito com familiares, descaso com crianças deixando as sem alimentação durante o período de visita não oferece suporte nem deixa dar, agressões com os internos, e todos tipos de opressões que si possa imaginar, convocamos todos irmãos e companheiros de todos os estados para estarem em ALERTA pois não iremos admitir que nossos irmãos e companheiros sejam agredidos e tratados da forma que estão sendo e pedimos atenção do JUIZ FEDERAL para que vá até as unidade e escute os reeducando que lá si encontra vivendo sobre total opressões e maus tratos DEIXAMOS AS AUTORIDADES DOS ESTADOS CIENTES que si caso os INTERNOS venha perder*

a vida sem ao menos ter sido escutados encima dos seus direitos dado pela própria constituição federal iremos fazer dos estados um caos sem trégua.

Ass: PRIMEIRO COMANDO DA CAPITAL

É importante lembrar que, apesar de o PCC ser o grupo com maior número de presos no SPF, trata-se da facção que tem menos integrantes de sua cúpula nesse sistema. Os poucos que lá cumprem pena são justamente os acusados de aterrorizar os servidores e são aqueles que causaram os poucos distúrbios concretos já ocorridos no rigoroso e "eficiente" sistema prisional. O que aconteceria se mais presos do PCC de São Paulo fossem transferidos para o sistema federal? Quais riscos os servidores e o próprio sistema poderiam correr? O SPF foi criado para ser infalível na neutralização de indivíduos considerados muito perigosos. Manter essa "virtude" é questão de Estado fundamental.

Indagado sobre as razões pelas quais os paulistas da cúpula do PCC não iam para o sistema federal, um preso integrante da facção foi taxativo: "Eles [SPF] não vão pagar para ver se vai morrer agente penitenciário, ter rebelião. Eles não vão desmoralizar o sistema".

9.
Desequilíbrios

Em julho de 2016, quinze dias depois da execução de Jorge Rafaat, as ruas de Ponta Porã e Pedro Juan Caballero aparentavam normalidade. As pessoas continuavam circulando, o comércio mantinha a mesma intensidade, bares e restaurantes seguiam movimentados durante a noite; alguns ainda arriscavam a sorte no Cassino Amambay. "Aqui as balas têm endereço certo", disse um morador, tentando demonstrar tranquilidade, enquanto caminhava à noite pelas ruas de Pedro Juan Caballero, dando a entender que aqueles que não participavam de atividades criminosas estavam a salvo da violência. Mas também havia ansiedade em relação ao futuro, e ninguém sabia se a rotina da cidade estaria ameaçada.

A incerteza de moradores, policiais e comerciantes tinha fundamento. O Rei da Fronteira, a despeito de suas relações no mundo do crime, impunha na região uma clara ordem social, com regras explícitas quanto ao controle da criminalidade comum, o que gerava uma sensação de segurança. Não admitia roubos, furtos, sequestros, homicídios ou quaisquer outros crimes que pusessem em risco a segurança local e atrapalhassem o vultoso comércio de Pedro Juan Caballero. Os homicídios decorriam de problemas "entre eles", e o restante da vida na cidade seguia o fluxo usual, praticamente imune às redes criminais atuantes na região. Os indivíduos vinculados a essas redes estavam umbilicalmente ligados a notórias figuras da política local. Rafaat personificava esse rigoroso controle que se baseava, acima de tudo, na repressão à criminalidade difusa, típica dos grandes e médios centros urbanos brasileiros.

A migração de criminosos vinculados às facções brasileiras — especialmente do PCC e do CV — já vinha pressionando aquele ambiente. A eliminação de Rafaat indicava a guinada definitiva e a configuração de uma nova dinâmica. A principal preocupação dos moradores e policiais de ambos os lados da fronteira era o espraiamento da violência até então circunscrita aos criminosos e seu entorno. Não apenas no que diz respeito aos homicídios, mas a toda gama de crimes comuns associados às grandes cidades, desde furtos e roubos de veículos até assaltos à mão armada, latrocínios, sequestros etc.

O cenário da fronteira se tornava mais complexo porque na região atuam diversas redes criminais, entre as quais quadrilhas que operam o tráfico internacional de drogas e armas em larga escala. Jarvis Chimenes Pavão tem um papel particularmente importante nesse novo cenário. Além de ser um dos *capos* do narcotráfico, Pavão é acusado pelas autoridades de estar envolvido na execução de Rafaat. Logo após o assassinato em Pedro Juan Caballero, um consórcio formado por pelo menos três personagens foi apontado como executor do crime: PCC, CV e Jarvis Chimenes Pavão.

***

Jarvis é considerado pelas autoridades brasileiras e paraguaias um dos maiores narcotraficantes brasileiros. Essa posição se manteve mesmo após oito anos de prisão por lavagem de dinheiro. Após cumprir pena no país vizinho e travar uma intensa batalha judicial e midiática, que envolveu a defesa de Jarvis e as autoridades paraguaias e brasileiras, em dezembro de 2017 ele foi extraditado para o Brasil.

Natural de Ponta Porã, Pavão deixou nos anos 1990 Mato Grosso do Sul — onde já era proprietário de empresas de turismo e revenda de automóveis — e se estabeleceu em Balneário Camboriú, em Santa Catarina. Em 1994, com 25 quilos de cocaína, foi preso pela primeira vez, mas acabou beneficiado por um *habeas corpus*. Nos anos seguintes, segundo a Polícia Federal, ele chegou a abastecer cerca de 80% do mercado de maconha e cocaína da região de Camboriú e Itajaí. Percebendo que o cerco se apertava, o brasileiro fugiu para o Paraguai em 2000, aproveitando-se dos contatos no país vizinho.

A fuga permitiu a ampliação dos negócios e garantiu a ele as condições para se transformar no *capo* das drogas. Aproveitando as rotas constituídas e os contatos com fornecedores paraguaios, a logística de armazenamento e transporte das mercadorias e ainda a vasta rede de relações na sua cidade natal, foi questão de tempo para que Jarvis alcançasse uma posição proeminente no narcotráfico brasileiro. Constituiu fortuna e consolidou relações com autoridades políticas. O pagamento de propinas milionárias a agentes públicos garantiu que permanecesse por quase dez anos foragido da Justiça.

Em dezembro de 2009, numa operação capitaneada pela polícia antidrogas paraguaia, com o apoio de forças de segurança do Brasil e dos Estados Unidos, Jarvis foi preso na luxuosa fazenda de sua propriedade, a Estância Quatro Filhos, no município de Yby Jaú, departamento de Concepción, distante 450 quilômetros da capital, Assunção, no Paraguai. Junto de Pavão, foi preso outro velho conhecido da polícia brasileira, o paraguaio Carlos Antonio Caballero, o Capilo, durante muito tempo apontado como embaixador do PCC no país vizinho. Com eles, a polícia relata ter encontrado mais de 30 mil reais em dinheiro, além de fuzis e pistolas.

Contudo, a prisão em 2009 praticamente não alterou a posição de Jarvis no narcotráfico. Pavão se consolidou como "barão das drogas", atuando em consórcios e parcerias com outras figuras notáveis do mundo criminal, como Cabeça Branca, Capilo, o próprio Rafaat, além de fornecer mercadorias para PCC, CV e PGC. Os laços com Santa Catarina permaneceram fortes. Seus vínculos com um conhecido traficante da capital catarinense, Neném da Costeira, se fortaleceram. Mesmo com os anos encarcerado, Pavão não perdeu poder. Ao contrário, a prisão não impedia a continuidade de seus negócios ilícitos.

Em 2014 e, com mais destaque na imprensa, em julho de 2016, vieram a público as condições da cela em que Pavão cumpria pena no presídio de Tacumbú, na capital paraguaia. As imagens não deixam dúvida sobre os privilégios que o *capo* brasileiro preso no Paraguai havia comprado com sua fortuna. Composta por três cômodos, que reuniam sala, cozinha e sala de reuniões, tinha geladeira, armários, cama box de casal, televisor de plasma, utensílios domésticos, guarda-roupa, mesa de reuniões com cadeiras executivas, biblioteca, uma coleção de sapatos, DVDs, CDs e até um enfeite com o símbolo do Palmeiras, seu time do coração, pendurado na parede. O espaço cinco estrelas construído e controlado por Pavão abrigava cerca de vinte presos — confortavelmente instalados. Após a repercussão da vida de luxo que levava em Tacumbú, Jarvis Pavão foi transferido para o quartel de um grupo especializado da Polícia Nacional paraguaia.

***

Um dos hóspedes da área de luxo de Pavão era o carioca Sérgio Lima dos Santos, ex-integrante das Forças Armadas brasileiras e o único preso pela participação na execução de Rafaat. Segundo as investigações paraguaias, Sérgio era vinculado ao CV e foi o responsável por manusear a metralhadora antiaérea

.50 que matou o Rei da Fronteira. Ferido pelos seguranças de Rafaat e deixado em um hospital na noite do crime, foi levado para o presídio depois de dez dias de recuperação.

A execução do Rei da Fronteira segue uma incógnita. Vários aspectos permanecem sem explicação. Apesar das lacunas, há pistas para uma compreensão parcial. A quase simultânea ruptura entre CV e PCC nos presídios brasileiros acabou embaralhando tudo e provocando conclusões precipitadas acerca dos episódios violentos que dominaram as manchetes no segundo semestre de 2016 e durante todo o ano de 2017.

As tensões que envolviam o PCC e Jorge Rafaat na fronteira de Mato Grosso do Sul com o Paraguai não eram novas. Os homicídios aumentavam, e tudo indicava que as mortes decorriam da reação de Rafaat à pressão das facções brasileiras na região, especialmente o PCC. Apesar da presença de membros do CV, a grande — e fundamental — diferença era que o PCC ocupava a região como organização, e o CV tinha uma presença mais centrada em indivíduos a ele associados, sem nenhuma estratégia de expansão, ocupação ou controle. Nesse cenário, uma figura nebulosa assume um papel central: Elton Leonel Rumich da Silva, conhecido como Galã ou Gallant.

Ronald Benites e Oliver Giovanni da Silva são nomes também utilizados pelo brasileiro que vivia no Paraguai. Jovem, ganancioso, impetuoso, violento, Galã fez fama na fronteira entre Ponta Porã e Pedro Juan Caballero pela audácia e, de certa forma, pela inconsequência das suas ações. Natural de Taubaté, cidade paulista do Vale do Paraíba, região encravada na divisa entre São Paulo e Rio de Janeiro, Galã passou quase despercebido das autoridades e da imprensa quando foi preso, em janeiro de 2012, numa casa de luxo em Campos do Jordão, ao lado dos megaprocurados traficantes cariocas Fabiano Atanázio da Silva, conhecido como FB, e Luis Cláudio Serrat Correia, o Claudinho CL.

FB era considerado o chefão do Complexo da Penha, homem de confiança dos líderes do CV, Marcinho VP e Elias Maluco. Conhecido pela inclemência e pelo "sanguē nos zoio" quanto à conquista de novos territórios através dos seus "bondes", FB é apontado como o líder da invasão ao Morro dos Macacos em 2009, gerando uma guerra que culminou na queda de um helicóptero da Polícia Militar carioca e na morte de três policiais. A quadrilha de FB ficou conhecida no ano seguinte, quando as forças policiais invadiram o Complexo da Penha para a implantação da UPP e as câmeras de um helicóptero de um canal de televisão flagraram a fuga dos traficantes armados da Vila Cruzeiro: a pé, de moto, de carro. Alguns morreram, abatidos pelos atiradores da polícia que sobrevoavam a área. Muitos — entre os quais, FB — conseguiram fugir. Ao que tudo indica, o grupo se refugiou no Complexo do Alemão que, na época, sob a liderança do traficante Pezão — que por coincidência tinha o mesmo apelido do vice-governador —, havia se transformado no quartel-general do CV na cidade do Rio de Janeiro. FB e CL passaram por diversas comunidades controladas pelo CV, até serem presos em Campos do Jordão, no estado de São Paulo.

É importante descrever quem eram os personagens presos em 2012, pois isso ajuda a compreender os meandros que envolvem a execução de Jorge Rafaat em junho de 2016. A imprensa e as autoridades apontaram o PCC como executor daquela ação, estabelecendo uma associação direta entre Jarvis Pavão e Galã e o Partido do Crime paulista. Para uma parcela de autoridades policiais e políticos, assim como em grande parte da cobertura da imprensa, Pavão e Galã eram membros do PCC. Algumas reportagens chegavam a falar em "embaixadores" do PCC no Paraguai ou nos novos "chefes do PCC" na fronteira. Contudo, tais afirmações não se confirmam, ainda que o equívoco seja compreensível e esteja relacionado a particularidades da estrutura e da organicidade do PCC, diferentes das do CV.

Galã era jovem, mas gozava de prestígio no mundo do crime. Não se sabe em que momento ele migrou para a fronteira com o Paraguai, mas é certo que se inseriu nas mais variadas redes criminais, construindo canais de escoamento de maconha e cocaína, além de possuir empresas para a lavagem do dinheiro. Sabe-se que ele trabalhou com os principais chefes da fronteira, como Jarvis Pavão e até mesmo com Rafaat. E, ainda, que mantinha conexões com as facções cariocas, especialmente o CV. Como era do interior paulista e já tinha passagem pelo sistema prisional, possivelmente também tinha contatos no PCC. Contudo, não era alguém dos "quadros" do PCC. Ou seja, não tinha uma posição dentro da estrutura do Partido do Crime paulista. Não há informação se era ou não batizado no PCC, mas não estava na fronteira "representando" os paulistas.

Galã arrumava muitos inimigos. Tinha fama de ser violento e de não ser nada discreto na vida pessoal. Era conhecido por desfilar com mulheres bonitas pela noite em boates e bares das cidades da fronteira de Mato Grosso do Sul com o Paraguai, exibindo carros, motos, joias e roupas caras. Seus modos chamavam atenção, num comportamento raramente associado aos irmãos do PCC.

A impetuosidade de Galã, somada aos interesses de outros atores importantes, foi determinante para a execução de Jorge Rafaat. Jarvis Pavão, ao contrário de Rafaat, mantinha boas relações com todas as facções brasileiras. O Comando Vermelho não tinha interesse específico na eliminação do Rei da Fronteira, mas, na época, o PCC e o CV ainda atuavam na região de forma colaborativa. Galã parecia ser o elo entre os dois grupos na fronteira. Sua região de origem, bem como sua trajetória criminal, apontava para ele como um ponto de conexão importante entre o grupo paulista e o carioca.

O Rei da Fronteira passara a incomodar o PCC e a condenar a forma de atuação do jovem Galã. O consórcio montado para eliminar alguém importante, que havia se tornado peça incômoda, foi organizado a partir de uma divisão do trabalho. Galã foi fundamental. Os riscos óbvios da empreitada não lhe provocavam receios, e ele tinha como articular os demais para executar a ação. O PCC era o principal interessado, já que Rafaat era um obstáculo ao controle do território e dos fluxos criminais. Já o CV, cuja participação era coadjuvante, teria fornecido o indivíduo capaz de manejar a metralhadora antiaérea, o carioca Sérgio Lima dos Santos. Por fim, Jarvis Pavão teria dado apoio logístico e financeiro de dentro da prisão — havia chegado ao conhecimento de Pavão que o Rei da Fronteira atuava junto às autoridades para conseguir a extradição do ex-parceiro Jarvis para o Brasil. Embora não se conheça o resultado das investigações, essa parece ter sido a constelação de interesses para a eliminação de Jorge Rafaat.

Aparentemente, a decisão de assassinar Rafaat não partiu da cúpula do PCC, presa em São Paulo. A iniciativa veio da célula que atuava na região da fronteira e considerava essa ação necessária para a expansão no país vizinho e o acesso aos canais de fornecimento, à logística e às rotas da economia das drogas. O PCC detém um complexo sistema de decisões em tênue equilíbrio entre centralização e autonomia. Não há dúvidas, porém, de que foi um dos principais beneficiários da morte de Rafaat, pois o chefão da fronteira trabalhava para eliminar os membros do grupo paulista na região.

Jarvis Pavão sempre negou envolvimento com o crime. O barão das drogas disse em entrevistas de sua cela em Tacumbú e declarou através de sua advogada que não tinha envolvimento nem interesse na morte do amigo Jorge Rafaat. Pavão afirmou que "seu amigo" o teria visitado na prisão um mês antes da execução e que seus filhos eram sócios em algumas empresas. Em 14 de setembro de 2016, três meses após a execução de Rafaat, Pavão recebeu no presídio dois jornalistas paraguaios durante mais de duas horas. Sobre o crime do qual era acusado de ser o financiador e mandante, ele disse:

> Ele [Rafaat] era meu amigo. Eu me coloquei contra a espada para defendê-lo em outras ocasiões que são irrelevantes agora. E se a sua família é sincera de coração, sabe que eu era amigo dele e nunca fiz nada contra ele. Seu filho e meu filho têm negócio juntos. Se sua senhora, que eu não conheço, e alguns funcionários, se são sinceros, sabem toda a verdade, que não tenho nada a ver com isso.

Cinco dias após o crime, a família de Rafaat distribuiu um comunicado em que declarava acreditar na inocência de Jarvis, reiterava a amizade com ele e a sociedade de seus filhos numa empresa promotora de eventos. O comunicado enfatizava o desejo dos familiares de viver em paz e continuar administrando as empresas e comércios familiares que eram até então geridos por Rafaat e, para isso, pedia segurança ao governo paraguaio.

* * *

O apelo da família parece não ter surtido efeito. Nos dias seguintes à execução, as empresas pertencentes a Rafaat foram alvo de tiros de fuzil: os estabelecimentos comerciais famosos pela venda de pneus a um terço do preço cobrado em outras localidades do Brasil, Pneus Porã e Líder Pneus, e a empresa de segurança do Rei da Fronteira, Bureau Gal, foram atacados a tiros e invadidos por um bando que espalhou combustível pelos locais, tentando incendiá-los sem sucesso. A família de Rafaat deixou a fronteira, seguindo para um local não conhecido. Há rumores de que ex-seguranças seriam os herdeiros nas atividades criminosas e tentariam dar continuidade aos negócios ilícitos a partir das redes estabelecidas.

Um desses ex-seguranças foi apontado como suspeito de participar de execuções na região após a morte de Rafaat. Trata-se do ex-soldado da Polícia Militar de Mato Grosso do Sul Adair José Belo. Autoridades policiais dos dois países suspeitavam que ele articulava grupos descontentes com a pretensão de controle do PCC. Parece não ter tido êxito. O ex-policial militar voltou às manchetes na véspera do Natal de 2017. Em 23 de dezembro, Belo atirou na nuca de seu tio após uma desavença familiar na região de Cacoal, interior de Rondônia. O filho da vítima denunciou às autoridades policiais a identidade de Belo, que tinha usado documentos falsos para comprar terras na região. Segundo o acusador, Belo era o braço direito de Rafaat e tinha assumido os negócios do ex-patrão após sua morte. Apesar disso, Belo conseguiu fugir, e seu paradeiro permanece desconhecido.

Embora a convicção de todos na região fosse de que o PCC assumiria o controle do território, era ainda preciso vencer diversos grupos que atuavam no atacado de cocaína e maconha, assim como as redes mais conectadas em razão do contrabando e do tráfico de armas. Ao mesmo tempo, um movimento intenso de competição se desenvolvia nos presídios do Brasil, envolvendo as facções prisionais. Essa agitação culminou no anúncio "oficial" da ruptura entre o PCC e o CV no mesmo mês da morte de Rafaat, em junho de 2016, o que ampliava as incertezas e tornava mais complexo o cenário na fronteira. Nos episódios de violência e nas muitas execuções que se seguiram, não se sabia mais quem estava matando quem.

A percepção sobre o aumento da criminalidade comum, especialmente roubos a carros e motocicletas, era generalizada dos dois lados da fronteira. Os receios que tomaram conta da população e dos agentes de segurança na época da execução de Rafaat tinham fundamento. Em outubro de 2016, um grupo autodenominado Caçadores da Paz fez um comunicado nas redes sociais ameaçando "ladrões". O aviso vinha com a figura de uma caveira, seguida do texto:

> **Este é o primeiro aviso para os ladrões**
> **A fronteira tem que ser respeitada.**
> **Ladrões de motos**
> **Ladrões de carros**
> **Ladrões de bolsa**
> **Assaltantes**
> **Todos do tipo vão morrer!!!**
> **Sabemos tudo sobre todos, fotos, lugares onde moram.**
> CAÇADORES DA PAZ (destaques do original)

Na mesma noite em que esse aviso circulou, dois jovens e um adolescente foram baleados por pessoas que passaram atirando de uma moto na cidade de Pedro Juan Caballero. Além disso, um sequestro também foi associado a esse grupo: dois homens armados teriam invadido uma casa na cidade paraguaia e levado um jovem de 21 anos, sobre o qual não se teve mais informações.

Em 14 de março de 2017, o empresário Ronny Gimenez Pavão, irmão do narcotraficante Jarvis, foi executado com oito tiros de pistola 9 mm em frente à academia de ginástica que frequentava, no centro de Ponta Porã. Ronny era popular na cidade, costumava andar sozinho e era visto como uma pessoa simpática e amistosa. Aparentemente, não tinha relação com as atividades criminosas do irmão. Seu assassinato prenunciava a intensificação da violência da região e foi visto como uma afronta direta e explícita a Jarvis. Um dos suspeitos do crime era Belo.

A retaliação não tardaria. Pouco mais de uma semana depois, em 22 de março, o paraguaio Americo Ramírez Chaves, também suspeito de participar da execução do irmão de Jarvis, foi sequestrado em Pedro Juan Caballero. Horas depois foi encontrado morto, ao lado do aeroporto internacional de Ponta Porã. Ele tinha a cabeça e os membros superiores e inferiores separados do corpo. Menos de três meses depois, no dia 8 de junho, a zona rural de Pedro Juan Caballero foi palco de um duplo homicídio ainda mais bárbaro. Duas irmãs — Adriana e Fabiana Aguayo — foram sequestradas e colocadas dentro de uma caminhonete Ford Ranger. Elas foram torturadas e executadas no dia seguinte. As cabeças foram arrancadas com facões e uma motosserra e lançadas a cerca de duzentos metros de distância dos corpos, encontrados queimados dentro da caminhonete.

De acordo com a polícia paraguaia, o crime era uma reação ao homicídio de Ronny Pavão. Segundo essa narrativa, as irmãs eram amigas do pistoleiro Americo Ramírez e teriam sido as responsáveis pelo pagamento das despesas relacionadas a seu funeral. A proximidade com o pistoleiro teria sido a razão dos assassinatos.

Na semana seguinte ao duplo homicídio, a polícia paraguaia prendeu quatro brasileiros, acusados de integrar o PCC. Com eles foi apreendido um celular com fotos das armas brancas supostamente usadas na morte das irmãs e uma foto de seis homens, incluindo os quatro detidos, posando em frente à caminhonete utilizada para sequestrá-las e queimar os corpos. Cinco deles usavam roupas camufladas e todos exibiam armas de fogo como fuzis, metralhadoras e pistolas.

Para as autoridades policiais, os homens do PCC executaram Americo e as duas irmãs para vingar a morte de Ronny, atendendo a ordens vindas do presídio de Assunção, do então aliado do grupo paulista, Jarvis Pavão. Outra hipótese — menos aceita dentro das polícias — é a de que o ex-marido de uma delas, um homem também ligado ao PCC e preso em Campo Grande, teria encomendado a morte por não aceitar o término do relacionamento quinze dias antes.

No mês seguinte, em 24 de junho, quatro brasileiros — dois homens e duas mulheres — foram mortos a tiros e doze pessoas ficaram feridas num ataque durante a inauguração da boate After Office, em Pedro Juan Caballero. Por volta das 3h30, homens chegaram de carro à boate, entraram e dispararam dezenas de tiros de metralhadora e fuzil, num ataque que durou menos de meio minuto. Em seguida, segundo a polícia, os atiradores voltaram para a cidade brasileira de Ponta Porã. Os mortos eram Ivanilton Moretti, vulgo Grandão, natural da cidade de Presidente Prudente, e Felipe Alves, o Filhote. Eles foram apontados como membros do PCC e fariam parte da quadrilha de Galã — provavelmente o principal alvo desse atentado.

A polícia trabalhava com duas hipóteses: a primeira vinculava os executores ao grupo que atuava com Rafaat, entre eles o ex-policial Belo; a segunda vinculava esse ataque a outra disputa, saída de dentro das prisões. Indivíduos associados ao Comando Vermelho podem ter se articulado para atacar membros do PCC. Na semana anterior ao atentado, circulou um vídeo no qual supostos integrantes do PCC, encapuzados, sequestram dois homens. Eles aparecem sentados, com as mãos amarradas para a frente e a cabeça baixa. Os sequestradores apontam a metralhadora para a cabeça dos rivais e fazem ameaças: "Se vier aqui para a fronteira, o bicho vai pegar. FDN, PGC, Comando Vermelho, aqui o barato é louco. Quem manda aqui é o PCC".

No dia seguinte, os dois corpos foram encontrados no município paraguaio de Capitán Bado, vizinho a Pedro Juan Caballero. Outro vídeo passou a circular, e neste os corpos aparecem carbonizados enquanto os executores pisam sobre eles e ironizam o fato de não terem queimado totalmente. Um dos criminosos diz: "se outros PGC entrarem no Paraguai, também vão virar churrasco".

***

Como dito anteriormente, muitas vezes Pavão foi considerado pela imprensa e por autoridades policiais brasileiras e paraguaias um integrante do PCC. Trata-se de um equívoco. Jarvis Pavão tem os próprios negócios, é um grande atacadista de drogas e estabelece relações comerciais com quem estiver interessado. Ele tinha proximidade com a facção: foi preso junto com Capilo, o qual — esse, sim — era considerado o embaixador do PCC no Paraguai; teria tido um papel fundamental para viabilizar a eliminação de Rafaat; muitos membros do PCC presos no Paraguai foram detidos em residências que eram de sua propriedade. A despeito dessa proximidade, Jarvis nunca foi integrante do PCC. Ele fazia negócio com todos, vinculados ou não às facções brasileiras, inclusive rivais do PCC.

Após a morte de Rafaat, parece ter ocorrido um estreitamento nas relações entre Jarvis e o PCC no interior da prisão paraguaia onde o narcotraficante brasileiro e vários membros da facção cumpriam pena. O presídio de Tacumbú, na capital paraguaia, passaria a ser um espaço importante para que essa conexão atendesse aos interesses e expectativas dos homens do Partido do Crime paulista: Jarvis finalmente "fecharia" com o PCC. Ou seja, atuaria com exclusividade junto aos paulistas e, dessa forma, praticamente bloquearia as facções brasileiras inimigas. Mas ele contrariou as expectativas e continuou negociando com outros grupos, especialmente com o PGC.

A Sintonia dos Estados e Países do PCC teria até enviado um emissário, um integrante do PCC preso em Tacumbú, à cela de Jarvis, para questioná-lo a respeito da falta de lealdade. Mas o barão das drogas não venderia para somente uma facção e sugeriu que o PCC não era bom pagador. A informação chegou à Sintonia como uma bomba. Tratou-se imediatamente de investigar a suposta dívida. Para o PCC, honrar os compromissos — financeiros ou não — era uma questão fundamental, ligada à necessidade de manter a imagem da facção intacta quanto à ética do crime que eles propagavam e impunham a seus membros. A Sintonia não admitia espaço para dúvida: era necessário investigar e, caso a acusação de Pavão tivesse fundamento, o responsável pelo calote deveria ser punido; do contrário, caso o narcotraficante tivesse caluniado o PCC, o punido conforme as regras do Partido do Crime seria ele.

Não há informações precisas quanto ao desdobramento do imbróglio, mas, ao que tudo indica, a conclusão dos paulistas foi de que o narcotraficante teria incorrido em transgressão à ética do crime ao mentir sobre a dívida que o PCC teria com ele. Evidências disso foram as preocupações expostas pela advogada do narcotraficante quanto aos riscos que seu cliente corria caso fosse extraditado para o Brasil. A advogada afirmava de maneira categórica que seu cliente não ficaria vivo por mais do que alguns meses.

Houve intensa batalha judicial entre Jarvis e as autoridades do Paraguai envolvendo sua extradição ao Brasil. A disputa envolveu até ameaças veladas do narcotraficante ao presidente do Paraguai, Horácio Cartes, a quem o barão das drogas acusava de perseguição política. As acusações de parte a parte seguiram. Em dezembro de 2017, sob fortíssima proteção policial, o narcotraficante foi extraditado para o Brasil para cumprir dezessete anos de condenação por tráfico de drogas e aguardar o julgamento de outros processos. Pavão foi encaminhado diretamente para o Sistema Penitenciário Federal e se encontra na Penitenciária Federal de Mossoró.

***

Se as mortes e vinganças nas fronteiras atingiram principalmente pessoas ligadas às redes dos grandes chefes das drogas, o racha entre o PCC e o CV e os massacres nos presídios em 2017 produziram abalos que se dissiparam nas bases das facções, atingindo em graus diferentes outros estados brasileiros. O impacto promovido pelas chacinas e a tentativa de demonstração de força durante as rebeliões provocaram desequilíbrio dentro e fora dos presídios. Disputas internas nas próprias facções vieram à tona. Novas alianças e rivalidades se formaram. A reação de autoridades locais também contribuiu para enfraquecer alguns comandos. No cotidiano dos estados, cresceram os conflitos e mortes no varejo da droga em diversos lugares do Brasil. A tentativa de unificação do crime — o ideal que o PCC tenta vender como coletivo, em defesa dos oprimidos nas prisões e nas quebradas — se mostrou improvável. Armas de fogo e disputas por lucros milionários são ingredientes inflamáveis que tornam o mercado de drogas sujeito a explosões. No dia a dia desse negócio, um homicídio pode ser o suficiente para acender o rastilho de pólvora e desencadear vinganças e disputas sucessivas que retroalimentam a violência local.

Em Manaus, logo depois da megarrebelião de 2017, a Família do Norte precisou encarar um racha na cúpula que mostrou os limites empresariais e políticos das lideranças do crime no Amazonas. O governo local, em parceria com a superintendência da polícia e o Ministério Público federais, já vinha conseguindo compreender melhor os riscos representados pelos cabeças da Família, capazes de subornar policiais, juízes e políticos, sempre prontos a usar a violência para pressionar as autoridades do estado. Essas investigações começaram em 2014 e ajudaram a mandar os principais chefes da FDN para os presídios federais e mantê-los isolados.

Zé Roberto da Compensa foi transferido em 2015, durante a Operação La Muralla, para o presídio de Campo Grande, onde cumpriu pena em Regime Disciplinar Diferenciado. As outras duas principais lideranças da FDN, Gelson Carnaúba e João Branco, foram mandadas para o sistema federal em março de 2016, deixando um enorme buraco no crime do estado. Em 2015, quando as lideranças ainda estavam no Amazonas, a preocupação do grupo era controlar o crescimento do PCC dentro das prisões. Mortes isoladas e mapeadas pela Polícia Federal ocorreram dentro dos presídios por causa dessa rivalidade, o que provocou a crise que explodiria em 2017. Depois desse episódio, ao contrário do que se imaginava, a disputa com o PCC acabou ficando temporariamente de lado. As disputas se concentraram entre os pequenos traficantes do varejo, chamados de boqueiros, ligados a nomes de lideranças da própria facção, todos incomunicáveis.

Um desses confrontos começou em fevereiro de 2017 em torno do comércio no Morro da Liberdade com a morte de Edilson Queiroz, conhecido como Queixão. A autoria do crime foi atribuída pela polícia a Roney Marinho — ambos pertenciam à FDN. Roney sofreu um atentado e depois matou três pessoas, entre elas o traficante que teria tentado matá-lo. A crise se intensificou ao longo do primeiro semestre, com a polícia mapeando pelo menos 56 execuções, que se espalharam por outros bairros da Zona Sul de Manaus, como Betânia, Crespo é Igarapé dos 40. João Branco e Gelson Carnaúba foram tragados para os conflitos, provocando ataques e contra-ataques entre os aliados de cada um dos lados. A inteligência da polícia e o Ministério Público de Manaus, no entanto, conseguiram trabalhar e prender alguns dos pivôs dessas matanças. Em agosto de 2017, Kaio Wellington Cardoso, conhecido como Mano Kaio, foi preso no Rio de Janeiro depois de sessenta dias de monitoramento. Segundo a polícia, ele havia viajado para negociar armamentos e era ligado a Carnaúba. Dois meses depois, em outubro, foi preso Josué Moraes de Almeida, segundo a polícia, braço direito de João Branco e um dos seus homens nas disputas na Zona Sul de Manaus.

As prisões não foram suficientes para estancar os focos de conflito. Em dezembro de 2017, um dos símbolos do crime da FDN no estado, o campo de futebol do bairro da Compensa, onde havia se formado o time financiado pelo chefão da facção e que chegou a disputar o campeonato da primeira divisão do estado, foi atacado durante um treinamento dos jogadores do time T5 Jamaica. Seis pessoas morreram e nove ficaram feridas. O simbolismo e a ousadia em torno da ação levaram inicialmente as autoridades a suspeitar do PCC. Durante as investigações, a força-tarefa responsável pelo caso abandonou a hipótese, apontando a chacina como provável resultado de uma disputa de mercado na Praça 14 entre os varejistas de Gelson Carnaúba e Zé da Compensa. Outra hipótese veio de vídeos compartilhados nas redes sociais em que jovens vendedores de drogas nos bairros afirmavam que não aceitavam mais as ordens dos chefões isolados. Mais do que um racha, havia uma revolta dos pequenos traficantes contra os grandes.

No final de janeiro, aconteceria mais uma baixa de peso. Makysoniel Nogueira Braga, considerado um dos principais aliados de João Branco nas ruas de Manaus, foi assassinado com doze tiros. Conhecido como Max, ele havia sido preso com o líder da FDN em 2016 quando tentava entrar no Brasil pela fronteira da Venezuela. Na guerra de informações travadas no crime, Max foi acusado em um salve de comprar drogas roubadas e de cooperar com a polícia. Por causa das rixas, o grupo de João Branco já se articulava para montar a FDN Pura. Uma bandeira do novo grupo havia sido apreendida pela polícia na cidade. O processo de violência generalizado e a indefinição sobre as movimentações no comando do grupo abalaram a credibilidade das lideranças da facção com suas bases nas quebradas e com parceiros. Percebendo os riscos decorrentes da confusão interna da FDN, o Comando Vermelho enviou um comunicado em fevereiro de 2018 sugerindo a suspensão temporária da aliança entre os grupos.

SALVE GERAL
Primeiramente Saudações respeitosas e um forte leal abraço a todos os irmaos aliados amigos e companheiros leais que fecham 100% com nos que a liberdade seja breve a todos que estão privados, e que a liberdade seja eterna a todos que estão na rua!
Após reunião do Conselho vinhemos aqui transparecer a todos a real situação relacionada a FDN.
FDN até então sempre foi fechado 100% com nos de todas as formas nossa aliança foi fechada na lealdade e pureza, mais devido aos últimos acontecimentos problemas internos dentro da propria FDN onde chegou ao nosso conhecimento que vidas foram tiradas em ato de injustiça de membros da FDN e os proprios lideres e fundadores estão em divisão de opiniões e divisão de decisões entre eles mesmos.
Iremos resumir!
A posição do CV RL diante disto foi em suspender aliança com a FDN até que eles mesmos se resolvam entre eles sendo assim está suspensa nossa aliança com FDN. Queremos deixar claro a todos que foi suspensa aliança mais porém FDN não são nossos inimigos nossa amizade, respeito, harmonia e o bom convívio continuará sendo o mesmo.
OBS = QUEREMOS MUITO QUE OS LÍDERES DA FDN BUSQUEM CONTATO SINTONIA UNS COM OS OUTROS APESAR DO DIFICIL ACESSO PELO FATO QUE OS AMIGOS NA MAIORIA ESTAREM NA F [Sistema Penitenciário Federal]. NOS QUEREMOS MUITO QUE VCS SE ENTENDAM ANALISEM CADA DETALHES DESSES ACONTECIMENTOS DENTRO DA JUSTIÇA ETICA DO CRIME E ESTATUTO

ESCUTEM OS DOIS LADOS VEJAM QUEM ESTAR CERTO E QUEM ESTA ERRADO E COBREM O CERTO PUNINDO O ERRADO QUE ESTAREMOS COM VCS APOIANDO O CERTO SEJA QUEM FOR E ONDE FOR, PQ SENDO ASSIM FDN VOLTARÁ A SER COMO ANTES UNIDOS JUNTOS AFINAL FDN E UMA SÓ. E ISSO QUE QUEREMOS SOMAR E NÃO DIVIDIR

ESPERO QUE OS IRMÃOS TENHAM ENTENDIDO ACHO QUE FICOU BEM ESPECIFICADO
Rio de janeiro 9 de fevereiro
Com respeito
CONSELHO PERMANENTE DO RJ

Começavam a ficar claros para os criminosos do Amazonas os limites da proposta da união entre homens armados, em que a paz está sempre na iminência de ser rompida. Qualquer passo em falso pode desencadear um efeito dominó devastador. Restava à FDN lidar com o racha e com o impacto do comunicado do CV, o que levou a facção a soltar uma resposta cuidadosa para seus filiados. Mais do que violência, a FDN precisava lançar mão da diplomacia e das costuras, sem demonstrar fraqueza, para que sua rede de apoios não se desfizesse.

SALVE GERAL — CENTRAL DA FDN.
Irmãos, em virtude da suspensão de nossa aliança com o CV-RJ e de algumas manifestações isoladas dos membros do CV, informamos aqui que á Família do Norte (FDN) continua unida aos seus pilares e fiel ao nosso estatuto.
No momento este episódio não siguinifica que seus membros irão desertar ou virar á casaca. Pois todos nos que somos verdadeiros membros da FDN, jamais optaremos por filiarmos a outras facções que não representem á verdadeira

luta pela paz, pela justiça e á liberdade de todos. Não queremos aqui denegrir a gloriosa luta do CV. *Contudo jamais iremos incentivar seus membros á deserção. E, aqueles q optaram e vestiram a camisa do* CV *agradecemos. Mas sabemos que os que são verdadeiramente* FDN *jamais fugirão da sua raiz.*

Como resultado de seus próprios conflitos internos e prenúncio de intensificação da violência na região, em 15 de maio de 2018 a FDN anunciou o rompimento com o CV através de um salve. O longo documento descreve inúmeros erros, traições e quebra da ética do crime pelos ex-companheiros e agora rivais para justificar a ruptura da aliança.

[...] vamos deixa claro ao G *[Gelson Lima Carnaúba, o Mano G] e o* CV *que quem manda no amazonas e a* FDN-AM, *aqui é nossa disciplina vocês tentaram dar um golpe de estado mais uma vez e o crime certo vai prevalecer sempre. Voces com essa ideologia pequena nunca vão abranger e nem superar nossa luta, vamos mostra [que vamos] defender nosso estado. Vamos pra cima de vocês com força, de forma correta já que decidiram antecipa a morte de vocês [aderindo ao* CV] *agora vamos mostra pra vocês que e quem manda aqui e a Família do Norte [...]*

Os desdobramentos das rebeliões de 2017 variaram de acordo com a movimentação dos grupos em disputa, mediados pela capacidade política das autoridades em evitar conflitos ininterruptos. O Rio Grande do Norte e o Acre, os estados mais afetados pelas revoltas nos presídios e pelas mudanças da cena criminal brasileira, viveram meses agitados. Outros estados que não estiveram no epicentro da crise também sofreram consequências, como Ceará, Pernambuco, Rio de

Janeiro e Espírito Santo. Em Natal e na região metropolitana, os conflitos de Alcaçuz não cicatrizaram depois do massacre. Os integrantes do Sindicato do Crime, principais vítimas da chacina que deixou 26 mortos — sem contar os dezesseis presos que desapareceram durante a rebelião e não foram localizados um ano depois —, saíram do episódio acusando um conluio entre os criminosos da facção paulista e integrantes do sistema penitenciário e de segurança do estado. O governo negou as acusações.

Se não bastassem as ameaças e a tensão natural desses conflitos entre gangues rivais, as forças policiais ficaram ainda mais acuadas diante da crise fiscal e política que o governo enfrentava. Alguns policiais que vinham se articulando em milícias para se defender e ganhar dinheiro sentiram-se autorizados a tentar demonstrar poder. No dia 20 de fevereiro de 2017, a morte de um sargento em Ceará-Mirim, na Grande Natal, provocou uma sucessão de catorze assassinatos nas horas que se seguiram ao crime. Investigações do Ministério Público atribuíram os assassinatos à ação de um grupo de extermínio formado por policiais e vigias noturnos que agiam na cidade, comandados por um policial militar. De cem inquéritos investigados na cidade, 74 tiveram procedimentos semelhantes aos dos crimes de vingança ao sargento — execuções feitas de madrugada em bairros pobres com características de extermínio. O grupo também vendia serviços de segurança privada.

O Sindicato do Crime, presente na absoluta maioria dos presídios do Rio Grande do Norte, tentou também se consolidar no mercado varejista de drogas. Essa presença do lado de fora, no entanto, longe de ocorrer como numa empresa organizada, em que se respeitam regras, planos e hierarquias, parece ter sido posta em prática por jovens armados, recém-saídos da adolescência, que viviam de acordo com as dinâmicas dos conflitos em seus bairros. Em agosto, um homem foi morto em Golandim, bairro pobre de São Gonçalo do Amarante, na região metropolitana. Era conhecido como Eduardinho do Mosquito e suspeito de integrar o PCC. Dias depois, dois homens, que segundo as autoridades pertenciam ao Sindicato, foram mortos na mesma comunidade do Mosquito. No dia seguinte, foi a vez do irmão de Eduardo morrer. A tensão provocada pelo mata-mata aumentou com a divulgação de áudios nas redes sociais.

Viemos através deste salve geral pros irmãos do RN, *que o Primeiro Comando da Capital vai taca fogo no Golandim, Mãe Luiza e Parnamirim. Nós sabemos que tem lixo do sindicato morando nos condomínios, certo? Também no engenheiro e no América. Fica esperto irmão, a morte do Eduardinho será cobrada, segundo aviso para os cana, não vai para a ocorrência que essa guerra não é sua. Natal vai tremer certo? Nós só queremos cobrar a morte do nosso irmão.*

A tentativa do Sindicato de mimetizar valores e procedimentos do PCC, com estatutos e salves repassados aos borbotões, se revelava artificial. A identidade em torno da facção existia nos bairros pobres do Rio Grande do Norte, solidários aos presos locais diante da ameaça dos forasteiros paulistas. Mas os discursos e procedimentos do crime pregados pela facção, importados da cultura criminal de São Paulo, impostos de cima para baixo, não pareciam "fazer a cabeça" nem enquadrar o comportamento dos integrantes. Os conflitos de um mercado de drogas ainda novo nos bairros pobres potiguares produziam cobranças e acertos distantes dos discursos abstratos das lideranças das facções. A regra se repetia quando o rastilho de pólvora era aceso, o que desencadeava conflitos em série que não respeitavam necessariamente as bandeiras das facções.

No decorrer de 2017, o Rio Grande do Norte assumiria a liderança como o estado mais violento do Brasil. As condições fiscais do governo agravaram a crise na segurança, que atingiu o ápice numa greve da polícia em dezembro de 2017. Durante os dias de paralisação, a média diária de mortes no estado aumentou 40%, segundo dados do Observatório da Violência Letal Intencional do Rio Grande do Norte.

A nova dinâmica estabelecida pelas facções também alçaria o Acre ao topo do ranking da violência, mais precisamente no segundo lugar, posto alcançado em 2017. Os homicídios no estado aumentaram principalmente depois de 2015, mesmo com o Acre sendo também a unidade da federação com a maior proporção de presos no Brasil. O PCC se aliou ao grupo local, Bonde dos 13, criado em junho de 2013. Juntos, em 2017, os grupos passaram a ameaçar sistematicamente agentes penitenciários. Muitos foram obrigados a se mudar de casa. A situação nos presídios voltou a esquentar em agosto daquele ano, quando o anúncio da instalação de bloqueadores de celulares produziu uma onda de ataques nas ruas de Rio Branco. Quatro ônibus foram incendiados e a circulação do transporte coletivo foi suspensa.

A posição estratégica na divisa com Peru e Bolívia em meio à Floresta Amazônica já vinha atraindo o interesse das facções e atacadistas para a região. Com o racha entre o PCC e o CV em 2016, seguido das rebeliões pelo Brasil, a rivalidade se intensificou entre os grupos criminosos do Acre. Os conflitos em 2017 viriam com a estética dos proibidões ao ritmo de rap e funk, narrando a história do grupo e suas lideranças. Rivais filmavam as mortes com celulares e compartilhavam nas redes sociais. Uma das cenas mostra Deborah Freitas, de dezenove anos, mãe de uma criança de dois anos, esquartejada e abandonada numa cova rasa no meio do mato. Cenas do assassinato, praticado por cinco jovens ligados ao Bonde dos 13, foram compartilhadas no YouTube. O corpo da menina foi localizado pela família com base em pistas anônimas. Só puderam chegar ao local exato porque viram urubus sobrevoando o ponto da mata onde o corpo tinha sido abandonado.

Situação diferente foi testemunhada no Rio de Janeiro, Espírito Santo e Pernambuco. Ao lado de São Paulo, esses três estados lideravam as taxas de violência nos anos 1980 e 1990. Ao longo dos anos 2000, contudo, mesmo com a ampliação e a diversificação das redes do tráfico de drogas no Brasil, seus governos conseguiram bons resultados no controle das taxas de homicídios. O controle e a retomada da violência nesses lugares acenderam o debate a respeito do papel político das autoridades locais nas pacificações de conflitos.

As UPPs, por exemplo, que foram um divisor de águas nas estratégias de segurança do Rio de Janeiro, começaram a ser implantadas em 2008. Mesmo não sendo possível identificar uma causalidade clara, durante sete anos seguidos a violência no Rio de Janeiro diminuiu. O sucesso do projeto ao longo dos anos e o fortalecimento das autoridades políticas estaduais — que receberam eventos mundiais importantes, como Copa do Mundo e Olimpíadas — ajudaram a criar a percepção de que as regras estabelecidas por um estado valiam para todos.

A situação começou a degringolar nas vésperas das Olimpíadas, em 2016, quando a autoridade política do estado passou a derreter. Dois meses antes do início dos jogos, o governo fluminense decretou estado de calamidade pública diante do desastre nas finanças públicas, o que levaria o funcionalismo, pensionistas e aposentados a não receber os salários de outubro e o 13º daquele ano. A crise política e fiscal do Rio foi se tornando insustentável depois das Olimpíadas. Em novembro, o ex-governador Sérgio Cabral foi preso pela

Polícia Federal nos desdobramentos da Operação Lava Jato. A autoridade estadual e o poder político das instituições foram corroídos, como se as leis dos anos anteriores fossem suspensas — principalmente para as quadrilhas armadas e endinheiradas do crime, que vinham evitando confrontos e tentando faturar sem estardalhaço. Diante da fragilização do poder estadual, facções, milícias e grupos criminosos voltariam a disputar espaço, numa corrida para ver quem era o mais forte, levando o Rio de Janeiro a alcançar em 2017 a maior taxa de homicídios em nove anos.

Em Pernambuco e no Espírito Santo, essa mistura de corrosão da autoridade política com novas dinâmicas criminais produziu efeitos parecidos. Os dois estados nunca se caracterizaram pela presença ostensiva de facções. A criminalidade e a venda de drogas costumavam ser tocadas por pequenos grupos locais, que conviviam com comandos paulistas e cariocas, sempre minoritários. Grupos de extermínio formados por policiais e seguranças contribuíam para o acirramento das disputas. As ondas de violência eram, acima de tudo, definidas por esses conflitos territoriais. A entrada em cena de governos fortes politicamente e comprometidos com a redução da criminalidade também induziu a mudança no comportamento dos criminosos.

Em Pernambuco, por exemplo, a redução da violência no estado começou logo no primeiro ano do programa Pacto pela Vida, em 2008, seguindo firme por seis anos consecutivos. O programa reforçou departamentos de investigação de homicídios, articulou o esforço de diferentes pastas e mesmo de outros poderes, como Ministério Público e Judiciário, para enfrentar e punir os matadores. A capacidade administrativa de Eduardo Campos, maior entusiasta do Pacto, o levaria a disputar a presidência da República em 2014, como cabeça da chapa com Marina Silva. Durante a campanha, em agosto daquele ano, no entanto, ele morreu em um desastre de avião.

A ausência do governador serviu para mostrar que as coisas não iam tão bem em Pernambuco como pareciam. Ainda em maio de 2014, quando ele se preparava para a campanha presidencial, policiais militares e bombeiros de Pernambuco decretaram greve. Saques, assaltos, arrastões, homicídios e histórias compartilhadas nas redes sociais causaram pânico nas cidades. A relação entre governos e instituições de segurança estava desgastada. Os homicídios voltaram a crescer, o que deu início a uma espiral que levou ao recorde de casos em 2017. A fragilidade estrutural se revelou, o governo parecia incapaz de reconstruir a autoridade e os conflitos voltaram com toda a força, como se nunca tivessem dado trégua.

Um roteiro parecido se repetiu anos depois no Espírito Santo. Os capixabas haviam feito a lição de casa ao lançar o Estado Presente em Defesa da Vida em maio de 2011. Criaram reuniões semanais entre comandantes da PM e delegados regionais, assim como encontros mensais com a participação de promotores e juízes, prefeitos e entidades da sociedade civil. Investiram em inteligência para compreender a forma de atuação dos grupos que mais matam nos bairros violentos, que também receberam investimentos concentrados. O sistema penitenciário do estado, que chegava a usar contêineres para enfrentar a falta de vagas, recebeu investimentos e dobrou de tamanho, o que fez diminuir a superlotação. Pela primeira vez na história, o Espírito Santo, que sempre havia liderado o ranking da violência, registrou sete anos seguidos de queda. O crime podia seguir lucrando, mas parecia ter dado um passo atrás e parado com os assassinatos.

No começo de fevereiro de 2017, diante de cortes no orçamento e de um discurso governamental de austeridade fiscal que congelava o salário dos servidores públicos, os policiais militares decidiram se aquartelar e deixar as ruas do estado, dando início a um movimento grevista que duraria 22 dias — uma eternidade. Durante a paralisação, os assassinatos explodiram, sem falar em saques, assaltos ao comércio e quebra-quebra, que apavoraram a população. Imagens viralizaram pelas redes sociais, aumentando a sensação de caos. Houve suspeitas sobre a ação de grupos de extermínio de policiais na onda de violência. Assim como no Rio e em Pernambuco, a autoridade política do estado havia sido posta em xeque, abrindo espaço para a lei do mais forte. A ampliação das redes de distribuição de drogas e armas promovida com a ajuda do PCC impunha novos desafios às instituições estaduais de segurança e Justiça. A corrosão da autoridade dos governos locais não passaria despercebida e poderia vir acompanhada de disputas entre grupos armados, afetando diretamente o cotidiano das cidades brasileiras.

***

O Primeiro Comando da Capital, depois da expansão pelo território nacional e para além das fronteiras, viu-se diante de problemas localizados que ameaçavam a rede costurada pelo grupo. Não bastassem o assassinato de Rafaat e a crise nos presídios, que demandavam decisões estratégicas das lideranças da facção, em novembro de 2016 uma operação policial foi deflagrada em São Paulo, abalando o centro nervoso do PCC na Penitenciária II de Presidente Venceslau. Comandada pelo Ministério Público e pela Polícia Civil paulistas, a Operação Ethos prendeu 33 advogados suspeitos de colaborar com o grupo criminoso. Na ação, também foi detido o vice-presidente do Conselho Estadual de Defesa dos Direitos da Pessoa Humana, Luiz Carlos Santos, o que causou alvoroço nas redes sociais. Era como se, finalmente, o estigma de que os defensores dos direitos humanos eram "defensores de bandidos" tivesse sido comprovado.

Os advogados presos na Operação Ethos eram acusados de participar de uma célula jurídica da facção chamada de Célula R, em referência a recursistas, termo usado para detentos que ajudam os colegas com recursos para acelerar a progressão de pena nos tribunais. Esses advogados eram contratados com o objetivo de prestar serviços aos familiares e filiados à facção, pagando auxílio funerário, serviços médicos e hospitalares e dando contribuições financeiras para imprevistos do dia a dia. Tudo isso com as receitas obtidas no comércio de drogas e outros crimes, mensalidades e rifas do PCC. Segundo a denúncia, eles raramente prestavam assistência jurídica aos integrantes do grupo.

A Operação Ethos acabou frustrando os planos de reestruturação do PCC. A Célula R ou a nova Sintonia dos Gravatas, coordenada por Valdeci da Costa, teria o papel estratégico de modernizar a gestão da empresa PCC, criando uma coordenação de assessoria administrativa e jurídica e uma auditoria nas contas do grupo. Era ainda fundamental driblar as dificuldades na comunicação entre os membros do Partido, que vinham aumentando por causa dos bloqueadores de celulares e do maior rigor do Estado no controle da entrada de aparelhos nos presídios. Como diretor-presidente da nova célula, Valdeci acompanharia de perto as receitas, salves, normas disciplinares e benefícios concedidos pela facção e compartilhados diariamente. Essa reestruturação já vinha sendo tocada. Nas planilhas apreendidas, a organização contava com 1001 gerentes nas prisões, encarregados de repassar cartas, regras e normas oficiais — nessa época, o PCC caminhava para chegar a 20 mil membros no Brasil, sendo 7 mil em São Paulo.

Os gerentes eram identificados por números para evitar que as autoridades descobrissem seus nomes. A individualidade dos ocupantes desses postos, aliás, nunca foi relevante no PCC. As constantes mudanças decorrentes de transferências dentro e fora das prisões não podem abalar o funcionamento da "empresa". A cooptação de um integrante do Conselho Estadual de Defesa dos Direitos da Pessoa Humana tinha o objetivo de produzir denúncias contra o Estado e pressionar o governo, aproveitando-se da prerrogativa do conselheiro para realizar vistorias nas prisões e elaborar relatórios sobre as condições desses estabelecimentos. Segundo as investigações, Luiz Carlos Santos recebia 5 mil reais mensais pelos serviços prestados ao grupo. Qualquer entidade de direitos humanos encontrará violações nas prisões paulistas sem forjar denúncias em troca de dinheiro ou de qualquer outra coisa. A tentativa de infiltração no conselho foi um tiro pela culatra — deu elementos para a criminalização das entidades, sugerindo ainda que para denunciar a violação de direitos nas prisões de São Paulo seria preciso "comprar" alguém.

A interrupção dos planos para o futuro do PCC, contudo, não foi o principal abalo produzido pela Ethos. A situação se tornou mais grave para a cúpula em dezembro de 2016, quando a Justiça decidiu mandar Marcola e outras doze lideranças para o Regime Disciplinar Diferenciado em Presidente Bernardes. A decisão de isolar os líderes causou tensão entre as autoridades paulistas, prontas para eventuais reações violentas, mas isso não aconteceu. O último isolamento de Marcola no RDD havia ocorrido depois dos ataques de 2006.

O secretário de Administração Penitenciária, Lourival Gomes, passou um recado no pedido de internação enviado à Justiça.

> Se presidiários adeptos da facção ou solidários com seus líderes praticarem motins ou outros tipos de incidentes graves em estabelecimentos prisionais com certeza esta secretaria solicitará a sua remoção [de Marcola] para uma das penitenciárias vinculadas ao governo federal.

Lourival Gomes ainda reforçou a mensagem em entrevista ao jornal *O Estado de S. Paulo*. "E não será para Catanduvas (PR), nem para Mato Grosso do Sul. Vamos mandar para Rondônia ou Mossoró (RN)", disse. O suposto rigor da administração penitenciária paulista indicava ser menos um "enfrentamento" e mais uma "negociação". Isso ficou claro porque o Ministério Público insistia que a transferência da cúpula do PCC fosse para o Sistema Penitenciário Federal e, conforme chegou a ser noticiado, uma ligação de dentro do Palácio dos Bandeirantes fazia um apelo para que os líderes do PCC ficassem presos em São Paulo. Mesmo com o apelo do MP, foi mantida a posição da Administração Penitenciária paulista, e mais uma vez a cúpula do PCC manteve a sua "prerrogativa" e não foi incluída no SPF. Não houve retaliações nos dias que se seguiram.

Durante quase todo o ano de 2017, Marcola e as principais lideranças do PCC ficaram isolados em celas individuais, sem acesso a comunicação, sem contato com outros presos, visitantes ou visitas íntimas. No banho de sol no RDD, restrito a duas horas diárias, os presos não se encontram. A capacidade de comando, portanto, ficaria praticamente interditada. A dureza das sentenças afetava alguns dos nomes principais do Partido, responsabilizados penalmente por boa parte das acusações ligadas à facção. Marcola, por exemplo, desde que foi apontado como líder do PCC, acumulou penas que somam 234 anos de prisão — mando do assassinato do juiz corregedor de Presidente Prudente Antonio José Machado Dias, mortes durante a rebelião de 2001 e os ataques de 2006. Como a lei brasileira impede que pessoas fiquem presas mais do que trinta anos ininterruptamente, Marcola sairia da prisão em 2029 — ele foi preso a última vez em 1999. Talvez saísse antes, se conseguisse algum benefício na progressão do regime. Para isso, seria preciso mudar o estigma de grande chefe do crime nacional.

Em outubro de 2017, Marcola tentou um movimento nesse sentido. Ele prestou depoimento por videoconferência a um juiz da Comarca de Presidente Venceslau, durante um interrogatório judicial referente à Operação Ethos. O processo investigava a participação dele no planejamento das ações descobertas pela Ethos. Marcola, primeiro, negou que fizesse parte do PCC.

Eu tive um problema com esses líderes do PCC. Eles mandaram assassinar minha esposa, assassinaram minha esposa, Dra. Ana Maria [Olivatto], que era advogada, e mandaram assassinar a mim. Eu declarei uma guerra contra eles. O sistema penitenciário estava cansado de ser oprimido por eles, ser extorquido por eles, e de ser assassinado a bel-prazer deles. Quando o sistema repudiou a eles, eu passei a ser visto pelo sistema penitenciário como líder do PCC. Já que eu tinha vencido os líderes que eram Geleião e outros, o sistema achava que eu era o líder deles. Nessa época, eu tinha contato com o [promotor José Carlos] Dr. Blat, do Gaeco [Grupo de Atuação Especial contra o Crime Organizado], Dr. Marcio Christino, também do Gaeco, Dr. Ruy [Ferraz Fontes], que era delegado titular da delegacia que investiga o crime organizado e roubo a banco. Eu expliquei para eles o que estava acontecendo, que o sistema estava me vendo como líder do PCC e que minha pena era pouca, e que eu precisava do apoio do Dr. Blat, Dr. Christino e Dr. Ruy para que eu fosse transferido para uma unidade onde não tivesse PCC pra eu cumprir minha pena que era de vinte e poucos anos. Com aquele estigma de líder que eu já tinha criado, eu ia me prejudicar muito. O Dr. Blat e o Dr. Christino falaram que iam ver, mas eu fiquei na cadeia do PCC até hoje.

Em seguida, para provar que não falava apenas da boca para fora, fez um desafio aos juízes. Na audiência, o advogado de Marcola, Roberto Parentoni, pergunta se ele não temia cumprir pena em uma cadeia que não fosse do PCC. Marcola responde:

> Não tenho nenhuma preocupação e gostaria muito que o juiz que está presidindo essa audiência me ajudasse a ir pra essa cadeia de "oposição", como eles dizem, pra que eu mostrasse que, como eu posso ser líder se eu posso estar convivendo numa cadeia dessa?

Depois, ainda durante a audiência, Marcola explicou que sua vida tinha mudado desde que ele havia se casado novamente e se tornado pai de três filhos.

O testemunho, contudo, não convenceu a Justiça. Em fevereiro de 2018, ele seria condenado a mais trinta anos de prisão por corrupção ativa e organização criminosa armada, junto com outros sete integrantes do PCC, como Cleber Marcelino Dias dos Santos, o Clebinho; Daniel Vinícius Canônico, o Cego; Paulo Cesar Nascimento Júnior, o Neblina; e Marcos Paulo Ferreira Lustosa, o Japonês. Todos foram enviados para o isolamento em Presidente Bernardes.

O rigor da Justiça paulista com Marcola e algumas lideranças, porém, parecia compensado pelo presente concedido a outro nome forte do Partido, autorizado a ir para a rua. No dia 2 de fevereiro de 2017, Rogério Jeremias de Simone, o Gegê do Mangue, um dos braços direitos de Marcola, ganhava o alvará de soltura na 3ª Vara Criminal de Presidente Prudente. Gegê estava preso desde 1995, quando foi detido nas bocas de drogas da Favela do Mangue, incrustada na Vila Madalena, bairro boêmio de São Paulo. Gegê ascendeu na facção principalmente depois que Marcola assumiu a liderança do grupo, no fim de 2002. Já em 2004, ele foi condenado por formação de quadrilha e participação no assassinato do juiz Antonio José Machado Dias, ocorrido no ano anterior. A pena foi de três anos e seis meses, que se somaram à condenação de catorze anos e três meses que ele tinha por tráfico de drogas, homicídio, ameaça e associação criminosa. Ficou dezessete anos preso — sem contar as idas e vindas na cadeia entre 1995 e 2000 — e foi colocado na rua por força de um *habeas corpus* que garantiu sua liberdade às vésperas de um júri por duplo homicídio qualificado.

No dia 20 de fevereiro, duas semanas depois, como era de esperar, o réu faltou ao julgamento no Fórum da Barra Funda, em São Paulo. Depois, não foi encontrado em sua casa e acabou condenado à revelia — quando o réu não está presente — a 47 anos de prisão. Nesse momento, já estava distante em aventuras pela América do Sul, ganhando dinheiro e coordenando as atividades criminosas do grupo.

***

Gegê primeiro seguiu para o Paraguai, onde se juntou a outro integrante da cúpula do PCC, que três anos antes havia saído pela porta da frente de um presídio paulista, Fabiano Alves de Souza, o Paca. Vale lembrar que Paca já era peça central na execução dos planos do PCC para as fronteiras brasileiras e o território paraguaio. A ida de Gegê do Mangue para lá representava um enorme reforço na consecução dos objetivos do Partido do Crime.

Pela capacidade de fazer negócios, pela moral que tinha no mundo do crime e por ser membro ativo da Sintonia Geral Final, Gegê do Mangue era a peça que faltava para que o Projeto Paraguai se efetivasse de uma vez por todas. O Paraguai passava a ser uma espécie de base operacional do PCC. Além da dupla que pertencia à cúpula da facção paulista, um número cada vez maior de irmãos vinculados ao PCC em diferentes estados da federação e que ocupavam posições as mais variadas, com *know-how* criminoso também bastante plural, migrava para o país vizinho. O desconhecimento do *modus operandi* dos grupos brasileiros e a corrupção sistêmica das autoridades policiais e judiciais paraguaias garantiam o anonimato, a impunidade e a instalação de importantes centros operacionais do PCC no país.

Além da fragilidade institucional do país vizinho, cujo governo não percebeu de imediato o que estava acontecendo, esses indivíduos foragidos encontravam no Paraguai redes criminais que já eram familiares e nas quais era fácil a própria inserção, numa espiral que se fortalecia conforme aumentava a migração de criminosos.

Essas novas articulações começavam a produzir ações inéditas, que assustavam as autoridades paraguaias. A madrugada do dia 24 de abril de 2017, por exemplo, ficou marcada para muitos moradores de Ciudad del Este, cidade paraguaia vizinha a Foz do Iguaçu, conhecida pelo comércio pujante e destino de boa parte dos sacoleiros brasileiros. A preparação para o maior roubo da história do Paraguai, o assalto à empresa de valores Prosegur, começou ainda no início da madrugada, por volta de uma hora. Vários carros foram queimados em locais estratégicos da cidade para formar barricadas, dificultar o acesso das forças policiais à região do roubo e desviar a atenção da polícia. Meia hora depois, três carros estacionaram na frente da empresa. Deles saíram três indivíduos armados com metralhadoras, que renderam a segurança do local, inclusive abordando quem passava pela rua. Por volta de duas da manhã houve a primeira de uma série de explosões e tiros que aterrorizaram os moradores da região e quebraram os vidros das janelas de muitas casas e estabelecimentos comerciais. Um policial foi assassinado enquanto dormia dentro de um carro estacionado, provavelmente trabalhando como segurança do local.

A execução do roubo envolveu cerca de cinquenta homens em pelo menos dez veículos de luxo e blindados, além de uma enorme quantidade de granadas, fuzis e metralhadoras antiaéreas. Vários portões, muros e paredes da sede da empresa foram derrubados em explosões que danificaram a estrutura de imóveis vizinhos. O cenário após o roubo foi de destruição. Na fuga, quinze veículos foram incendiados pelos assaltantes. Para dificultar a reação da polícia, eles deixaram pregos nas ruas e se dividiram em vários grupos. A polícia chegou a divulgar que os criminosos tinham levado cerca de 40 milhões de dólares. Depois de alguns dias, a empresa informou que foram levados 8 milhões de dólares e, em meados do mês de abril, a Prosegur corrigiu para 11,7 milhões de dólares o montante roubado.

Parte do bando fugiu para o lado brasileiro da fronteira, seguindo pela região do lago de Itaipu. Do lado de cá, os criminosos tentavam fugir passando por pequenos municípios paranaenses situados na divisa do Paraguai com Cascavel. Em Itaipulândia e em São Miguel do Iguaçu houve confronto com a Polícia Militar: três suspeitos de participação no roubo foram mortos e outros dois foram presos. Entre os mortos, alguns eram conhecidos pela Polícia Militar de São Paulo e figuravam nos quadros do PCC com posição importante nesse tipo de ação — é o caso de Dyego Santos Silva, o Coringa, apontado como Sintonia Geral da Rua em São Paulo e homem de confiança da cúpula do PCC presa em Venceslau II. De acordo com o promotor paulista Lincoln Gakiya, Coringa não poderia se ausentar de São Paulo sem, no mínimo, a aquiescência da Sintonia Geral Final do PCC, o que reforçava as suspeitas da participação direta do Partido do Crime no roubo do Paraguai.

Sabia-se que uma parte do bando havia fugido para outras regiões. Em agosto de 2017, uma sequência de ações coordenadas entre a Senad, setores de inteligência do Paraguai e do

Brasil, com atuação do Gabinete de Segurança Institucional do governo federal brasileiro, levou à localização e à prisão de quase duas dezenas de criminosos escondidos em solo paraguaio. Em uma dessas ações, os criminosos foram presos numa fazenda próxima à cidade de Pedro Juan Caballero. Seis deles foram identificados como nomes importantes da Sintonia do PCC no estado do Paraná e da Sintonia dos Estados e Países. Eles também eram acusados de participar do assalto à Prosegur. Foram transferidos de volta ao Brasil para terminar de cumprir a sua pena.

O assalto à Prosegur foi sem dúvida o evento de maior repercussão envolvendo o PCC no Paraguai. Mesmo a execução de Rafaat, considerando as dinâmicas próprias do narcotráfico na região, não teve o mesmo impacto que o roubo à empresa de guarda e transporte de valores. Na mesma época do assalto em Ciudad del Este, ocorreram roubos a bancos e carros-fortes no Paraguai e em Mato Grosso do Sul, próximo à fronteira. Essas ocorrências indicavam a entrada em cena de um novo patamar de violência, que envolvia o uso de armas de grosso calibre, profissionalização, ousadia e impressionante planejamento estratégico. Elas também expressavam a novidade que caracterizaria a atuação do PCC: além do tráfico de drogas, esses grupos atuam em outras frentes criminais, sobretudo em períodos em que precisam de dinheiro rápido para adquirir capital de giro. Era um cenário novo para um país onde a criminalidade se caracteriza pelas profundas conexões políticas e pela inserção na economia legal dos indivíduos vinculados às atividades ilícitas.

A execução do policial paraguaio também era um dado novo. A eventual mudança nas relações entre criminosos e policiais na região assombrava os policiais paraguaios e mesmo os policiais brasileiros de Mato Grosso do Sul. Os exemplos dramáticos do Rio de Janeiro e de São Paulo, em que a rotina de esconder a profissão já foi internalizada por esses profissionais, era algo ainda totalmente ausente nessas áreas. E era uma das grandes preocupações diante do avanço do PCC.

As autoridades paraguaias enfim saíram do torpor diante da expansão dos brasileiros vinculados ao PCC pelo seu território. Talvez tenham percebido o que isso significava: a forma de atuação dos grupos brasileiros ia além do narcotráfico. Esse cenário preocupante levou as autoridades paraguaias a estabelecer ações de cooperação envolvendo as polícias e os setores de inteligência paraguaios e brasileiros. A prisão dos suspeitos de participar do roubo da Prosegur em agosto de 2017 foi resultado dessa atuação conjunta. Outros núcleos do PCC em solo paraguaio foram desarticulados.

Em 30 de maio de 2017, foi deflagrada a Operação Pulp Fiction após quinze meses de investigação. Dois aviões e 513 quilos de cocaína foram apreendidos em Amambay. A operação foi uma ação articulada entre o Ministério Público, a Senad paraguaia e a Polícia Federal brasileira. De acordo com os responsáveis pela investigação, o alvo era uma base de operações aéreas do PCC que tinha o objetivo de transportar cocaína da Bolívia para o Brasil, utilizando o Paraguai como entreposto. Ainda de acordo com as autoridades, o grupo tinha capacidade para fazer até vinte voos e transportar até cinco toneladas de cocaína por mês.

Ao que tudo indica, a Operação Pulp Fiction e as diversas outras ações das autoridades policiais paraguaias que tinham o Partido do Crime como alvo acabaram reduzindo seu espaço de atuação e, de certa forma, fechando o cerco aos brasileiros. Não significa que o Paraguai tenha se tornado território inóspito, mas talvez não fosse mais possível atuar por lá com tanta desenvoltura como vinha acontecendo havia pelo menos um ano, desde a execução de Jorge Rafaat, em junho de 2016. De acordo com suposições de autoridades policiais, Gegê do Mangue e Paca teriam percebido o cerco se fechando e optaram por fugir, dessa vez para território boliviano. A Bolívia, país central na economia da droga, é produtora de boa parte da cocaína adquirida pelo PCC.

Refugiados aparentemente na região de Santa Cruz de la Sierra, Gegê e Paca trabalharam arduamente na construção de canais para abastecer o Partido do Crime e alguns de seus líderes — que mantinham seus negócios particulares — com pasta-base de cocaína e cocaína já refinada. Os dois principais líderes do PCC em liberdade, com destaque para Gegê, estruturaram esquemas que já existiam.

Essa estruturação envolveu a organização do transporte em grande escala com a aquisição de aeronaves e helicópteros; a construção de uma logística para o armazenamento, ou seja, a compra de imóveis e propriedades rurais localizadas em áreas estratégicas para o pouso de aeronaves e o seu abastecimento com as mercadorias, muitas vezes passando pelo próprio Paraguai, chegando a diferentes regiões do Brasil; a aquisição de imóveis para ser utilizados como laboratório para o refino da pasta-base de coca, chamado de *cozinha* pelos membros do Partido do Crime, em geral localizados na Bolívia, Paraguai e região da fronteira.

A atuação das duas lideranças fora da prisão ampliou os negócios do PCC. Gegê ainda realizou um feito então inédito e fundamental para compreender o que ocorreu na sequência: construiu um canal de exportação de cocaína para a Europa. Esse produto foi chamado de *tomate*, gíria utilizada internamente e que indica a cocaína do PCC destinada exclusivamente à exportação. Participava dessa operação apenas um pequeno grupo dentro do Partido do Crime que pertencia ao Progresso Restrito (que, por sua vez, fazia parte da Sintonia Restrita, responsável por atividades consideradas sensíveis). O esquema era feito integralmente pelo Porto de Santos, o que acabou por fortalecer significativamente os integrantes do PCC por lá estabelecidos.

Era um passo importante para a "empresa" PCC. Os negócios individuais de lideranças do Partido nos esquemas de exportação de cocaína não eram novidade. Muitos traficantes atuavam em consórcios e mantinham formas variadas de cooperação e parceria com poderosos grupos atuantes no narcotráfico global — por exemplo, a Máfia da Calábria, a 'Ndrangheta, e a de Nápoles, a Camorra. Contudo, tratava-se de parcerias e negócios que diziam respeito a indivíduos que, mesmo se fossem membros do PCC, não podiam ser confundidos com esquemas da facção.

A novidade trazida pela atuação de Gegê era justamente a construção de canais de exportação para o próprio PCC, que, dessa forma, pavimentava o caminho em direção à internacionalização e, quem sabe, para uma atuação global. Esse salto no patamar do PCC era significativo. Os valores, segundo o Ministério Público de São Paulo, podiam chegar a 40 milhões de reais mensais. Esquemas em que o particular e o coletivo andavam muito próximos um do outro, esbarrando-se o tempo todo, fosse na aquisição dos produtos na Bolívia e no Peru, fosse no transporte e armazenamento e, finalmente, na embarcação ao destino através do Porto de Santos. Os valores astronômicos que aí circulavam também passavam a embaralhar, perigosamente, os limites entre aquilo que era individual e o que pertencia ao grupo.

***

Em decorrência dessas mudanças, as disputas e tensões na cúpula do Partido começavam a se acirrar em São Paulo. O poder de Marcola, cada vez mais visado pelas autoridades, continuava a se desgastar. A capacidade do PCC de não se autodestruir foi duramente testada durante o período em que ele e as outras doze lideranças seguiram isolados no Regime

Disciplinar Diferenciado. Outro petardo contra o número um do PCC foi disparado em novembro de 2017, quando foi lançado o livro *Laços de sangue*, escrito pelo procurador Marcio Sergio Christino, em parceria com o jornalista Claudio Tognolli. Christino não era qualquer um. No fim dos anos 1990, ele era o responsável no Ministério Público paulista por processos de abuso de autoridade. Muitos casos envolviam presos denunciando agentes e policiais. Menções ao PCC começaram a aparecer. Depois da megarrebelião, em 2001, ele foi chamado para integrar o Grupo de Atuação Especial de Combate ao Crime Organizado e mergulhou de cabeça nos meandros das investigações da facção. O promotor acompanhou os depoimentos de José Márcio Felício, o Geleião, quando ele decidiu romper com a facção e contar o que sabia, ajudando na condenação de Marcola e de outras lideranças do grupo por participação em organização criminosa.

Mesmo afastado das investigações do grupo, Christino continuou estudando o assunto. Em seu livro, além de descrições detalhadas sobre como foram feitas algumas das principais operações contra a facção, o procurador fez uma grave acusação a Marcola — que o colocava em situação delicada diante do código de ética interno do próprio PCC. Segundo Christino, para chegar ao topo da facção, Marcola tinha colaborado com as autoridades com informações que atingiram as antigas lideranças do PCC. De acordo com o estatuto da facção, o autor desse tipo de falha poderia ser punido com a morte. Assim relata o procurador:

> Depois de ascender à liderança, o vaidoso Marcola, o Playboy, almejou mais. Mas de que maneira ele neutralizaria Cesinha e Geleião? Ele virou um informante — foi ele quem entregou para a polícia os números dos telefones usados pelo Zé Márcio e por Cesinha. Foi ele também que indicou

as existências das centrais telefônicas. [...] Pelos telefones que Marcola havia fornecido, por meio de sua advogada na época, Ana Olivatto — assassinada tempos depois —, usados por Geleião e Cesinha, chegou-se às centrais. E elas iriam revelar o que os membros do PCC estavam tramando. Foi um grande passo no combate à organização.

As dúvidas sobre a repercussão da denúncia eram maiores porque Marcola seguia isolado no RDD. Dias depois do lançamento do livro, circulou um salve em defesa de Marcola, definindo as acusações como um "relato calunioso e desprovido de credibilidade", apontado como "uma investida covarde para tentar desestabilizar o PCC tentando jogar uns contra os outros". O salve concluía:

> *Toda a nossa organização está incondicionalmente fechada com Marcola até a morte e que quaisquer consequências que vierem para nós é lucro. Como diz uma frase muito forte verdadeira: se queres paz, te prepara para a guerra. Estamos fortemente preparados pelo que vier pela frente.*

Nos dias seguintes, novos episódios dariam indicações de estremecimento no comando do Partido, com uma baixa inesperada. O traficante de drogas Edilson Borges Nogueira, o Birosca, foi assassinado durante o banho de sol na Penitenciária II de Presidente Venceslau, o quartel-general da facção no sistema penitenciário paulista. Birosca tinha começado suas atividades no Morro do Samba, uma comunidade pobre da cidade de Diadema, onde ascendeu e assumiu um papel importante no tráfico de drogas paulista, distribuindo para outras biqueiras. Havia cerca de vinte anos que estava na cúpula da facção e foi um dos primeiros a cumprir pena no RDD de Presidente Bernardes, em 2002. Era um dos membros da Sintonia Geral

Final. Considerado um dos maiores financiadores da facção, ele ganhava um bom dinheiro no tráfico e ajudava outros integrantes, o que o tornava muito querido pela base. Em Venceslau II, Birosca participava de discussões estratégicas, sobre compra e venda de armas e drogas, alianças com outros grupos, entre outros temas.

O assassinato de Birosca ocorreu por volta das nove da manhã, a golpe de estilete, na área reservada aos internos para exercícios de musculação. Dois presos prontamente assumiram o crime, mas se negaram a revelar os motivos. Restavam poucas dúvidas de que a decisão de dar o xeque-mate tinha vindo de cima, já que o crime aconteceu no reduto do PCC, sob o olhar complacente das principais lideranças. Mas havia uma dúvida importante. Marcola e os outros doze presos que estavam na tranca dura foram consultados? Tudo indicava que não. A morte do traficante de Diadema ocorreu três dias antes de o grupo deixar o castigo no Regime Disciplinar Diferenciado. A autoridade de Marcola podia estar sendo contestada, o que levaria a um grave imbróglio político na cúpula do crime. Se isso de fato estivesse ocorrendo, quem teria a ousadia de enfrentar a principal liderança do PCC?

Os promotores suspeitavam que as desavenças com Birosca haviam começado meses antes, quando a mulher do traficante brigou com a responsável pelo transporte de parentes de presos para Venceslau II. Depois da confusão, segundo os promotores, Birosca havia sido excluído do Partido, num processo liderado por Patrik Welinton Salomão, o Forjado, que era ligado a Gegê do Mangue. Gegê era uma das novidades na dinâmica vivida pela cúpula do PCC. Em dezembro de 2017, quando Birosca foi assassinado, ele completaria dez meses do lado de fora das prisões. Conforme o tempo passava, Gegê crescia em importância no Partido, com sua liderança naturalmente se expandindo além das fronteiras. Ele vinha se movimentando com desenvoltura entre compradores e fornecedores, transitando entre Ceará, Paraguai e Bolívia. Conhecia em detalhes as redes e as rotas até então utilizadas pelo PCC e aproveitava bem a condição de membro mais graduado do grupo em liberdade para negociar pela facção. Em contrapartida, essa autonomia dava margem a erros, que podiam ser vistos como traições ou vacilos imperdoáveis.

O assassinato de Birosca na véspera de a cúpula sair do castigo indicava que os executores poderiam ter se apressado para não aguardar o aval dos que estavam isolados. A ousadia, sem dúvida, era uma afronta que exigiria resposta. As acusações contidas no livro de Christino desacreditando a postura ética de Marcola no crime e o próprio depoimento de Marcola tentando se livrar da pecha de chefe podem ter aberto espaço para o crescimento de uma liderança rival. A morte de Birosca naquelas circunstâncias, portanto, podia ser um sinal de que Gegê estava propondo uma queda de braço com a velha guarda. Todas essas hipóteses mereciam atenção dobrada e levantavam diversas perguntas. Mais do que um problema interno da facção, a compreensão dessa dinâmica podia afetar o futuro da segurança pública em São Paulo. Caso o PCC rachasse e mais grupos se formassem, haveria o risco de São Paulo viver um processo semelhante ao ocorrido no Rio de Janeiro? Prever os desdobramentos parecia uma missão impossível. As disputas ocorridas em 2002, quando Cesinha e Geleião foram expulsos, não produziram um racha no crime do estado. Ao contrário. O PCC conseguiu se fortalecer em torno da liderança de Marcola. Dessa vez seria diferente?

A temperatura seguiu elevada por conta da expectativa de confrontos. Conflitos localizados já haviam começado a ocorrer em São Paulo logo depois das rebeliões nacionais, quando um antigo rival do PCC, o Comando Revolucionário Brasileiro da Criminalidade (CRBC), decidiu brigar para crescer nas quebradas. O CRBC foi fundado em dezembro de 1999 na Penitenciária de Guarulhos. Com a expansão do PCC depois dos anos 2000, o grupo foi perdendo espaço e quase desapareceu dos presídios, passando a se concentrar basicamente na Penitenciária Parada Neto, também em Guarulhos. Depois das rebeliões em 2017, os rivais tentaram aproveitar a oportunidade para avançar no mercado de drogas da cidade, a segunda mais populosa do estado. A movimentação provocou embates entre integrantes do grupo, segundo os investigadores da Divisão de Homicídios de Guarulhos, o que produziu um raro crescimento de mortes na região no primeiro trimestre do ano. Muitas dessas mortes ocorreram depois de debates entre integrantes do PCC para sentenciar à morte acusados de pertencer ao grupo inimigo. As vítimas foram capturadas, torturadas e executadas.

No começo de 2018, houve uma nova ofensiva localizada em território paulista contra o PCC. Dessa vez, segundo relatos não confirmados pelas autoridades, o CRBC atuou em conjunto com integrantes da Família do Norte e do Comando Vermelho para dominar a venda de drogas em algumas favelas da região metropolitana. Entre os alvos, estariam o bairro de Serraria e o Morro do Macaco, ambos em Diadema, região que era comandada por Birosca. Vídeos e áudios relatando perseguições e conflitos passaram a circular pelo WhatsApp e no YouTube, ganhando popularidade na bolha das redes sociais que acompanha e discute notícias sobre as facções. Em um desses vídeos, divulgado em janeiro de 2018, um suposto integrante do PCC registra em entrevista a captura de um dos invasores, visivelmente castigado. As perguntas, feitas para o jovem acuado, com sotaque nordestino, visavam identificar os planos dos invasores para enfrentar o PCC em algumas quebradas de São Paulo. As respostas do informante eram intercaladas por choros compulsivos de alguém que parecia já ter apanhado bastante.

Integrante do PCC — De que facção você é?
Integrante da FDN — Fiz parte da facção FDN, tô rasgando a camisa hoje aqui. Tô rasgando a camisa aqui.
Integrante do PCC — Qual é sua missão?
Integrante da FDN — Minha missão é fogueteiro, tá ligado?
Integrante do PCC — Passar todas as informações pros cabeças?
Integrante da FDN — É, mas hoje eu estou rasgando a camisa, tá ligado?
Integrante do PCC — Onde tá a cúpula no ABC?
Integrante da FDN — Tem cinco em São Bernardo, principalmente na Rodoviária. Tem mais dois na Serraria. O padrinho é de Maceió. Jurandir. Minha madrinha e meu padrinho moram em Maceió, em Benedito Bentes II, Conjunto Carminho.
Integrante do PCC — Quantos PCC morreram na mão de vocês?
Integrante da FDN — Sete.
Integrante do PCC — Qual o prédio eles estão?
Integrante da FDN — Um preto e branco, na frente da Rodoviária.
Integrante do PCC — Como é o nome dos que estão no Serraria?
Integrante da FDN — Ivanildo e Jurandir. Próximo do Clube de Campo.
Integrante do PCC — Eles ficam em bar? Como é a fisionomia?
Integrante da FDN — Dois magros altos, cabelinho assim e cabelinho todo careca. Tudo FDN. Vieram para tomar o Morro do Macaco, daqui pra sexta-feira.

Os abalos, contudo, pareciam fenômenos isolados, disputas de poder localizadas principalmente na cúpula da facção. Não chegavam a transbordar para os bairros e prisões, que mantinham relativa calmaria. Tanto que em 2017 os homicídios no estado continuaram caindo e alcançaram a taxa mais baixa da história. Não era mais possível esconder, contudo, que a cúpula do PCC estava em meio a uma grande cizânia, que ainda teria novos capítulos.

O poder no âmbito do PCC funciona na base de equilíbrios, numa dinâmica de freios e contrapesos do poder das lideranças da Sintonia Geral Final. A atuação excessivamente autônoma de Gegê e Paca, a ousadia e ambição de seus projetos chocavam-se com o padrão operacional do PCC: colegialidade, discrição e segurança, articulando a dimensão econômica à dimensão política. Poucos meses depois da saída das lideranças do Partido do Crime do RDD e do retorno a Venceslau II, ficou claro que Gegê e Paca tinham ido longe demais. No dia 15 de fevereiro de 2018, os dois foram mortos numa reserva indígena em Aquiraz, distante trinta quilômetros de Fortaleza.

***

Os corpos dos chefões do PCC custaram a ser identificados. A polícia cearense contou com o apoio das autoridades paulistas para juntar as peças daquele quebra-cabeça. Foi uma surpresa quando se descobriu que os mortos eram os dois maiores líderes do PCC em liberdade: Gegê do Mangue e Paca. A partir daí foram muitas as especulações, muitos boatos e, ainda, muitas dúvidas.

Alguns dias depois a polícia do Ceará informou os detalhes da operação montada para matar os chefões. Imagens de câmeras mostraram Gegê, Paca, um homem não identificado e o piloto — o qual, segundo a polícia, chama-se Felipe — embarcando num helicóptero num hangar na praia do Futuro, em Fortaleza. O proprietário do hangar dizia que o local era utilizado por eles sempre que iam à cidade.

De acordo com as investigações, Gegê e Paca estavam no Ceará havia alguns meses e fretavam aeronaves para se deslocar para a Bolívia. A dupla vivia numa mansão registrada em nome de um laranja, localizada num condomínio de luxo em Porto das Dunas e avaliada em 2 milhões de reais. Além disso, tinham duas BMW, dois Land Rover e vários objetos de valor — relógios, pulseiras, correntes e anéis de ouro — que, segundo a polícia, somavam mais de 8 milhões de reais. No dia em que foram executados, os dois voltavam das férias com a família e retornavam para os negócios que gerenciavam nos países vizinhos ao Brasil.

Considerando os relatos dos familiares dos chefões mortos, imagens e outras informações obtidas pela polícia, Gegê e Paca entraram voluntariamente no helicóptero e chegaram a enviar mensagens de celular para as respectivas famílias. Simulando uma pane para justificar a descida na reserva indígena Lagoa Encantada, em Aquiraz, o piloto Felipe Morais fez o pouso emergencial necessário para a execução da emboscada fatal.

As primeiras informações dão conta de que os dois haviam sido vítimas de tortura antes de ser executados. Uma imagem do rosto de Paca com um objeto atravessado entre a testa e a parte embaixo dos olhos foi interpretada, equivocadamente, como uma facada nos olhos, que representaria o "olho grande" — ou seja, o desvio de dinheiro — no mundo do crime. Na verdade, tratava-se de um instrumento usado pela perícia para traçar a trajetória do projétil. De acordo com o laudo pericial, ambos foram executados por disparos de armas de fogo. Gegê do Mangue foi alvejado com um único tiro, no rosto. E, segundo o laudo elaborado pela polícia cearense, sua morte decorreu de uma hemorragia intracraniana em razão de uma perfuração do encéfalo. Paca, por sua vez, foi atingido por quatro disparos: um na têmpora direita, outro no lado direito do maxilar, um terceiro no cotovelo direito e, finalmente, um quarto disparo, que acertou o lado direito do abdômen e teria perfurado o fígado e o intestino, provocando uma hemorragia intra-abdominal.

A notícia da morte dos chefões do PCC em liberdade caiu como uma bomba para todos que de alguma forma acompanhavam as confusões em torno da cúpula do crime. A pergunta óbvia era: quem matou os chefões do PCC? Parecia evidente que o autor do crime tinha conhecimento privilegiado do local onde os dois se encontravam e da rotina de ambos. Era, portanto, gente de confiança. Não demorou para que fosse descartada a hipótese de que "facções inimigas" seriam as responsáveis pelos assassinatos. As especulações sobre a autoria continuariam a partir de conversas entre os próprios integrantes do PCC. Poucos dias depois do homicídio, um bilhete encontrado com uma visita na Penitenciária II de Presidente Venceslau foi apreendido por um agente penitenciário. No papel amassado, as poucas linhas manuscritas traziam uma versão para o crime:

> *Amigos aqui é o resumo do Pe quadrado* [Penitenciária] *e mais uns irmãos. Ontem foram chamados em uma ideias, aonde nosso ir* [irmão] *cabelo duro deixou nois ciente que o fuminho mandou matar os* [...] *o GG e o Paka. Inclusive o ir* [irmão] *cabelo duro e mais alguns irs* [irmãos] *são prova que os irs* [Gegê e Paca] *estavam roubando.*

O eventual descuido que permitiu a apreensão do bilhete por uma autoridade penitenciária é notável e estranho. É possível pensar que por alguma razão se tratava de uma mensagem que devesse ser divulgada. O bilhete apontava de forma clara os responsáveis pela execução das duas vítimas e as razões do decreto de morte. Confirmava ainda a hipótese de que teriam sido mortes encomendadas de dentro do Partido do Crime, mas deixava em suspense a origem da decisão. Se o bilhete responsabilizava os indivíduos de apelido Fuminho e Cabelo Duro, não esclarecia por que decretar a morte dos dois ex-chefes. O bilhete seria um termômetro para testar a reação dos criminosos ligados ao PCC antes de esclarecer definitivamente o que teria ocorrido e de onde teria partido a ordem para a execução dos chefões?

Nas normas que regem o funcionamento do PCC fica bastante claro o imperativo da decisão colegiada em casos graves, como a decisão de matar alguém. Se isso vale para o decreto de morte de qualquer irmão, vale ainda mais para a decisão de matar duas das principais lideranças do PCC, que, ainda por cima, eram os únicos chefes pertencentes à Sintonia Geral Final em liberdade.

Na sequência das mortes de Gegê e Paca ocorreram outras mortes e vários desaparecimentos. No dia 22 de fevereiro — apenas uma semana depois dos homicídios —, o indivíduo mencionado no bilhete apreendido, de apelido Cabelo Duro, foi executado com tiros de fuzil na porta de um hotel no bairro do Tatuapé, na capital paulista. A ocorrência foi parcialmente captada por câmeras de segurança e deixou feridas duas mulheres que estavam no local, além de estraçalhar as portas de vidro do hotel. Outro homicídio ocorrido na capital paulista durante o Carnaval, também no bairro do Tatuapé, passou quase despercebido. Tratava-se da execução do empresário conhecido como Borel e que, de acordo com as autoridades policiais, tinha papel importante no PCC e atuava na mesma Sintonia de Gegê, Paca e Cabelo Duro. Ele foi executado com 26 tiros no dia 10 de fevereiro, dentro de sua Mercedes. Além dos dois mortos, pelo menos cinco indivíduos que pertenceriam a essa quadrilha estão desaparecidos. Um deles é André do Rap, que, ao lado de Cabelo Duro, tinha papel fundamental nas atividades do PCC na Baixada Santista. Embora não haja informações sobre seu paradeiro, ele teria sido morto pelo PCC e seu corpo jogado no mar. Essa versão, porém, não é confirmada pela polícia.

No dia 27 de fevereiro, a cúpula do PCC quebrou o silêncio. Da Penitenciária II de Presidente Venceslau, foi emitido um salve afirmando que a morte de Gegê e Paca não havia sido decretada pela Sintonia Geral Final e teria sido decorrente da ação isolada da quadrilha de Fuminho e Cabelo Duro, ou seja, apontava a traição do grupo responsável pelas execuções. Eles teriam agido por conta própria na tentativa dar um "golpe" e assumir o "controle externo".

Salve geral interno e externo.

O Primeiro Comando da Capital, vem por meio deste comunicar e deixar claro que nosso queridos e amados irmãos GG do Mangue e Paca foram covardemente assassinados por pessoas que dizia amigos.

Depois de assassinar nossos irmãos inventaram mentira sobre eles tentando denigri-los, tentaram assumir o controle externo com um verdadeiro golpe.

A mídia vem divulgando mas mentiras, afirmando disputa pelo poder, isso é mentira.

Os irmãos foram traídos por aqueles que confiaram, esses covarde afrontaram o crime ao qual representamos e vingaremos os nossos irmãos, caçaremos todos que tiveram participação nesta safadeza.

O crime está em luto, no sistema e na rua, perdemos dois líderes que dedicaram suas vidas á nossa causa.

Seus nomes e seus feitos jamais serão esquecidos, sempre serão lembrados por todos nós.

Parabenizamos os irmãos que imediatamente foram em cima e começaram a cobrar os culpados e convocamos todos os

irmãos e companheiros á nos ajudar a caçar todos os envolvidos sem trégua até que nossos irmãos sejam vingados não daremos trégua. O crime não aceita covardia e traições.
Esse é um momento de União para todos juntos, somos forte e nossos inimigos vão chorar pelo que fizeram.
Um abraço a todos!!!
Justiça, Paz, Liberdade, Igualdade e União.
PRIMEIRO COMANDO DA CAPITAL.

O esclarecimento feito pela cúpula do PCC só ocorreu doze dias depois das mortes e após uma série de outros homicídios possivelmente relacionados a elas. Diferentemente do bilhete encontrado dias após o ocorrido, que era ambíguo quanto à origem da decisão de matar os dois chefões, o salve do dia 27 afirmava de forma explícita que não houve ordem da cúpula do PCC. Ainda no dia 27, circulou um bilhete que reafirmava a resposta da cúpula do Partido do Crime às execuções dos chefões e decretava os culpados à morte:

COMUNICADO GERAL
Deixamos todos os Irs [irmãos] *e o crime em geral cientes que a partir desta data 27/02/2018 estão decretados pelo Primeiro Comando da Capital Neguinho Rick da Baixada, Andrezinho da Baixada, Palito ou Maguilo Z/L, Meleca Z/L, Ceariba ou Ceará Z/S e o Fuminho Z/S que se encontra na Bolívia.*
Esses lixos, vermes da pior da espécie estão sendo decretados pela covardia que fizeram com nossos Irs Gegê e Paca.
Ass: Primeiro Comando da Capital

Quase todos os indivíduos mencionados no bilhete encontram-se desaparecidos. Não se sabe se foram mortos, conforme boatos que correm na Baixada Santista, ou se estão foragidos.

Fuminho, contudo, seguia vivo quando este livro foi concluído, em julho de 2018. De acordo com o promotor Lincoln Gakiya, do Ministério Público de São Paulo, ele seria um poderoso operador do PCC na Bolívia e no Paraguai e muito próximo a Marcola. Segundo o também procurador Marcio Christino, Fuminho seria proprietário de terras na Bolívia, com grande autonomia nos próprios negócios. Suas atividades, contudo, não passavam pelos esquemas implementados por Gegê desde que ele fugira do Brasil em direção à mesma região.

Aparentemente, os ambiciosos projetos de Gegê e Paca começaram a se chocar com os esquemas de Fuminho. Gegê organizou a exportação para a Europa por meio do Porto de Santos — motivo pelo qual os demais membros da quadrilha de Gegê, mortos ou desaparecidos, eram da Baixada Santista. Por alguma razão, esses projetos atrapalharam os negócios mais antigos de Fuminho. Algumas versões apontam que Gegê pretendia taxar os produtos do rival; outras dizem que Gegê e Paca valiam-se da logística da facção em benefício próprio, sem o aval da cúpula em Venceslau II; outras, ainda, sustentam que os dois chefões desviavam dinheiro do PCC, de que daria prova a fortuna atribuída a eles no Ceará.

Seja como for, parece ter havido uma intercorrência entre os esquemas de exportação de cocaína: o de Gegê, executado pela Sintonia Restrita, com canais exclusivos do Partido do Crime, mas fechado à participação das lideranças; e os esquemas pessoais de Fuminho, em operação há mais tempo, desprovidos de canais próprios para o PCC, mas operando em conformidade aos interesses da facção em território boliviano, tanto nos negócios coletivos como nos esquemas pessoais das lideranças.

Os doze dias entre a execução dos chefões e as mensagens da cúpula foram de expectativa. Relatos vindos das penitenciárias paulistas apontaram, num primeiro momento, comemoração por parte dos presos — palmas, batucadas, euforia — pela morte de Gegê e Paca. O luto só foi manifestado no dia 27, após as mensagens da cúpula. A prática, adotada nos presídios controlados pelo PCC, consiste em suspender atividades recreativas — futebol, jogos de baralho, competições — e evitar manifestações de alegria. Em certos casos, as atividades na escola da unidade prisional podem ser suspensas.

A demora no reconhecimento do luto sugere duas versões para a morte de Gegê e Paca. Quem ordenou o crime? Se a decisão tivesse partido da cúpula, isso significaria mortes justas e legítimas. Eles realmente traíam o Partido do Crime e deveriam ser punidos. Por outro lado, a informação de que as lideranças presas em Venceslau II não ordenaram a execução indica mortes decorrentes de traição. Gegê e Paca se tornariam as vítimas. O luto só pode ser manifestado quando um chefe é morto injustamente, por traição e covardia.

A população carcerária e os criminosos paulistas pareciam aceitar a versão oficial: bastava eliminar aquela célula — o grupo da Baixada Santista — para restabelecer a coesão na facção. Fuminho, contudo, seguia vivo, o que poderia ameaçar a versão da cúpula do PCC, afinal ele não era um qualquer e também gozava de prestígio no mundo do crime. Aconteceu o que era previsível. No começo de abril de 2018, Fuminho mandou um salve no qual reitera os erros dos dois líderes mortos, afirma que teve aval para as execuções da Sintonia Geral Final e pede a revogação do seu decreto:

> *Irmãos, fui decretado pelo comando sem nem ser ouvido. Sô injustissado porque não posso ser cobrado pelas mortes do GG e do PAKA mediante que eu apenas cumpri ordens da Sintonia Final. Todo mundo sabe que o gordinho [Paca] e o pescosso [Gegê do Mangue] estavam ratiando. A lei do comando vale p todos, independentemente se é grande ou*

pequeno, se praticou ato desviante, se foi provado mão na cumbuca, nada mais normal que eles serem decretados até mesmo como exemplo. Quando a ordem veio de W2 [Sintonia Geral Final] ninguém discutiu apenas cumpriu pois é esse o procedimento pelo certo. [...] Eu tenho provas que recebi as ordens escrita e confirmada para fazer a situação do GG e do PAKA. Tenho os bilhetes que o próprio pessoal do [...] passou pro meu pessoal. Tudo pelo certo, pelo justo e pelo correto.[...]

Quero uma chance de ser ouvido. Não vou me apresentar pessoalmente porque não quero ser morto. [...] Quero entrar na linha com a Sintonia para anular o meu decreto, pois não devo isso daí. Se alguém tem que ser cobrado, foi quem passou a ordem para fazer a situação, e não quem cumpriu. To pedindo para repassarem isso em todos os GPs, todos os aplicativos, em todas as quebradas, em todo o sistema, rua, em todos os lugarem onde esse bate bola possa chegar porque se a sintonia final não quer ouvir, tenho certeza que ouvirão o resto da família indignada com esse acontecido.

Sou homem e respondo por tudo o que faço. A família nasceu nas prisões, com lutas e sangue. Sempre fui companhero leal, sempre fechei fechando na linha de frente e sigo todas as palavras do comando. Não aceito ser decretado por ter cumprido regras, e não descumprido. Sintonia Final e todos irmãos externa e interna se querem saber o que aconteceu, como aconteceu, e por que aconteceu tudo com o GG e com o PAKA, a resposta tá aí dentro da W2 mesmo. É só ter a visão e chegar no resumo com a verdade. Se a lei do crime vale para todos, então a verdade vai aparecer rapidamente. Meu decreto tem que ser anulado, e se a ordem do GG e do PAKA era errada ou falsa, o decreto tem que ser em cima de quem passou a ordem irmão. É esse o papo.

Giba/fuminho

A contundência do salve é própria de quem está muito confiante naquilo que reivindica. De fato, Fuminho vivo e longe das garras das lideranças parece ter se tornado uma fonte de desestabilização da cúpula do PCC já que poderia narrar uma versão da história muito diferente daquela que deu a base para a decretação de morte dos irmãos que teriam apenas cumprido a missão de matar Gegê e Paca. Qual seria a reação da massa carcerária se viesse a público, por exemplo, que a ordem para matar Gegê e Paca partira de Venceslau II? Caso isso acontecesse, como explicar a matança dos demais? A morte de Cabelo Duro, o autor dos disparos, seria mera queima de arquivo? Como ficaria o discurso sobre igualdade, justiça e decisão colegiada? É tênue a zona de equilíbrio em que se move o Partido do Crime. Outro salve, de 30 de abril de 2018, indica que a cúpula segue em busca de uma saída que evite novas mortes e a tão temida dissidência — algo que o PCC conseguiu estancar em 25 anos de existência:

COMUNICADO GERAL INTERNO E EXTERNO
Nosso abraço respeito a todos os nossos irmãos e amigos de forma geral.

A sintonia final do comando vim por meio deste deixar todos cientes que diante de fatos apurados e comprovados por nós de forma geral, se faz necessário a transparência na mudança do entendimento dos motivos que levariam a morte do nossos irmãos *Gegê e Paca*. A princípio tudo foi evidenciado numa tentativa de golpe desastroso que não condizia com os perfil das pessoas envolvidas [...] Ocorre que, diante da luz de novos fatos é nosso dever informar que as pessoas que tomaram essa atitude não tiveram objetivo de golpe e sim corrigir erros. Eles por atuarem próximo aos irmãos, detectaram os mesmos erros que agora sabemos ser verdadeiros.

Infelizmente de forma impulsiva, seguindo o pior caminho possível, atropelando aí marchinha do comando, tomando atitudes de forma isolada, temos nossas normas de justiça e contra fatos não existe argumentos. A sintonia final jamais compactua com erros, temos o dever de sermos imparcial e nenhum integrante está acima do certo seja lá quem for, bastava seguir os trâmites já que tinham todos os caminhos disponíveis.

Diante das mortes de atentam [atentaram contra] líderes exemplares da forma que foi, consideramos uma afronta o ataque injusto e reagimos prontamente decretando todos os envolvidos, pois era o que nos restava já que os fatos era obscuros a todos nós.

Hoje vamos avaliar caso a caso e assim que possível definiremos essa parte da questão. Haja visto que, no que diz respeito ao Gege e Paca está definido que usaram o nome da família para benefício próprio e foram contra todos os princípios que sempre p[r]egaram a nós. Cometeram vários erros e pelo conjunto traíram a nossa confiança e de todos. [...]

As feridas decorrentes da morte dos dois líderes do PCC seguem abertas. Seus desdobramentos são incertos e provavelmente outros ajustes virão. A guerra produziu perdas e reconfigurações no grupo criminoso paulista. Como mostra a trajetória de facções e cartéis na Colômbia, México e outros centros mundiais, é improvável que um grupo alcance uma dimensão internacional ileso de rachas e disputas entre lideranças. Vale indagar se o PCC seguirá bem-sucedido em preservar sua unidade e ambição monopolista, avançando no mercado de drogas no Brasil e se fortalecendo a partir das brechas do sistema. Enquanto isso, autoridades de segurança e Justiça continuam incapazes de coibir essa expansão. Ou talvez nem tenham interesse. Policiamento ostensivo nos bairros pobres e encarceramento em massa seguem os remédios mais usados — justamente as soluções que ajudaram a induzir o crescimento das organizações criminosas no Brasil.

Ubuntu

A Quarta-Feira de Cinzas de 2018 amanheceu no Rio de Janeiro trazendo uma ressaca brava. Durante o Carnaval, a cidade testemunhou cenas de arrastões e roubos nos bairros ricos da Zona Sul. As imagens, gravadas pelos celulares, foram reproduzidas pelo *Jornal Nacional*, causando comoção entre os cariocas e os brasileiros em geral. A notícia vinha se juntar a uma sequência de histórias trágicas, como morte de crianças por balas perdidas, aumento dos homicídios, violência policial, guerra entre facções, tiroteios nos bairros, crise fiscal e política no estado. Parecia a oportunidade perfeita para o governo federal e seus aliados mostrarem serviço e reverterem a imagem impopular a oito meses das eleições. Na sexta-feira, três dias depois do Carnaval, o presidente da República, Michel Temer, publicou um decreto de intervenção federal no Rio de Janeiro, a primeira desde a redemocratização. O espetáculo da guerra nos morros, com o cerco aos suspeitos de sempre, voltaria a cumprir seu papel em favor de políticos em busca de apoio popular, repercutindo no Brasil e no mundo.

É como se todos os problemas e desafios descritos ao longo deste livro não existissem ou fossem irrelevantes. As ramificações internacionais estabelecidas pelas facções brasileiras poderiam ser deixadas de lado. As conexões no crime do lado de dentro e de fora dos presídios não precisariam ser discutidas, nem o poder de sedução desses grupos para atrair os jovens para suas fileiras.

O Plano Nacional de Segurança Pública lançado no ano anterior pelo mesmo presidente como resposta à crise nos presídios, apesar de propor ações no âmbito da inteligência e da investigação — que nunca saíram do papel —, sinalizava de maneira clara a continuidade das ações políticas que produziram o cenário atual e as dinâmicas aqui narradas, como a expansão do sistema prisional através da transferência de recursos da União para os estados, da construção de mais unidades penitenciárias federais; a intensificação da militarização da segurança pública com a ampliação da Força Nacional e o deslocamento das Forças Armadas para uma posição mais ativa no "combate" ao crime. Na época, o então ministro da Justiça, depois indicado ao Supremo Tribunal Federal, Alexandre de Moraes, definiu como prioritária a intensificação da guerra às drogas, protagonizando uma cena bizarra em que, vestido de preto e com um facão na mão, cortava *Cannabis sativa* numa plantação no Paraguai. Moraes chegou a anunciar que a erradicação da maconha da América do Sul estava entre os principais projetos de sua gestão.

Nas últimas décadas, a ideia da guerra como solução para o combate ao crime tem se fortalecido. Agrada tanto a políticos como a grande parte da população amedrontada das cidades brasileiras. Garante visibilidade e rende imagens espetaculares que passam a mensagem de disposição das autoridades para enfrentar os problemas. Homens fardados nas ruas também aumentam a sensação geral de segurança a curto prazo. O problema, num primeiro momento, fica restrito ao cotidiano dos moradores dos bairros afetados pelas incursões policiais e pelos tiroteios. No dia 20 de fevereiro, quatro dias depois de decretada a intervenção federal, a fala do ministro da Justiça, Torquato Jardim, em entrevista ao *Correio Braziliense*, escancarou os ânimos para a empreitada no Rio. Durante a conversa, o ministro explica a necessidade de proteção jurídica para o militar do Exército que subiria os morros. Descrevia, sem espaço para sutilezas, uma situação clara de guerra, pontuando as especificidades do combate ao tráfico, que definia como "guerra assimétrica":

> A guerra moderna não é a que lutamos em 1945, que você tinha terreno inimigo, inimigo com uniforme, estruturado, com batalhão, pelotão, companhia etc. Você não sabe quem é o inimigo, a luta se dá em qualquer ponto do território nacional. Você não sabe que arma virá, não sabe quantos virão. O seu inimigo não tem linha de comando longamente estabelecida, tem duas ou três linhas e acabou. Você não tem um centro nevrálgico para atacar, combater e desmontar o batalhão. O exército não tem sede, está esparramado em qualquer lugar, qualquer ponto do território nacional. E o pior, no caso do narcotráfico e crime organizado, nas fronteiras em outros países. Esses dois bandidos que foram mortos no Ceará, de quinta para sexta, estavam operando no Paraguai. Foram ao Ceará em férias e foram pegos. Na guerra assimétrica, você não tem território, qualquer um pode ser inimigo, não tem uniforme, não sabe qual é a arma. Você está preparado contra tudo e contra todos, todo o tempo. Você não sabe nem quais são os recursos necessários, não sabe quantos são necessários e usando qual arma. Quantos eu preciso para a Rocinha? Não sei. Como você vai prevenir aquela multidão entrando e saindo de todas as setecentas favelas? Tem 1,1 milhão de cariocas morando em zonas de favelas, de perigo. Desse 1,1 milhão, como saber quem é do seu time e quem é contra? Não sabe. Você vê uma criança bonitinha, de doze anos de idade, entrando em uma escola pública, não sabe o que ela vai fazer depois da escola. É muito complicado.

Menos de uma semana depois da intervenção, os publicitários do governo se reuniram para discutir os dividendos políticos da medida. No dia 22, era publicado um anúncio nas páginas do jornal *O Globo* com o slogan: "O Governo, que está tirando o país da maior recessão da história, agora vai tirar o Rio de Janeiro das mãos da violência". O apelo da guerra ao crime entraria nas discussões políticas e no calendário eleitoral. O teatro público das forças de segurança, com tanques, soldados camuflados, fuzis nos arredores das favelas, ajudaria a trazer sensação de alívio para uma grande fatia da população brasileira, que apoiava majoritariamente a intervenção. Outra pequena parte, alvo territorial da medida, sofreria o problema na pele, com revistas, incursões e tiroteios cotidianos.

O roteiro "imaginado" pelo governo, no entanto, durou menos de um mês. Foi interrompido, mais precisamente, na noite de quarta-feira, 14 de março, data que entraria para a história da luta pelos direitos humanos no Brasil. A vereadora Marielle Franco, de 38 anos, uma promissora liderança política da cidade, nascida na Favela da Maré, foi assassinada com quatro tiros no centro do Rio, junto do motorista Anderson Pedro Mathias Gomes. Marielle vinha sendo uma das vozes críticas à intervenção federal. Um dia antes, havia denunciado a violência policial em sua conta no Twitter: "Mais um homicídio de um jovem negro que pode estar entrando para a conta da PM. Matheus Melo estava saindo da igreja. Quantos mais vão precisar morrer para que essa guerra acabe?". Marielle fazia referência à morte de um jovem de 23 anos, agente de coleta seletiva e funcionário da Fiocruz, que foi atingido por policiais com dois disparos depois de deixar a namorada na comunidade de Jacarezinho. Ambos voltavam de um culto.

Três dias antes, também pelas redes sociais, Marielle tinha chamado a atenção para a comunidade de Acari. Junto do texto, ela compartilhava um meme do Coletivo Papo Reto, criado por moradores do Complexo do Alemão: "SOMOS TODOS ACARI Parem de nos matar #vidasnasfavelasimportam", era o texto escrito sobre a imagem de um blindado entrando na favela. Abaixo da foto, a vereadora escreveu: "O que está acontecendo agora em Acari é um absurdo! E acontece desde sempre! O 41º batalhão da PM é conhecido como Batalhão da Morte. CHEGA de esculachar a população! CHEGA de matarem nossos jovens!".

A forma calculada e precisa como ocorreu o ataque à vereadora indicava que o crime tinha sido planejado por atiradores que sabiam manejar armas de grosso calibre. Mais de um mês depois, os investigadores admitiam que milicianos — grupo criminoso formado por ex-policiais, bombeiros, agentes penitenciários e seguranças privados — eram os principais suspeitos. A ousadia de executar uma vereadora no momento em que os holofotes da imprensa estavam voltados para o Rio mostrava que os mentores do crime se sentiam fortes e seguros. A reação da sociedade não tardou, com protestos em diversas partes do mundo. A trajetória e o carisma de Marielle, contrapostos à covardia de seus assassinos, comoveram muita gente e a transformaram em símbolo de resistência. O duplo assassinato havia lançado um desafio para as autoridades, que poderiam sair desmoralizadas caso o episódio não fosse desvendado. Não era mais possível para o governo federal simular sua guerra nos morros. Os planos de faturar politicamente com esse teatro haviam definitivamente fracassado. As instituições democráticas precisariam mostrar capacidade de articulação e inteligência para descobrir as entranhas do grupo que queria desmoralizá-las.

***

Mesmo nos períodos em que não estava na lista dos estados mais violentos, o Rio de Janeiro sempre exerceu uma espécie de curiosidade mórbida sobre os demais brasileiros, que acompanhavam com espanto as batalhas policiais contra o crime. O noticiário repercutia com mais intensidade os acontecimentos no Rio. Dez anos antes, em fevereiro de 2007, o governador Sérgio Cabral precisou desarmar uma dessas bombas logo no primeiro mês de seu mandato. A morte do menino João Hélio Fernandes deixou o Brasil em choque. No dia do crime, quatro assaltantes abordaram a mãe do menino, que estava no carro com os dois filhos. Ela pediu para soltar o caçula do banco de trás, mas um dos criminosos fechou a porta e arrancou de supetão. João Hélio morreu aos seis anos, depois de ser arrastado por sete quilômetros preso no cinto de segurança do lado de fora do carro. O trauma motivou passeatas pedindo paz, organizadas por parentes e amigos da família. Era a deixa para o governador reagir ao poder do tráfico de drogas na cidade. O Complexo do Alemão, conjunto de dezessete comunidades, com cerca de 100 mil moradores, desde o ano anterior apontado como quartel-general do Comando Vermelho, foi escolhido para simbolizar as ações de resistência do governo.

Ao longo do primeiro semestre de 2007, incursões policiais viraram rotina na comunidade. Em entrevista, o governador lembrava que havia mais de dois anos que a região não era alvo dessas ações. "Procuramos um paiol de guerra no Alemão", dizia aos jornais. A situação piorou em maio, quando dois policiais militares foram executados nos arredores da Zona Norte. As quadrilhas do Alemão foram apontadas como suspeitas, e as ofensivas ao morro se intensificaram, com o governo ocupando parcialmente algumas comunidades.

A imprensa acompanhava as operações de longe. Desde 2002, quando o jornalista da Rede Globo Tim Lopes tinha sido morto por traficantes na Vila Cruzeiro, uma das comunidades do Alemão, as redações fizeram um pacto para não entrar nas favelas e assim preservar a vida de seus profissionais.

A cobertura no Rio sempre foi atípica, diferentemente da que é feita em outras cidades. Por causa dos tiroteios, os arredores dos morros exigiam dos jornalistas colete à prova de bala e capacete. Cabia às entidades de direitos humanos denunciar os abusos contra os moradores da região. Durante quase dois meses, morreram nessas operações ao menos 23 pessoas. "Tudo que gostaríamos era ganhar essa guerra sem derramamento de sangue. Mas temos uma criminalidade militarizada, muito bem armada, por razões históricas que não cabe aqui avaliar", justificava Cabral.

O governo apostou numa ofensiva final. Foi preparado um efetivo de 1350 policiais para subir o morro, entre civis, militares e integrantes da Força Nacional, enviados pelo governo federal. O momento era crítico para as pretensões do governador. Faltavam pouco mais de duas semanas para o começo dos Jogos Pan-Americanos, que seriam sediados no Rio e serviriam como teste para a cidade pleitear as Olimpíadas. A invasão das tropas ocorreu numa manhã de quarta-feira. Ao longo da operação, dezenove pessoas foram mortas e nove ficaram feridas. Pela primeira vez, as autoridades alcançaram pontos no topo do morro aonde nunca haviam chegado. Apesar da violência, o governo comemorava nos jornais o resultado da invasão.

Os moradores do Complexo, no entanto, quase não eram ouvidos. As redes sociais ainda engatinhavam e as versões dos fatos acabavam dependendo do que era relatado pelos grandes jornais. Três dias depois, um dos autores deste livro entrou no Alemão e percorreu o caminho seguido pelos integrantes da operação. Como escrevia para um jornal paulista, estava distante da tensão da cobertura cotidiana local. Nos cerca de cinco quilômetros que percorreu entre a rua da Grota e o topo do morro, havia paredes cravejadas de balas, carros incendiados e muita revolta entre os moradores. As dezenove mortes e o trauma não haviam tirado os traficantes do comando.

No Largo do Coqueiro, três dias depois do massacre, cinco garotos vendiam cocaína em pequenos sacos plásticos. Outro menino avisava via rádio sobre a chegada de um jornalista. A caminhada foi acompanhada por um integrante da ONG AfroReggae, que atuava na região e tinha a confiança dos moradores de lá. Foi possível conversar com cerca de quarenta pessoas, ainda chocadas com as cenas da quarta-feira.

Num dos episódios relatados, cerca de dez policiais invadiram a casa de uma moradora enquanto ela socorria o filho de dois anos que estava tendo um acesso de asma. Entraram no quarto da avó da criança e, da janela, passaram a atirar para a parte de baixo do morro, tentando atingir quem parecesse suspeito. Restou à moradora recolher as cápsulas de balas de fuzil espalhadas pelo quarto, suficientes para encher uma lata.

Foram relatadas execuções de pessoas que não haviam reagido à abordagem, além de vítimas de balas perdidas. Havia medo de contar às autoridades o que tinha acontecido. Na descida do morro, duas motos Honda Falcon e uma Titan 125 tinham sido incendiadas e abandonadas pelos policiais, que impediram os moradores de apagar o incêndio. Um estacionamento do morro que pertencia a um pastor evangélico foi arrombado. Lá dentro, as testemunhas disseram que homens fardados quebraram os vidros dos carros e, em alguns casos, furtaram o equipamento de som. O dono de um dos carros contou ao jornalista que tinha pago na época 10,5 mil reais pelo Santana 94 que estava todo quebrado e sem o rádio. Para consertar o estrago, precisaria de 1,2 mil reais. O proprietário não planejava pedir indenização ou denunciar o crime porque não confiava nas autoridades. Teria que pedir dinheiro emprestado aos traficantes, para poder pagar aos poucos e recuperar sua ferramenta de trabalho, que usava para sustentar a família.

A imersão numa cena conflagrada pós-invasão policial tornava claro o efeito da política de guerra para os cerca de 100 mil habitantes das comunidades do Alemão. As autoridades do Estado, responsáveis por aquelas cenas covardes, eram vistas como inimigas, pois oprimiam a população das favelas. Já os traficantes, apesar da tirania cotidiana, pelo menos eram acessíveis, abertos para dialogar e firmar acordos de convivência. Na guerra descontrolada contra o crime, o Estado se transformava no inimigo das comunidades invadidas.

***

Os anos de batalha diária contra o crime, no Rio de Janeiro como em outros estados, ofereceram o que as lideranças criminosas mais precisavam: a possibilidade de forjar um ideal coletivo e construir um inimigo comum, fundamental para dar sentido existencial a suas atividades, convencer e atrair adeptos, construindo uma representação discursiva e prática do crime como forma de resistência social. Foi o que permitiu ao PCC e a outros grupos pelo Brasil arregimentar pessoas dispostas a reagir contra a propagada violência e a opressão do "sistema". O discurso só colou e se espalhou porque descrevia um sentimento real de muitos jovens das quebradas brasileiras.

Em São Paulo, a articulação desse discurso de revolta começou nas periferias ainda no fim dos anos 1980, por uma das mentes mais brilhantes e criativas de sua geração. Pedro Paulo Soares Pereira, o Mano Brown, nasceu em 1970 na periferia sul de São Paulo. Abandonou a escola na oitava série porque "não conseguia aprender biologia, química nem física". Por alguma razão, os educadores não souberam lidar com aquela mente inquieta, repleta de questionamentos compartilhados com boa parte de seus iguais, negros e periféricos. Durante a adolescência, Brown testemunhou o "mata-mata" que tornaria seu bairro, na região do Capão Redondo e do Jardim Ângela, um dos mais violentos do mundo. Teve amigos assassinados e presos. Apanhou da polícia. Poderia ter ido para o mundo do crime, que sempre o seduziu, mas acabou seguindo outros rumos.

A raiva que ele sentia, somada ao olhar aguçado de cronista do cotidiano violento da cidade, serviu de inspiração para que ele criasse as letras que o transformariam no principal ícone do movimento hip-hop brasileiro dos anos 1990, liderando os Racionais MC's. "A história de São Paulo pode ser dividida entre antes e depois dos Racionais", repete sempre a professora Dagmar Garroux, fundadora da Casa do Zezinho, tradicional projeto social em São Paulo, voltado às mentes inquietas das periferias paulistanas. Naquela época, antes dos Racionais, ainda havia uma identidade a ser inventada para definir os sentimentos do jovem urbano, negro e periférico, nascido naquela São Paulo injusta e cruel, e que precisava se posicionar sobre o mundo em que vivia. A celebração da vida no crime pela música seria uma forma de jogar na cara da sociedade a revolta e o ódio que aqueles garotos sentiam.

Os Racionais e o movimento hip-hop paulista se apresentavam como a CNN da Periferia, em referência ao canal de notícias dos Estados Unidos. De fato, boa parte das letras de rap informava ao público sobre uma realidade que não saía nos grandes jornais, moldando a cabeça e a retórica de parte daquela geração. Brown e os Racionais abordavam temas como a dureza nas prisões, a violência policial, as injustiças da cidade e os dilemas do mundo do crime, cantando sobre a sensação de viver como um "inimigo do sistema". A banda norte-americana Public Enemy (Inimigo Público), aliás, era uma das principais referências artísticas do grupo.

As letras deixavam claro que eles sentiam muita raiva. Mesmo depois do sucesso, os Racionais faziam questão de falar para dentro do gueto, recusando convites das grandes redes de televisão, numa época em que não havia YouTube nem divulgação pela internet. Havia, contudo, algo que não casava com o pretenso discurso revolucionário dos Racionais. Misturando o papel de artista e jornalista, Brown e os Racionais reproduziam a narrativa da guerra, aceitando a lógica do confronto e da violência. A principal diferença é que falavam em nome do outro lado do conflito, a "esquerda", como o crime se define nas quebradas paulistanas.

No videoclipe da música "Mil faces de um homem leal", Brown interpreta Carlos Marighella. Trechos sampleados do discurso feito à época pelo guerrilheiro aparecem.

> Atenção. Está no ar a Rádio Libertadora. O poder pertence ao povo. Nosso lema é unir as forças revolucionárias. Podem surgir nos bairros, nas ruas, nos conjuntos residenciais, mocambos, malocas e alagados. Cada patriota deve saber manejar sua arma de fogo. O principal meio para destruir seus inimigos é aprender a atirar.

Marighella é chamado de "assaltante nato", em meio a um retalho de imagens que mistura ostentação de armas, cenas de prisão, tráfico de drogas e manifestações de movimentos sociais. Na verdade, o clipe não trata nem de Marighella, nem do passado, nem do comunismo, nem do movimento operário. É uma metáfora sobre a revolta presente, a raiva contra as injustiças do sistema, contra a perseguição aos jovens nas quebradas, protagonistas de uma vida sem sentido ou futuro, que morrem de cabeça erguida sem fugir da luta.

Esse espírito antissistema, que parecia restrito aos jovens do Rio de Janeiro e de São Paulo, foi se espalhando pelas quebradas brasileiras conforme as táticas de guerra eram reproduzidas nos demais estados. A raiva de ser visto como inimigo público chegaria a outras partes do Brasil. O Batalhão de Operações Especiais (Bope) do Rio de Janeiro, por exemplo, que tem a faca encravada na caveira como símbolo da corporação, se tornou modelo para outras polícias, e está presente em catorze estados de norte a sul do Brasil, como Acre, Alagoas, Amapá, Bahia, Distrito Federal, Goiás, Mato Grosso, Mato Grosso do Sul, Paraná, Piauí, Rio Grande do Norte, Roraima e Santa Catarina. O aprisionamento também cresceu em todas as unidades da federação, a partir das prisões em flagrante nos bairros pobres, mesmo sem espaço ou pessoal para garantir o cumprimento adequado da pena. Estados do Norte e do Nordeste, que prendiam pouco e se esforçaram em reproduzir o modelo das grandes cidades do Sudeste, num aparente paradoxo, viram também a violência explodir. A disseminação da política de guerra reproduziria a sensação de raiva e revolta dos jovens dos guetos brasileiros, facilitando a vida das organizações criminosas.

***

No Rio de Janeiro, a roda continuou girando. Depois das mortes no Alemão e das críticas à ineficiência das incursões nos morros, o governador achou por bem experimentar um novo modelo de segurança pública. Em dezembro de 2008, a primeira UPP foi instalada no Morro Dona Marta, em Botafogo. A ideia era criar um laboratório para conquistar as populações das comunidades pobres. Primeiro, seria restabelecida a autoridade do Estado e inibida a tirania dos traficantes, para depois entrar com equipamentos e investimentos sociais. Até 2014, depois do Dona Marta, foram instaladas 37 unidades, oito delas nos morros do Complexo do Alemão. A euforia era tamanha que bandeiras do estado eram sempre hasteadas depois da ocupação. A ideia parecia promissora, mas foi desmoronando aos poucos.

 O auge do otimismo veio em novembro de 2010 com a ocupação da Vila Cruzeiro, no Complexo do Alemão, apresentada como divisor de águas. Era como se a partir daquele momento no Rio de Janeiro as instituições democráticas se fizessem presentes e os traficantes deixassem de dar as ordens. Depois da ocupação, imagens captadas pelo helicóptero da Rede Globo registraram dezenas de traficantes em fuga, simbolizando o triunfo governista. A cobertura do *Jornal Nacional* ganhou o Prêmio Emmy na categoria notícia, o mais importante da televisão mundial. O comentarista Rodrigo Pimentel, ex-capitão do Bope e modelo para o personagem Capitão Nascimento, no filme *Tropa de elite*, não disfarçava o orgulho ao comentar a tomada do morro.

Mas havia vozes dissonantes. O jornalista Renê Silva, morador do Morro do Adeus, também no Complexo do Alemão, de apenas dezessete anos, começou a tuitar sobre o que testemunhava durante a ocupação. Renê era um dos idealizadores do *Voz da Comunidade*, jornal mensal voltado para a população local. Ele não sabia, mas era seguido por celebridades que divulgaram a cobertura em suas redes. Renê foi dormir com 180 seguidores e acordou com 22 mil. A visibilidade conquistada durante o episódio e a possibilidade de escrever de dentro dos morros serviram de incentivo para que outros grupos se manifestassem a partir das favelas.

Durante um debate sobre jornalismo ao lado de um dos autores deste livro, Renê Silva falou sobre o efeito da "guerra nos morros" no cotidiano das favelas. "Qual o tamanho da população do Alemão? Quantos moradores vocês acham que vivem no Alemão", iniciou, voltando-se para a audiência. "São mais ou menos 100 mil moradores", ele mesmo respondeu, para depois questionar. "Qual seria a porcentagem de traficantes? Podem chutar. Dez por cento? Com certeza não é tudo isso", ele mesmo respondia. "Isso significaria 10 mil traficantes, o que daria quase um traficante por rua da favela. Vamos pensar em um por cento? Também seria muito porque daria mil homens, bem acima da realidade. Talvez haja quinhentos homens, pra menos. Aí começamos a entrar numa estimativa razoável." Depois do cálculo, ele arrematava com uma reflexão contundente.

Pensem então o seguinte. Por causa de mais ou menos quinhentas pessoas ou 0,5% da população, mais de 99 mil habitantes precisam se submeter a todo tipo de violência produzido pelas forças de segurança do Estado. Pessoas que são humilhadas pelo estigma que carregam, como se a morte de seus parentes e amigos não importasse para o resto da cidade.

A diversidade de jornalistas das comunidades no Rio cresceu depois de junho de 2013, quando os protestos de rua se espalharam pelo Brasil. Em cerca de cinco anos, surgiram mais de 150 jornais virtuais, boa parte deles de organizações formadas por moradores das comunidades. O desaparecimento do ajudante de pedreiro Amarildo Dias de Souza, segundo diversas fontes na internet, no dia 14 de julho daquele ano, produziu uma mobilização que se espalhou pelo Brasil a partir do slogan "Cadê o Amarildo?". No dia de seu desaparecimento, ele tinha sido levado para averiguação em uma viatura dos policiais da UPP da Rocinha para nunca mais ser encontrado. Três anos depois, treze policiais das UPPs seriam condenados pelo crime. Era o começo do fim do governo Sérgio Cabral, que renunciaria ao cargo em abril de 2014 para depois ser preso, em fevereiro de 2017.

A força dessas redes de informação ajudaria na eleição de Marielle Franco para o posto de vereadora em 2016, com quase 50 mil votos. Depois dos protestos, da Copa do Mundo e das Olimpíadas, a crise política e fiscal no Rio levou ao abandono das UPPs e produziu a sensação de desamparo e suspensão das leis. O jornal *Extra*, para coroar a sensação de retrocesso, criou uma Editoria de Guerra. "A criação da editoria de guerra foi a forma que encontramos de berrar: isso não é normal! É a opção que temos para não deixar nosso olhar jornalístico acomodado diante da barbárie", explicava o editorial.

O debate produzido pelo jornal, dessa vez, teria resposta à altura, vinda dos meios das comunidades pobres, como a página do Maré Vive, ONG do bairro onde Marielle havia nascido:

> Nunca iremos aceitar que achem que vivemos uma situação de guerra. Seja baseada em números ou dados de situações ao redor do mundo. Tudo que o Estado e que a polícia necessita é que a gente e a imprensa endossem e aplaudam essa ideia. Na guerra aceitam-se ações truculentas, aceita-se passar do ponto, aceitam-se baixas, aceita-se ter um inimigo, um povo inimigo, aceita-se qualquer coisa!

* * *

Menos de dois meses depois da intervenção no Rio de Janeiro, o teatro da guerra proposto pelo governo com a entrada do Exército na cidade anunciava um retumbante fracasso. Outros estados brasileiros enfrentavam duros desafios. A questão da segurança nas cidades, como muitos críticos vêm repetindo, pede um novo olhar. Menos visceral, longe da influência dos senhores da guerra, que ganham dinheiro e prestígio político com o medo da população.

A expansão do mercado de drogas precisa ser acompanhada com atenção e inteligência pelas instituições do Estado. A chegada das facções às fronteiras, a aproximação com os produtores na América Latina, a ampliação das redes a partir dos presídios e a possibilidade de alcançar mercado em outros continentes são os maiores desafios. Para lidar com esse problema, o mais importante é compreender a lógica dessa indústria, seus mecanismos de reprodução, que mesmo durante as piores crises econômicas é capaz de empregar mais gente.

A melhor estratégia parece ser atacar financeiramente essa lucrativa indústria. Apesar de sofrer resistência em diversos países e correntes políticas, a regulamentação desse mercado e a descriminalização das drogas são a forma mais eficiente de reduzir os ganhos do tráfico e controlar a violência. A capacidade de sedução do tráfico é diretamente proporcional ao dinheiro que oferece para aqueles dispostos a se arriscar. Nesse cenário, caberia ao Estado e à sociedade educar sobre os males que as drogas causam à saúde e definir limites para a venda, como ocorreu em políticas que levaram à redução do consumo de cigarros. Enquanto o mercado de drogas continuar exclusivamente na mão do crime, a alternativa para reduzir o prejuízo é a caça sem tréguas ao dinheiro gerado nessa economia.

As polícias e os ministérios públicos estaduais e federais dispõem de tecnologia para investigar as contas em que as fortunas são depositadas e as atividades econômicas empregadas para lavar esse capital. Talvez falte pessoal e vontade política. Atualmente, com o elevado patamar alcançado pelo mercado de drogas no Brasil, a maior capacidade para corromper autoridades ameaça levar o crime para dentro das instituições do Estado, o que poderia causar problemas semelhantes aos vividos por México, Colômbia e Venezuela. As estruturas financeiras que esquentam o dinheiro da corrupção na política funcionam também para legalizar o dinheiro dos demais mercados ilícitos.

Esses mundos estarão cada vez mais em contato. O poder do tráfico é acima de tudo econômico, e por isso só pode ser fragilizado pela batalha financeira. Isso implica uma inteligência de alcance nacional, capaz de coordenar e compartilhar informações com inteligências estaduais. A lógica militar precisaria ceder espaço para a cultura da investigação, o que implica repensar o funcionamento das polícias.

No dia a dia das cidades brasileiras, o maior desafio é coibir indivíduos e grupos armados que usam a violência em defesa de interesses pessoais, oprimindo a população em seus bairros. Não importa se esses grupos são formados por traficantes, milicianos, policiais ou seguranças privados. O monopólio legítimo da força em defesa de leis iguais para todos é o que tem levado ao progresso das mais prósperas civilizações.

As tiranias territoriais armadas, apesar do barulho que provocam, são minoritárias e se tornariam vulneráveis diante de um Estado com capacidade para identificar seus negócios. Cabe focar as investigações no mapeamento e identificação dos grupos ou indivíduos que matam. A redução das taxas de violência deveria ser uma prioridade política. Atividades policiais que exponham moradores a riscos devem ser abortadas, assim como seriam nos bairros ricos.

A expansão do PCC e a transformação do mercado de drogas foram efeitos colaterais de uma abordagem equivocada na área da Justiça e da Segurança Pública. A guerra que, supunham as autoridades, ajudaria a controlar o crime promoveu a criação e a organização das facções criminosas, que assumiram papel de inimigos e partiram para a ofensiva, cada vez mais endinheiradas e dispostas ao embate.

A vitória nessa disputa é mais difícil porque não depende da violência, mas da capacidade de atrair pessoas em torno de projetos voltados para o bem comum. Existe, no fundo, uma disputa de almas a ser travada. Cada indivíduo, ao longo da vida, vive momentos de escolhas decisivas que podem definir sua trajetória. Nesse mundo masculino que o livro descreveu, existem muitas encruzilhadas. Os benefícios oferecidos pelo crime são sedutores, mesmo que ilusórios — uma vida repleta de aventuras, mulheres sensuais, dinheiro, carros, motos, drogas e baladas. Cobra-se um preço alto: provavelmente a morte prematura ou a prisão. O crescimento do mercado de drogas mostra que os jovens são levados a seguir essa trilha. Os discursos em defesa da "vida bandida", como forma de resistência ao "Sistema Opressor", contribuem para forjar um sentido coletivo e político para a decisão — mesmo que, no fundo, o criminoso continue buscando principalmente ganhar dinheiro, com menos esforço, em benefício próprio.

O desafio é seduzir essas almas em dúvida, confrontadas com esses dilemas. Muitos acreditam que a ameaça de punição, ou mesmo o extermínio e o confinamento, são as únicas formas para enfrentar o problema. As histórias deste livro mostram como, a depender da dose, essa solução provoca raiva, humilhação, alheamento e impotência, numa revolta quase suicida, que parece motivar também homens-bomba ao redor do mundo, que se explodem por causas e inimigos variados.

Dois anos antes de se tornar vereadora, no ano de 2014, Marielle Franco defendeu sua dissertação de mestrado na Universidade Federal Fluminense. O título do trabalho era *UPP — A redução da favela a três letras: uma análise da política de segurança pública do Rio de Janeiro*. Na conclusão Marielle sugere, com aguda perspicácia e delicadeza, um caminho para a mudança de rumo.

> O mais correto, se estivesse em jogo uma alteração qualitativa na política de Estado e de Segurança Pública, seria nominar as UPPs de Unidades de Políticas Públicas, por se tratarem de uma necessária mudança cultural em territórios nos quais a presença do Estado não ocorre na completude. [...] O que ocorre é uma propaganda geral pela paz, na qual a polícia, e não a política, ocupa lugar central. [...] A abordagem das incursões policiais nas favelas é substituída pela ocupação do território. Mas tal ocupação não é do conjunto do Estado, com direitos, serviços, investimentos, e muito menos com instrumentos de participação.

A ocupação é policial, com a caracterização militarista que predomina na polícia do Brasil.

Marielle foi eleita vereadora do Rio de Janeiro em 2016 com uma campanha inspirada no Ubuntu, filosofia sul-africana que em 1994 serviu de base para que Nelson Mandela e o bispo Desmond Tutu costurassem um novo pacto social para a reconstrução do país no pós-apartheid. "Eu sou porque nós somos", era um dos slogans da candidata carioca, que pregava o entendimento político entre as partes em contraposição à guerra. As transformações, contudo, levam tempo. Depois do assassinato de Marielle, seu desabafo continua a ressoar. Poderia servir de alerta para que a sociedade e as autoridades reflitam sobre os erros cometidos há décadas — para ficar apenas na história recente. Afinal, não custa perguntar novamente: quantos mais vão precisar morrer para que essa guerra acabe?

Radiografia do PCC

Evolução das pessoas privadas de liberdade entre 1990 e 2016

Em 1990, existiam 90 mil presos no sistema penitenciário brasileiro, total que foi multiplicado por oito em menos de três décadas. Um novo mundo emergiu atrás das grades e dos muros de um universo de mais de 1400 unidades prisionais.

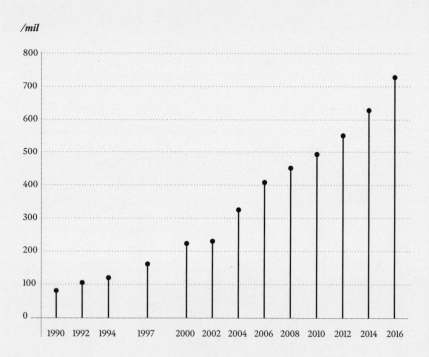

Fonte: Ministério da Justiça. A partir de 2006, dados do Infopen.

Presença do PCC nos Estados

O PCC tem maior influência em São Paulo, Mato Grosso do Sul e Paraná. O grupo criminal, no entanto, está presente em todos os estados brasileiros.

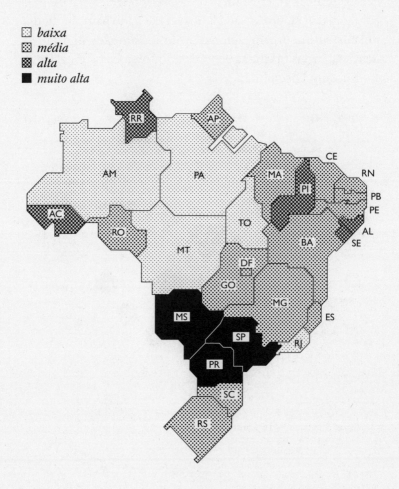

A rede do PCC

O PCC se organiza em células que compõem uma ampla rede. Com suas extremidades em prisões e bairros pobres ("quebradas") de cidades brasileiras, essas células estão conectadas e formam coletivos decisórios. A Sintonia dos Estados e Países é a mais alta instância decisória e operacional do PCC para fora do estado de São Paulo. Já no estado paulista, figura uma estrutura organizacional própria. Também ali estão as duas instâncias máximas do PCC: a Sintonia Geral Final (SGF) e o Resumo Disciplinar.

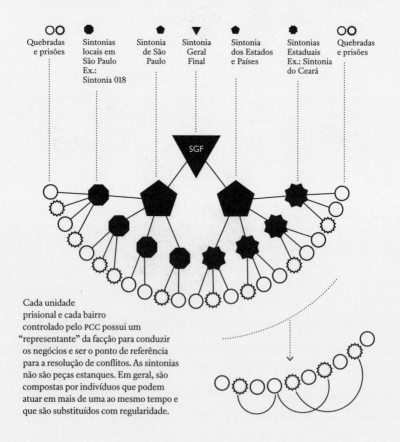

Quebradas e prisões | Sintonias locais em São Paulo Ex.: Sintonia 018 | Sintonia de São Paulo | Sintonia Geral Final | Sintonia dos Estados e Países | Sintonias Estaduais Ex.: Sintonia do Ceará | Quebradas e prisões

Cada unidade prisional e cada bairro controlado pelo PCC possui um "representante" da facção para conduzir os negócios e ser o ponto de referência para a resolução de conflitos. As sintonias não são peças estanques. Em geral, são compostas por indivíduos que podem atuar em mais de uma ao mesmo tempo e que são substituídos com regularidade.

Presença do PCC no estado de São Paulo

Em São Paulo, as sintonias locais são nove, e dividem-se de acordo com as áreas de prefixo de Discagem Direta à Distância (DDD). No oeste do estado, por exemplo, na região em que se encontra a cidade de Presidente Prudente, atua a Sintonia 018.

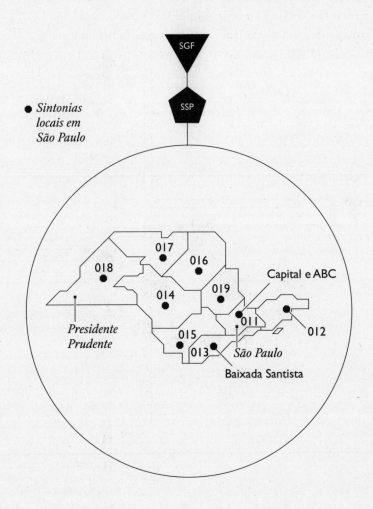

• *Sintonias locais em São Paulo*

◄⑤ *fluxo de dinheiro*
◄⑩ *fluxo de mercadorias*
◄⓪ *fluxo de informações*

Sintonia dos Gravatas
Contratação e pagamento de advogados

Sintonia
Geral Final

Sintonia da Ajuda
Distribuição de cesta básica ou qualquer outro tipo de auxílio a integrantes da facção

Sintonia Financeira
Braço financeiro da organização, responsável por outras sintonias

Sintonia do Cadastro
Registros em geral, tais como dos membros batizados, excluídos, punidos, relatórios de punição

Organograma do PCC

Além das sintonias operacionais organizadas a partir de referenciais geográficos, o PCC é também composto por sintonias "temáticas", áreas de especialização nas atividades meio ou fim da organização. Por meio das sintonias temáticas passam fluxos de mercadorias, dinheiro e informações/decisões que seguem de uma a outra direção.

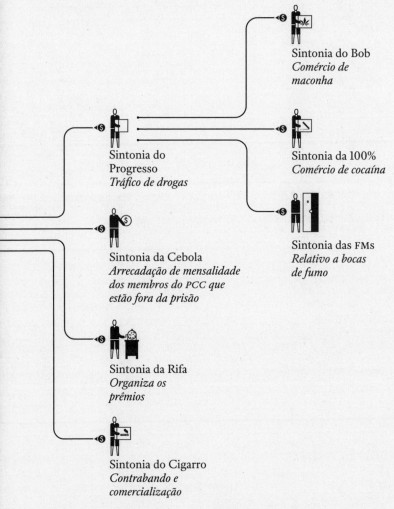

Agradecimentos

Crime, violência, polícia, prisões, drogas são temas recorrentes do jornalismo, da academia e das conversas cotidianas no Brasil. Dependendo da forma como são tratados podem desinformar, aumentar o medo e o apoio popular a soluções simplistas — e quase sempre erradas — que apenas pioram o problema que buscavam enfrentar. Podemos, no entanto, aprender com essas histórias, refletir sobre erros e acertos, olhar o presente como desdobramento de processos sociais e históricos que permitem contextualizar os fatos passados para arejar as reflexões sobre o futuro. Essas tarefas interessam tanto aos jornalistas como aos pesquisadores das ciências humanas. A obsessão dos primeiros é a descrição dos fatos e das histórias visíveis e urgentes, que pode ganhar densidade e complexidade quando somada à compreensão dos processos invisíveis ou invisibilizados que produzem esses fenômenos, investigados pelos segundos. Mas o limite entre os dois, na verdade, é bastante tênue. Este livro tenta usar um pouco da linguagem e do método das duas áreas para pensar a violência no Brasil.

Agradecemos aos colegas da editora Todavia e ao editor Flávio Moura pelo convite que permitiu esse exercício a quatro mãos. A ideia do livro se consolidou depois da publicação de uma reportagem na revista *piauí* sobre a crise nos presídios no Brasil, em fevereiro de 2017. Nossa gratidão aos colegas da *piauí* pelo empurrão inicial. Os debates e estudos feitos com os colegas do Núcleo de Estudos da Violência da Universidade de São Paulo (NEV-USP) foram fundamentais para refletirmos juntos sobre esse tema nos últimos anos, a quem agradecemos na figura de seu coordenador Prof. Sérgio Adorno. Agradecemos àqueles que compartilham conosco o desafio de investigar e divulgar esses temas, ainda mal compreendidos pela opinião pública, com destaque aos colegas da Ponte Jornalismo e aos parceiros do Monitor da Violência — G1 e Fórum Brasileiro de Segurança Pública —, que desde setembro de 2017 juntaram esforços de jornalismo e academia para chamar a atenção para o problema dos homicídios no Brasil e pressionar autoridades e gestores para que assumam como prioridade a redução das taxas desse crime.

Também precisamos registrar nossa dívida pela confiança depositada por aqueles que nos ajudaram a conhecer essa realidade mais de perto. Pessoas nas mais diversas posições e situações sociais, que em comum têm a convicção de que os fatos devem ser conhecidos, os acontecimentos narrados, e as histórias contadas. Assim é que nos foi permitido acesso aos documentos, informações e pessoas que possibilitaram a construção da narrativa presente neste livro. Preferimos não nomeá-las, mas cada uma delas sabe de sua colaboração para que este projeto pudesse ser concretizado. Não há palavras que possam traduzir o sentimento de gratidão. Esperamos que o resultado do trabalho possa contribuir para um debate público mais qualificado sobre os efeitos das decisões políticas que estamos tomando para tratar do crime e da violência.

Finalmente, para acompanhar esse assunto durante tanto tempo sem perder a esperança e a sanidade, foi preciso contar com a compreensão, o amor e a parceria da nossa família. Priscila, Rosa, João e Anita (Bruno) e José Eduardo e Laura (Camila), seguimos todos juntos na luta por um futuro mais fraterno.

Bibliografia
(referências e inspirações)

ABREU, Allan de. *Cocaína — a rota caipira: O narcotráfico no principal corredor de drogas do Brasil*. Rio de Janeiro: Record, 2017.

ADORNO, Sérgio. Monopólio estatal da violência na sociedade brasileira contemporânea. In: MICELI, Sergio (Org.). *O que ler na ciência social brasileira*. São Paulo: Sumaré/Anpocs/Capes, 2002. v. IV, p. 267-307.

BARCELLOS, Caco. *Rota 66: A história da polícia que mata*. Rio de Janeiro: Record, 1992.

BARREIRA, César. *Crimes por encomenda: Violência e pistolagem no cenário brasileiro*. Rio de Janeiro: Relume Dumará, 1998.

CALDEIRA, Teresa Pires do Rio. *Cidade de muros: Crime, segregação e cidadania em São Paulo*. São Paulo: Editora 34, 2000.

CARAMANTE, André (Org.). *Mães em luta: Dez anos dos crimes de maio de 2006*. São Paulo: Ponte Jornalismo; Nós por Nós, 2016.

COELHO, Edmundo Campos. *A oficina do diabo e outros estudos sobre criminalidade*. Rio de Janeiro: Record, 2005 [1987].

FRANCO, Marielle. *UPP — A redução da favela a três letras: Uma análise da política de segurança pública do Rio de Janeiro*. 2014. 136 f. Dissertação (Mestrado em Administração). Universidade Federal Fluminense, Rio de Janeiro, 2014.

GLENNY, Misha. *O dono do morro: Um homem e a batalha pelo Rio*. São Paulo: Companhia das Letras, 2016.

JOZINO, Josmar. *Cobras e lagartos: A vida íntima e perversa nas prisões brasileiras*. Quem manda e quem obedece no partido do crime. Rio de Janeiro: Objetiva, 2004.

KOWARICK, Lúcio. *Escritos urbanos*. São Paulo: Editora 34, 2000.

LEMGRUBER, Julita. *Cemitério dos vivos: Análise sociológica de uma prisão de mulheres*. 2. ed. Rio de Janeiro: Forense, 1999.

LIMA, William da Silva. *Quatrocentos contra um: Uma história do Comando Vermelho*. São Paulo: Labortexto, 2001.

MISSE, Michel. *Crime e violência no Brasil contemporâneo: Estudos de sociologia do crime e da violência urbana*. Rio de Janeiro: Lúmen Juris, 2006.

PAIXÃO, Antônio Luiz. *Recuperar ou punir?: Como o Estado trata o criminoso.* São Paulo: Cortez, 1987.

PINHEIRO, Paulo Sérgio. Violência do Estado e classes populares. In: *Dados, Revista de Ciências Sociais,* 1979.

RAMALHO, José Ricardo. *Mundo do crime: A ordem pelo avesso.* Rio de Janeiro: Graal, 1979.

SALLA, Fernando. *As prisões em São Paulo: 1822-1940.* São Paulo: Anna Blume, 1999.

SILVA, Luiz Antônio Machado da (Org.). *Vida sob cerco: Violência e rotina nas favelas do Rio de Janeiro.* Rio de Janeiro: Nova Fronteira, 2008.

SOARES, Luiz Eduardo. *Meu casaco de general.* São Paulo: Companhia das Letras, 2000.

VARELLA, Drauzio. *Estação Carandiru.* São Paulo: Companhia das Letras, 1999.

_____. *Carcereiros.* São Paulo: Companhia das Letras, 2012.

_____. *Prisioneiras.* São Paulo: Companhia das Letras, 2017.

ZALUAR, Alba. *A máquina e a revolta: As organizações populares e o significado da pobreza.* São Paulo: Brasiliense, 1994.

© Bruno Paes Manso e Camila Nunes Dias, 2018

Todos os direitos desta edição reservados à Todavia.

Grafia atualizada segundo o Acordo Ortográfico da Língua Portuguesa de 1990, que entrou em vigor no Brasil em 2009.

capa
arte de Pedro Inoue sobre foto de Bob Wolfenson
infográficos
Simon Ducroquet
composição
Jussara Fino
preparação
Mariana Donner
revisão
Valquíria Della Pozza
Ana Alvares

13ª reimpressão, 2025

Dados Internacionais de Catalogação na Publicação (CIP)

Manso, Bruno Paes (1971-) ; Dias, Camila Nunes (1976-)
A guerra : A ascensão do PCC e o mundo do crime no Brasil / Bruno Paes Manso, Camila Nunes Dias. — 1. ed. — São Paulo : Todavia, 2018.

ISBN 978-85-88808-03-4

1. Situação política — Brasil. I. Paes Manso, Bruno. II. Nunes Dias, Camila. III. Título.

CDD 320.9

Índice para catálogo sistemático:
1. Situação política 320.9

Bruna Heller — Bibliotecária — CRB 10/2348

todavia
Rua Fidalga, 826
05432.000 São Paulo SP
T. 55 11. 3094 0500
www.todavialivros.com.br

fonte
Register*
papel
Pólen natural 80 g/m^2
impressão
Geográfica